A PRIVACIDADE AMEAÇADA DE MORTE

DESAFIOS À PROTEÇÃO DOS DADOS PESSOAIS NA RELAÇÃO DE EMPREGO PELO USO DA INFORMÁTICA

GUSTAVO CARVALHO CHEHAB

Mestre em Direito Constitucional pelo Instituto Brasiliense de Direito Público, Especialista em Direito do Trabalho pelo Centro de Ensino Unificado de Brasília, Juiz do Trabalho no Tribunal Regional do Trabalho da 10ª Região, Secretário-Geral da Associação dos Magistrados da Justiça do Trabalho da 10ª Região e autor de vários artigos. Anteriormente, foi Juiz do Trabalho no TRT da 5ª Região, Analista Judiciário — área fim, Chefe de Gabinete e Assessor de Ministros do TST, Assessor no MPT, Advogado, Diretor de Informática da Amatra 10 e Professor universitário no IUNI/BA.

A PRIVACIDADE AMEAÇADA DE MORTE

DESAFIOS À PROTEÇÃO DOS DADOS PESSOAIS NA RELAÇÃO DE EMPREGO PELO USO DA INFORMÁTICA

EDITORA LTDA.
© Todos os direitos reservados

Rua Jaguaribe, 571
CEP 01224-001
São Paulo, SP — Brasil
Fone (11) 2167-1101
www.ltr.com.br

Produção Gráfica e Editoração Eletrônica: GRAPHIEN DIAGRAMAÇÃO E ARTE
Projeto de Capa: GRAPHIEN DIAGRAMAÇÃO E ARTE
Impressão: ORGRAFIC GRÁFICA E EDITORA

LTr 5120.5
Janeiro, 2015

Dados Internacionais de Catalogação na Publicação (CIP)
(Câmara Brasileira do Livro, SP, Brasil)

Chehab, Gustavo Carvalho
  A privacidade ameaçada de morte / Gustavo Carvalho Chehab. — São Paulo : LTr, 2015.

  Bibliografia.
  ISBN 978-85-361-3166-5

  1. Direito de privacidade 2. Direito do trabalho — Brasil 3. Direitos fundamentais 4. Personalidade (Direito) 5. Privacidade do empregado 6. Proteção de dados pessoais 7. Relações de emprego I. Título.

14-10287   CDU-342.721:331(81)

Índices para catálogo sistemático:
1. Brasil : Proteção de dados pessoais do
empregado : Direito do trabalho
342.721:331(81)

*Dedico este trabalho à
minha esposa **Ana Cláudia** e aos
meus filhos **Mateus**, **Catarina**, **Luíza** e **Tiago**,
que partilham da minha vida privada, e
também àqueles que, de algum modo,
tiveram a privacidade devassada pelo uso da Informática.*

Agradeço primeiramente a Deus pela inspiração, força e perseverança que me deu para a elaboração deste trabalho.

Agradeço a minha esposa Ana Cláudia porque, no silêncio de sua alma e no calor de suas orações, depositou em mim tantas forças e incentivos.

Agradeço, ainda, aos meus filhos Mateus, Catarina, Luíza e Tiago por serem luz, amor e compreensão.

Gratidão também à minha mãe Josemary e aos meus irmãos Mauro e Guilherme pela contribuição que deram a este projeto, em especial na revisão jurídica e na de Informática, e a meu pai Lourenço (*in memorian*) pelo exemplo que deixou.

Por fim, expresso meu reconhecimento a meu orientador, Prof. Paulo Farias, por me acordar para a problemática que tanto me inquietou, aos que abriram mão de seu tempo para revisão deste trabalho, Adécio Sartori (português) e Larissa Leônia Albuquerque (jurídica), e a todos os professores, colegas, amigos e funcionários de IDP, que, de alguma forma, ajudaram-me na pesquisa desenvolvida.

SUMÁRIO

APRESENTAÇÃO — *Paulo José Leite Farias* 15

PREFÁCIO 17

INTRODUÇÃO 21

1. DADOS, INFORMÁTICA E INTERNET 23
    1.1. Dados 23
        1.1.1. Banco de dados 23
        1.1.2. Tratamento de dados 24
        1.1.3. Violação de dados 24
        1.1.4. Computador 25
    1.2. Informação 25
        1.2.1. Tecnologia da informação 25
        1.2.2. Sociedade da informação 25
    1.3. Informática 26
        1.3.1. *Software* 26
        1.3.2. *Hardware* 26
    1.4. Rede de computadores 27
    1.5. Internet 28
        1.5.1. Provedor e hospedagem 29
        1.5.2. Páginas, *sites* e *blogs* 29
        1.5.3. Transferência de arquivos e dados 30
        1.5.4. Correio eletrônico 30
        1.5.5. Mensagem *online*, *chat* e *spam* 30
        1.5.6. Mecanismos de buscas 31
        1.5.7. Redes sociais 31
        1.5.8. Aplicativos intrusivos 32
    1.6. Outras ferramentas eletrônicas 34

2. TRABALHO, EMPREGO E DIREITOS FUNDAMENTAIS 35
    2.1. Trabalho e emprego 35

	2.1.1.	Relação de trabalho	36
	2.1.2.	Relação de emprego	36
2.2.	Liberdade e sujeição do empregado	36
	2.2.1.	Liberdade de exercício de qualquer trabalho	36
	2.2.2.	Subordinação	37
	2.2.3.	Hipossuficiência e princípio da proteção	37
2.3.	Livre-iniciativa do empregador	38
	2.3.1.	Poderes de direção	38
	2.3.2.	Limites aos poderes de direção	39
	2.3.3.	Tecnologia e poderes de direção	40
2.4.	Direito de propriedade do empregador	40
	2.4.1.	Ferramentas e recursos tecnológicos	41
	2.4.2.	Propriedade intelectual	41
	2.4.3.	Segredo empresarial	42
2.5.	Incidência dos direitos fundamentais na relação de emprego	42
	2.5.1.	Força normativa da Constituição e concretização de direitos fundamentais	43
	2.5.2.	Efeito expansivo e irradiante dos direitos fundamentais	43
	2.5.3.	Eficácia horizontal dos direitos fundamentais	44
	2.5.4.	Relação de poder e direitos fundamentais	45
	2.5.5.	Concorrência de direitos fundamentais	46
	2.5.6.	Colisão de direitos fundamentais	47
3. PRIVACIDADE	49
3.1.	Origens e história	49
3.2.	Previsão normativa	51
	3.2.1.	Normas internacionais	51
	3.2.2.	Disposições internas	51
3.3.	Conceito	51
	3.3.1.	Estágios	51
	3.3.2.	Intimidade	52
3.4.	Características	52
3.5.	Natureza jurídica	53
3.6.	Sujeito, objeto e conteúdo	53
3.7.	Relação com outros direitos fundamentais	55
3.8.	Teorias	56
	3.8.1.	Teoria dos círculos concêntricos	56
	3.8.2.	Teoria do mosaico	58
	3.9.	Limitações	59
4. DADOS PESSOAIS E SENSÍVEIS	61
4.1.	Dados pessoais	61
4.2.	Dados sensíveis	61
4.3.	Proteção normativa	62
	4.3.1.	Tratados internacionais	62
	4.3.2.	Panorama legislativo internacional	63
	4.3.3.	Direito brasileiro	65

	4.4.	Princípios		66
		4.4.1.	Consentimento	66
		4.4.2.	Lealdade e boa-fé	67
		4.4.3.	Livre acesso	68
		4.4.4.	Transparência	68
		4.4.5.	Adequação	69
		4.4.6.	Finalidade	69
		4.4.7.	Veracidade	70
		4.4.8.	Provisoriedade	70
		4.4.9.	Segurança	70
		4.4.10.	Confidencialidade	71
	4.5.	Alcance		71
	4.6.	Autodeterminação informativa		72
5.	AMEAÇAS À PRIVACIDADE NO EMPREGO PELO USO DA INFORMÁTICA			75
	5.1.	Seleção de emprego mediante dados pessoais e sensíveis		75
		5.1.1.	Currículos eletrônicos	75
		5.1.2.	Investigação intrusiva	76
		5.1.3.	Informações policiais e judiciais	77
		5.1.4.	Dados financeiros	77
		5.1.5.	Informações médicas, genéticas e previdenciárias	79
		5.1.6.	Buscas online	79
		5.1.7.	Exclusão digital	82
		5.1.8.	Mineração de dados	82
		5.1.9.	Reconhecimento facial	84
		5.1.10.	Uso de perfis em redes sociais	85
		5.1.11.	Detector de mentiras	86
		5.1.12.	Bisbilhotagem do empregador	87
		5.1.13.	Manutenção de dados de candidatos não selecionados	88
	5.2.	Identificação eletrônica		88
		5.2.1.	Cartões magnéticos ou digitais	89
		5.2.2.	Login e senha	89
		5.2.3.	Certificado digital	89
		5.2.4.	Leitor biométrico de digitais ou de medidas corporais	89
		5.2.5.	Reconhecimento de voz ou imagem	90
		5.2.6.	Escaneamento dos olhos	90
	5.3.	Vigilância cibernética		91
		5.3.1.	Revista pessoal eletrônica	92
		5.3.2.	Captação audiovisual	93
		5.3.3.	Controle eletrônico de atividades	94
		5.3.4.	Acesso ao e-mail	95
		5.3.5.	Hiperconexão	96
		5.3.6.	Espionagem eletrônica	97
		5.3.7.	Monitoramento de redes sociais	99
		5.3.8.	Elaboração de perfis	99

		5.3.9.	Localização e rastreamento geográfico	99
		5.3.10.	Interceptação de comunicações e de dados	100
	5.4.	Segurança da informação		101
		5.4.1.	Dados arquivados dos empregados	101
		5.4.2.	Riscos da *Cloud computing*	102
		5.4.3.	Transmissão de mensagens e dados pessoais em redes	102
		5.4.4.	Pirataria digital	103
		5.4.5.	Violação de segredo empresarial	103
		5.4.6.	Sabotagem eletrônica	104
		5.4.7.	Tratamento por terceiros	104
	5.5.	Intrusão ofensiva por meio eletrônico		104
		5.5.1.	Provocação *online*	105
		5.5.2.	Divulgação de dados falsos	105
		5.5.3.	Intimidação sexual eletrônica	106
		5.5.4.	*Offline mobbing*	106
		5.5.5.	*Cyberbullying*	107
	5.6.	Punição e Dispensa pela exposição tecnológica		112
6.	MEDIDAS DE PROTEÇÃO DA PRIVACIDADE DOS DADOS PESSOAIS			113
	6.1.	Direitos de defesa		113
		6.1.1.	Direito de acesso	113
		6.1.2.	Direito à retificação	114
		6.1.3.	Direito de vinculação à finalidade	114
		6.1.4.	Direito ao cancelamento	115
		6.1.5.	Direito ao esquecimento	115
		6.1.6.	Direito de não sujeição a decisões individuais automatizadas	117
	6.2.	Proibição da conduta		118
		6.2.1.	Proibição de acesso de terceiros	118
		6.2.2.	Proibição de tratamento	119
		6.2.3.	Proibição de armazenamento de dados sensíveis	119
	6.3.	Sanção e medidas adicionais		119
		6.3.1.	Multa astreintes	119
		6.3.2.	Advertência e Suspensão	120
		6.3.3.	Rescisão por justa causa	120
		6.3.4.	Medidas adicionais	120
	6.4.	Reparação pecuniária		121
		6.4.1.	Dano material	121
		6.4.2.	Dano moral	121
		6.4.3.	Dano existencial	121
	6.5.	Medidas preventivas		122
		6.5.1.	Tutela inibitória	122
		6.5.2.	Tutela antecipada	123
		6.5.3.	Tutela cautelar	123
	6.6.	Responsabilidade civil		124
		6.6.1.	Responsabilidade solidária de quem trata dado	124
		6.6.2.	Responsabilidade objetiva e subjetiva	124

		6.6.3.	Responsabilidade de provedores..	125
		6.6.4.	Responsabilidade dos sites de buscas	125
	6.7.	Reparação metaindividual..		126
		6.7.1.	Direitos difusos...	126
		6.7.2.	Direitos coletivos	126
		6.7.3.	Direitos individuais homogêneos	127
		6.7.4.	Dano moral coletivo	127
		6.7.5.	Dimensão social da privacidade..	127
		6.7.6.	Tutela do meio ambiente digital..	128
	6.8.	Danos transnacionais e legislação aplicável		128
7.	DESAFIOS PARA A TUTELA DA PRIVACIDADE DOS DADOS PESSOAIS			131
	7.1.	Desafios inerentes aos bancos de dados automatizados		131
	7.2.	Desafios próprios da Internet		131
		7.2.1.	Repressão do tratamento a partir de dados extraídos da Internet..............	132
		7.2.2.	Localização da hospedagem e da origem da informação	133
		7.2.3.	Retificação ou remoção do conteúdo	133
		7.2.4.	Exclusão de resultados de buscas...	134
		7.2.5.	Bloqueio de endereço IP	135
		7.2.6.	Bloqueio de websites por alteração da tabela DNS......................................	136
		7.2.7.	Filtro de localização geográfica	136
		7.2.8.	Cooperação judicial internacional..	137
	7.3.	Desafios processuais		138
		7.3.1.	Competência e conexão	138
		7.3.2.	Ações cabíveis	142
		7.3.3.	Cumulação subjetiva passiva e responsabilidade solidária	142
		7.3.4.	Prescrição..	142
		7.3.5.	Prova diabólica e ônus da prova...	143
		7.3.6.	Prova online	144
		7.3.7.	Perícia de computação forense	144
CONCLUSÃO...				145
REFERÊNCIAS BIBLIOGRÁFICAS				147

Apresentação

Apresentar a nova obra de Gustavo Carvalho Chehab é uma grande alegria para quem o faz e enseja uma oportunidade para testemunhar o quanto este juiz trabalhista está sendo importante para o desenvolvimento do Direito Trabalhista e Digital no Brasil.

Em seu livro A privacidade ameaçada de morte: desafios à proteção dos dados pessoais na relação de emprego pelo uso da informática, afirma-se o autor como um acadêmico que ama a pesquisa e que se aprofunda, com vigorosa energia, para mostrar todos os lados das questões jurídicas, doutrinárias, jurisprudenciais e legais sobre a privacidade no contexto da relação de emprego. Nessa obra, após uma didática visão dos sistemas informatizados e da tecnologia da informação traça um panorama importante dos caminhos da privacidade no contexto da relação de emprego em um mundo informatizado no qual os conceitos pretéritos de privacidade devem ser vistos à luz das ameaças trazidas pelo uso nocivo da informática na relação de emprego. Não satisfeito em pontuar todas as circunstâncias em que a privacidade do empregado é colocada em cheque, também apresenta inúmeras medidas para a proteção dos dados pessoais, indicando de forma profética os desafios para a tutela da privacidade dos dados pessoais.

Em seu percurso universitário, Gustavo Carvalho Chehab tem inúmeras experiências acadêmicas que lhe gabaritam analisar o fenômeno da relação de emprego na riqueza de um magistrado culto e preocupado com a difícil e inquietante prática do direito laboral em um mundo de bits e bytes que transformam dados em informação de forma avassaladora e muitas vezes desrespeitosa para com a proteção dos direitos fundamentais do empregado. A obra que ora se publica traz para o público brasileiro rica abordagem de uma das facetas jurídicas da invasão da privacidade no mundo das novas tecnologias da informação.

Norberto Bobbio na sua obra a Era dos Direitos já destacava que não basta colocar a proteção dos direitos fundamentais nas normas, no mundo do dever ser, o grande desafio é torna-la efetiva no dia a dia, no mundo do ser. A obra de Gustavo Chehab apresenta formas práticas de tornar efetiva a proteção da privacidade no diálogo entre a quinta geração de direitos fundamentais — sistemas informatizados — com a primeira geração — privacidade. Aqui se observa a necessidade de ponderação de dois valores constitucionais que devem ser mais analisados e aprofundados na doutrina nacional. O autor contribui enormemente nesta tarefa com a sensibilidade do investigador que com a lupa visualiza todos os aspectos de tema complexo e relevante para a nossa sociedade.

A informática, a telemática e a internet nos trouxeram para um novo mundo em que os conceitos e valores devem ser enquadrados nas novas circunstâncias tecnológicas sem perder a noção da efetividade dos direitos fundamentais.

Os interessados na melhoria da privacidade em um mundo tecnológico festejam a edição do livro A privacidade ameaçada de morte: desafios à proteção dos dados pessoais na relação de emprego pelo uso da informática, que irá contribuir para o enriquecimento cultural dos que o utilizarem, como apoiará novas ações em defesa da privacidade na relação de emprego e na sociedade em geral.

Brasília, 22 de setembro de 2004.

Paulo José Leite Farias
Professor de Novos Direitos no Instituto Brasiliense de Direito Público — IDP, Brasília — DF. É Promotor de Justiça do MPDFT. É Pós-doutor pela Boston University, possui graduação em Engenharia Civil pela Universidade de Brasília (1986), graduação em Direito pelo UNICEUB (1994), mestrado em Direito pela Universidade de Brasília (1998), doutorado em Direito pela Universidade Federal de Pernambuco (2004). Foi Diretor de Ensino da FESMPDFT, bem como Professor da Universidade de Brasília.

PREFÁCIO

Esta obra é fruto da dissertação de mestrado em Direito Constitucional, defendida no final de 2013 perante o Instituto Brasiliense de Direito Público e atualizada em função do Marco Civil da Internet e de recente decisão da Corte Europeia de Justiça.

A pesquisa, que culminou no presente trabalho, examina de maneira sistêmica e orgânica o fenômeno do avanço da informática e das principais ameaças para a privacidade no âmbito da relação de emprego. A informática, a relação de emprego, a privacidade e os dados pessoais, apresentados nos quatro primeiros capítulos, servem para a compreensão e para o exame dos riscos encontrados, de suas medidas protetivas e dos desafios encontrados hoje pela técnica jurídica (capítulos 5 a 7).

Algumas situações examinadas, como o acesso de e-mails de empregados, já demandam respostas da doutrina e da jurisprudência, que, às vezes, examinam o problema de forma pontual, como um fato isolado e sem maiores consequências. Outras, como o cyberbullying, mineração de dados, hiperconexão, são poucas estudas ou conhecidas no Brasil, mas que fazem parte do cotidiano atual.

Trabalhos, estudos, precedentes e legislações de outras nações são trazidos para iluminar, ilustrar ou pavimentar vivências, soluções ou possíveis respostas ao problema central desta pesquisa. Não se buscou centrar a análise em discussões teóricas ou conceituais, mas, ao contrário, foca-se na realidade prática, que começa a ser vivida em diversos ambientes de trabalho. A linguagem, por isso, é simples e direta, facilitando a leitura e a compreensão do conteúdo.

A pesquisa contou com a inestimável orientação do Professor Pós-Doutor Paulo José Leite Farias, que também apresenta esta obra. Membro do Ministério Público do Distrito Federal e Territórios, o professor Paulo Leite, além de suas qualidades humanas e acadêmicas, é um grande especialista em novos direitos, especialmente os advindos do meio ambiente e da Informática. Foi em suas aulas de Mestrado em Direito que despertou o interesse pelo tema e pelo objeto da pesquisa.

Sugestões dadas pela banca, formada, além do orientador, pelos Professores Doutores Paulo Gustavo Gonet Branco e Leonardo Roscoe Bessa, foram incorporadas a esse trabalho, como o efeito Frankenstein na crítica à Teoria do Mosaico. O colegiado de professores recomendou a publicação do trabalho em razão da qualidade da ampla e inovadora pesquisa realizada.

Espera-se que o ineditismo de diversas questões abordadas no trabalho e a atualidade dos temas, aliada a forma e a linguagem da exposição, possa propiciar uma agradável leitura e, principalmente, um despertar para o problema e para as dificuldades de solucioná-lo nesta sociedade da informação.

Em 22 de setembro de 2014.

O autor

"Informação é poder" (ditado popular)

"O meio é a mensagem" (Marshall Macluhan)

"Em alguns casos a técnica de aliada pode se transformar em adversária do homem, como acontece: quando a mecanização do trabalho 'suplanta' [...] o homem, quando tira o emprego de muitos trabalhadores [...]; ou ainda quando, mediante a exaltação da máquina, reduz o homem a ser escravo dela". (Papa João Paulo II, *Laborem Exercens,* n. 5, 1981)

Introdução

No ano de 1890, Samuel D. Warren e Louis D. Brandeis, no artigo *The right to privacy*, lançaram as sementes da moderna noção de privacidade, direito fundamental da pessoa humana, reconhecido pelo art. 12 da Declaração Universal dos Direitos Humanos, art. 11, 2, da Convenção Americana sobre Direitos Humanos e art. 17, 1, do Pacto Internacional sobre Direitos Civis e Políticos e abrigado no art. 5º, inc. X, da Constituição da República.

Pouco mais de um século depois, também nos Estados Unidos, dois artigos foram publicados. O primeiro, *The death of privacy?* de A. Michael Froomkin, divulgado no ano de 2000, antes dos atentados de 11 de setembro de 2001, indaga sobre a morte da privacidade. O segundo, *The end of privacy* de Jed Rubenfeld, lançado em 2008 na mesma revista, da prestigiada Universidade de Stanford, é mais categórico: discorre sobre o fim da privacidade e de um "câncer constitucional" que ameaça a sociedade.

O que aconteceu com a privacidade em tão poucos anos?

Nesse meio tempo, surgiram os computadores, a tecnologia da informação, a informática, as redes de computadores, a internet e uma nova sociedade da informação que funcionam a partir de dados. Conceitualmente, "dados" não têm relevância, nem propósito.

Então por que a Europa e a grande parte do mundo são tão preocupadas com os dados? Por que a proteção aos dados pessoais tornou-se direito fundamental na Europa, conforme art. 8º da Carta de Direitos Fundamentais da União Europeia?

A presente pesquisa busca compreender a relação entre privacidade, informática e dados pessoais, especialmente no âmbito do emprego. Procura descobrir se, realmente, a privacidade morreu. E, se ela ainda estiver viva, lança luzes para iluminar caminhos e traz esperanças, conhece desafios para preservá-la e protegê-la.

O título desta obra reflete a preocupação com as ameaças à privacidade e conjuga sete expressões que dão nome aos capítulos da pesquisa e que são a linha mestra deste trabalho: informática, relação de emprego, privacidade, dados pessoais, ameaçada, proteção e desafios.

O capítulo 1, referente à informática, apresenta as definições e conceitos sobre dados, informação, informática, rede de computadores, internet e outras ferramentas eletrônicas. Procura situar o ambiente e o meio com os quais a privacidade, a relação de emprego e os dados pessoais se entrelaçam. Sua compreensão é importante para exame dos riscos de invasão da privacidade. É sobre esses recursos tecnológicos que se examinam a proteção e os desafios que pairam sobre a ordem jurídica.

No capítulo 2, são apresentadas breves noções sobre trabalho e emprego e sobre direitos fundamentais. Procura-se refletir sobre a liberdade e a sujeição do empregado, em face da subordinação, e a livre iniciativa do empregador, seus poderes e sua propriedade para compreender o caráter protetivo das normas trabalhistas. Busca-se, ainda, refletir sobre a incidência dos direitos fundamentais na relação de emprego e as situações de concorrência e colisão desses direitos, úteis para a análise dos limites da privacidade e da livre-iniciativa.

A privacidade, como direito fundamental, é apresentada no capítulo 3. Aborda desde sua origem e história até sua concepção como direito fundamental da pessoa humana. Apresenta seu conceito, características, natureza jurídica, sujeito, objeto e conteúdo. Examina-se sua relação com outros direitos fundamentais e discorre sobre as teorias dos círculos concêntricos e do mosaico, sendo esta importante para compreender a relação entre dados, privacidade e tecnologia.

O capítulo 4 trata dos dados pessoais e sensíveis. Traz um panorama internacional, citando leis de diversos países sobre esse tema. A partir da legislação estrangeira, dos direitos fundamentais, dos princípios de direito e da legislação esparsa, são trazidos a lume os princípios que disciplinam esses dados pessoais, necessários para o exame da existência de situações de ameaça à privacidade e para extrair os direitos subjetivos inerentes a esse tema. Por fim, examina-se a origem ao direito fundamental à proteção de dados ou à autodeterminação informativa e como ele é visto atualmente pelo STF.

O coração deste trabalho está no capítulo 5. É nele que se examinam diversas hipóteses de uso de dados pessoais e informática na relação de emprego para, afinal, saber se há invasão da privacidade. Trata-se de uma ampla pesquisa que extrapolou as fronteiras nacionais em busca das possíveis ameaças tecnológicas à vida privada no emprego atualmente. Foram considerados os riscos na seleção de emprego, identificação eletrônica do empregado, vigilância cibernética, segurança da informação, intrusão ofensiva por meio eletrônico e punição e dispensa pela exposição tecnológica. Em alguns temas, não foram encontrados estudos no Brasil e, em outros, as reflexões nacionais são escassas. Merecem destaques: exclusão digital, mineração de dados, reconhecimento facial, uso de perfis em redes sociais, *hiperconexão*, espionagem eletrônica, provocação online (*flaming*), intimidação sexual eletrônica, offline *mobbing* e *cyberbullying*.

No capítulo 6, são apresentadas as medidas de proteção da privacidade dos dados pessoais, entre os quais os direitos de defesa, as proibições de condutas, as sanções e medidas adicionais, a reparação pecuniária, inclusive por dano existencial e as medidas preventivas. São tratadas questões referentes à responsabilidade civil, em seus diversos aspectos, à reparação metaindividual, inclusive por meio da tutela do meio ambiente digital, e aos danos transnacionais.

O último capítulo estuda as dificuldades e os desafios à tutela protetiva dos dados pessoais e da privacidade, especialmente na relação de emprego. Foi subdividido em três partes: a primeira trata dos dados em bancos automatizados; a segunda, a mais espinhosa, diz respeito à tutela da privacidade na internet, na qual se procura fazer uma breve síntese dos principais instrumentos jurídicos e eletrônicos disponíveis hoje à luz da sua real efetividade; e a última traz algumas questões processuais peculiares da tutela judicial, como a questão da competência internacional.

Para o desenvolvimento da pesquisa, utilizou-se basicamente de pesquisa bibliográfica em periódicos, livros e estudos especializados, bem como do estudo de leis estrangeiras, de precedentes jurisprudenciais, especialmente do STF, STJ e do TST. Em vários temas, foram utilizados dados e resultados de pesquisas realizadas por terceiros, inclusive em áreas distintas conexas ao Direito, e formulações teóricas a partir dos dados coletados.

A pesquisa não teve como objetivo discutir conceitos sobre um determinado fenômeno ou instituto, tampouco debater teorias ou teses, ainda que um olhar crítico tenha sido lançado. Trata-se de uma pesquisa que traz a cotejo resultados de estudos e de visões, às vezes antagônicas, às vezes convergentes, e que procura examinar a problemática de uma forma sistêmica e orgânica e não meramente pontual segundo cada fenômeno encontrado.

Ainda que a privacidade possa estar ameaçada de morte, cabe a toda a sociedade o desafio de protegê--la, pois é nela que se situa o núcleo de toda a dignidade da pessoa humana.

DADOS, INFORMÁTICA E INTERNET

O avanço da tecnologia e dos meios de comunicação permitiu o nascimento da Sociedade da Informação e da Informática. A cada dia, bilhões de dados são transmitidos em todo o planeta. Pessoas de diferentes países são conectadas quase instantaneamente. A ampla utilização das tecnologias da informação traz profundo impacto para o Direito e para as relações sociais, que nem sempre são refletidas e amadurecidas na mesma velocidade. É importante conhecer essa realidade, as novas ferramentas tecnológicas e suas aplicações.

1.1. DADOS

Os modernos aparelhos eletrônicos utilizados por bilhões de pessoas em todo o mundo trabalham a partir de um elemento fundamental: o dado.

Etimologicamente, dado vem da expressão latina *datum* utilizada para referir-se a qualquer coisa dada para alguém[1]. Dentre as várias concepções existentes, define-se dado como sendo o registro que representa um fato, um conceito, uma instrução, um elemento ou um atributo de uma pessoa, entidade ou coisa[2]. Em si o dado não tem relevância ou propósito.

O dado pode ser formado por um ou mais caracteres, letras, números, palavras, textos, imagens, vídeos, sons e/ou áudios[3].

1.1.1. Banco de dados

Os dados podem ser organizados, agrupados e relacionados e, daí, nasce o conceito de banco de dados. Banco de dados é o "conjunto de dados relacionados ou relacionáveis com determinado assunto"[4]. Cadastro é um conjunto de registro de dados. Normalmente cadastro e banco de dados são usados como

---

(1) PORTAL ETIMOLOGIAS. DECHILE. Disponível em: <http://etimologias.dechile.net/?dato>. Acesso em: 4 out. 2013.
(2) GOUVÊA, Sandra. *O direito na era digital:* crimes praticados por meio da informática. Rio de Janeiro: Mauad, 1997. p. 41. ESTAVILLO, Juan José Ríos. *Derecho e informática en México:* informática jurídica y derecho de la información. México: Universidad Nacional Autónoma de México, 1997. p. 15.
(3) FOROUZAN, Behrouz A. *Comunicação de dados e rede de computadores.* 3. ed. Porto Alegre: Bookman, 2006. p. 35-36.
(4) MARQUES, Garcia e MARTINS, Lourenço. *Direito da Informática.* Coimbra: Almedina, 2000. p. 290.

sinônimos. Ainda que haja diferenças técnicas, ambos devem ser organizados para viabilizar a recuperação e a consulta de qualquer dos dados que os componham.

O banco de dados pode ser público, privado ou de acesso público. Será público se for mantido pela Administração Pública Direta, seus órgãos e autarquias para uso de suas atribuições. É privado quando for gerido e administrado por particulares para uso próprio, sem acesso de terceiros. Banco de dados de acesso público é aquele que contém "informações que sejam ou que possam ser transmitidas a terceiros ou que não sejam de uso privativo do órgão ou entidade produtora ou depositária das informações" (art. 1º, parágrafo único, da Lei n. 9.507/1997).

O banco de dados pode ser ainda manual ou eletrônico. Será manual quando estiver organizado ou armazenado em fichas ou folhas de papel escritas manualmente, datilografadas ou impressas. É eletrônico quando os dados estiverem armazenados em sistemas de informática. O banco de dados em meio eletrônico possui vantagens de gestão: armazena muitos dados, substituindo grande volume de papéis; localiza e atualiza os dados com rapidez; organiza-os em diferentes ordens; produz lista e relatórios; gera estatística[5]; e permite o tratamento automatizado.

Como o banco é constituído de dados, ele pode ter imagens, sons, textos, números, entre outras informações. O responsável pelo banco de dados é a pessoa física ou jurídica, pública ou privada, que decide sobre a finalidade, o conteúdo e o uso do tratamento de dados[6].

1.1.2. Tratamento de dados

O tratamento ou processamento de dados compreende as tarefas de coletar (captar), manipular (conjugar), armazenar (gravar), copiar, recuperar, apresentar (mostrar) e transmitir (comunicar) dados[7].

Coletar é buscar e apreender o dado; manipular consiste em conjugar, organizar e transformar o dado; armazenar é a operação de guardá-lo de forma organizada; recuperar é o procedimento de trazer o dado organizado e armazenado; mostrar é exibir o dado armazenado e transmitir é o processo de envio e recebimento de dados de e para outros locais.

O tratamento de dados será automatizado se utilizarem os recursos de informática em qualquer de suas etapas e não automatizado se todas as operações forem feitas física ou mecanicamente por uma pessoa.

1.1.3. Violação de dados

Existem várias modalidades de violação de dados. Keith Darrell[8] relaciona as principais: intrusão, divulgação acidental, violação interna, violação de equipamento portátil ou fixo, perda de cópia física e fraudes.

Na intrusão, um terceiro se infiltra e furta os dados. Há divulgação acidental quando um dado é enviado para uma pessoa errada ou é divulgado indevidamente em um meio qualquer. Configura violação interna quando uma pessoa, com autorização de acesso, intencionalmente extrapola os limites desse consentimento.

A violação de equipamento portátil ou fixo acontece quando os dados armazenados em aparelhos portáteis ou fixos são perdidos, furtados, alterados ou apagados. A perda de cópia física é quando ocorre extravio, perda, furto ou descarte de um dado impresso. As fraudes compreendem o uso indevido de dados para atacar serviços e equipamentos com o objetivo de obter vantagem ilícita ou para alterá-los deliberadamente com o fim de utilização não autorizada.

---

(5) MARÇULA, Marcelo e BENINI FILHO, Pio Armando. *Informática:* conceitos e aplicações. 3. ed. São Paulo: Érica, 2008. p. 179.
(6) DE LA CUEVA, Pablo Lucas Murillo. *Informatica y proteccion de datos personales.* Madrid: Centro de Estudios Constitucionales, 1993. p. 40.
(7) MARÇULA e BENINI FILHO, *op. cit.*, p. 46.
(8) DARRELL, Keith B. *Issues in internet law:* society, technology, and the law. 6. ed. Boca Raton-FL: Amber Book Company, 2011. p. 204-205.

1.1.4. Computador

O computador, por sua vez, é o equipamento eletrônico que possui a capacidade de receber (captar e gravar) dados, processá-los, transformá-los e/ou entregá-los por meio de cópias ou outra espécie de reprodução[9].

Do ponto de vista operacional, o computador é uma máquina automatizada, integrada por elementos de entrada e saída de dados, dispositivo de armazenamento e processador central[10]. Esse processador central de dados é o elemento essencial inerente a todo computador e que é utilizado para o tratamento dos dados.

A computação, isto é, a capacidade de processar dados, graças à microeletrônica, está presente em diversos equipamentos (supercomputadores, microcomputadores, *notebooks*, *palmtops*, *tablets* etc.). Até mesmo os atuais telefones celulares *smartphones* possuem essa característica.

1.2. INFORMAÇÃO

Uma modalidade especial de dados é a informação. A palavra informação vem do latim, do termo *informatio*. Informação consiste em "dados dotados de relevância e propósito"[11]. Sempre que houver um ou mais dados que têm alguma relevância e propósito, então existirá uma informação. O processamento de dados procura efetuar a manipulação de dados como forma de gerar informações.

Logo, informação corresponde ao registro dotado de relevância e propósito acerca de um fato, conceito, instrução, elemento ou atributo de uma pessoa, entidade ou coisa.

A informação é um elemento vital para a tomada de decisões[12], sendo o fundamento sobre o qual se assenta a tecnologia da informação, a sociedade da informação e a informática.

1.2.1. Tecnologia da informação

O termo *tecno*, que compõe a palavra tecnologia, vem do grego *teknè*, que significa arte. Técnica é uma arte prática, de saber fazer humano, por isso, "para os gregos, todo ato humano é *teknè* e toda *teknè* tem por característica fazer nascer uma obra"[13]. Essa ideia de fazer nascer uma obra, de dominar a arte prática do saber fazer está presente na noção de tecnologia da informação.

Tecnologia da informação (ou tecnologia da informação e comunicação) é a aplicação de equipamentos de informática e de telecomunicações para gravar, recuperar, transmitir e manipular dados[14].

1.2.2. Sociedade da informação

Diante das mudanças no mundo e na sociedade provocadas pelo avanço proporcionado pela tecnologia da informação, Jacques Delors em 1993, durante o Conselho Europeu de Copenhagen, cunhou a expressão sociedade da informação[15].

---

(9) ALMEIDA FILHO, José Carlos de Araújo e CASTRO, Aldemario Araújo. *Manual de Informática Jurídica e Direito da Informática*. Rio de Janeiro: Forense, 2005. p. 16.
(10) VALDÉS, Julio Téllez. *Derecho informático*. 2. ed. México: McGraw-Hill, 1996. p. 10-11.
(11) BEAL, Adriana. *Gestão estratégica da informação*: como transformar a informação e a tecnologia da informação em fatores de crescimento e de alto desempenho nas organizações. São Paulo: Atlas, 2004. p. 12.
(12) GOUVÊA, *op. cit.*, p. 41.
(13) LEMOS, André. *Cibercultura*: tecnologias e vida social na cultura contemporânea. 5. ed. Porto Alegre: Sulina, 2010. p. 27.
(14) DAINTITH, John. *A dictionary of psysics*. 6. ed. Oxford: Oxford University Press, 2009. Disponível em: <http://www.oxfordreference.com/view/10.1093/acref/9780199233991.001.0001/acref-9780199233991>. Acesso em: 22 out. 2013.
(15) MARQUES e MARTINS, *op. cit.*, p. 43.

Sociedade da informação é uma "nova forma de organização social, política e econômica que recorre ao intensivo uso da tecnologia da informação para coleta, produção, processamento, transmissão e armazenamento de informações"[16].

1.3. INFORMÁTICA

A palavra informática vem da contração das palavras informação e automática e define a ciência do tratamento automático da informação mediante, primordialmente, o uso de computadores[17].

Cibernética vem do vocábulo grego *kybernes*, que quer dizer arte de governar, e foi utilizado em 1948 pelo matemático americano Norbert Wiener para designar a nova ciência da comunicação e controle entre o homem e a máquina[18]. Segundo Antonio E. Pérez Luño[19], a cibernética iniciou uma segunda revolução industrial com reflexos na organização e divisão do trabalho, denominada por Era da Informação ou Era Digital.

A pessoa que utiliza um computador ou um recurso de informática é chamada de usuário.

1.3.1. Software

O *software* é a estrutura lógica, composta por um ou mais programas, que permite ao computador a execução de uma tarefa ou um trabalho[20]. Programa é o conjunto de instruções que podem ser descritas em um algoritmo. Algoritmo, por sua vez, é o conjunto de procedimentos, regras e operações elaborados para a solução de um problema[21].

O *software* de sistema é responsável pelo gerenciamento necessário ao funcionamento do computador (ex. sistema operacional) e o de aplicativo é aquele que realiza um trabalho para o usuário (como um editor de texto).

Arquivo é uma coleção de dados organizados por um usuário, armazenados em um dispositivo de armazenamento, podendo ser composto de programa ou por dados organizados e criados por um programa[22] como documentos, planilhas, textos etc. Os arquivos normalmente são armazenados e organizados em diretórios ou pastas.

1.3.2. Hardware

O *hardware* é a estrutura física do computador, constituída por partes mecânicas, eletromecânicas e eletrônicas. É no *hardware* onde são captados, armazenados e executados os conjuntos de programas que irão processar os dados.

A unidade de processamento de dados (CPU) é "o cérebro do computador, o componente do hardware que realmente executa as instruções apresentadas pelo programa"[23].

A memória possibilita o armazenamento de dados e instruções, podendo ser de duas espécies: memória de acesso direto, na qual são armazenadas as operações e dados temporários que estão sendo utilizados pelo

---

(16) VIEIRA, Tatiana Malta. *O direito à privacidade na sociedade da informação:* efetividade desse direito fundamental diante dos avanços da tecnologia da informação. Porto Alegre: Sérgio Antonio Fabris, 2007. p. 176.
(17) ESTAVILLO, *op. cit.*, p. 40.
(18) VALDÉS, *op. cit.*, p. 3-4.
(19) PÉREZ LUÑO, Antonio E. *Cibernética, informática y derecho*. Bolonia, Espanha: Real Colegio de España, 1976. p. 19-20.
(20) VALDÉS, *op. cit.*, p. 11; MARÇULA e BENINI FILHO, *op. cit.*, p. 154.
(21) QUINTERO, Héctor Ramón P. Nociones Generales acerca de la cibernética y la iuscibernética. *Revista Chilena de Derecho Informático*. n. 1, Santiago, 2002. p. 68.
(22) MARÇULA e BENINI FILHO, *op. cit.*, p. 163 e 177.
(23) *Ibid.*, p. 50.

computador, e os dispositivos de armazenamentos de massa, que servem para gravar os dados utilizados pelo computador.

Dentre os dispositivos de armazenamento de massa, há o disco rígido (*hard disk* ou HD), local em que são gravados internamente os arquivos e dados, que também podem ser armazenados em *compact disk* (CD), *digital versatile disk* (DVD), disquetes (*floppy disk* ou disco flexível) ou dispositivos externos (HD externo, *pen drive* etc.).

Os periféricos são dispositivos em que o usuário entra em contato com o computador e podem ser de entrada (como teclado, mouse, câmera, *web* câmera, microfone etc.) ou de saída (monitor, impressora, alto falante etc.).

1.4. REDE DE COMPUTADORES

Na atualidade, os computadores e outros equipamentos eletrônicos dificilmente estão isolados, mas sim conectados, interligados em uma rede[24], que lhes permite trocar informações entre si. Rede é um conjunto de dispositivos, chamados de nós, e conectados por *links* de comunicação. O nó pode ser um computador, uma impressora ou outro dispositivo capaz de enviar e/ou receber dados gerados em outros nós da rede[25].

Nas redes, os vários computadores (estações de trabalho) estão interligados por cabos ou rede sem fio (como Wi-Fi) compartilhando dados, recursos e/ou periféricos e podem se utilizar de um computador central, conhecido como servidor[26], para processar os dados, como mostra a figura abaixo:

Figura 1: Exemplo de rede de computadores

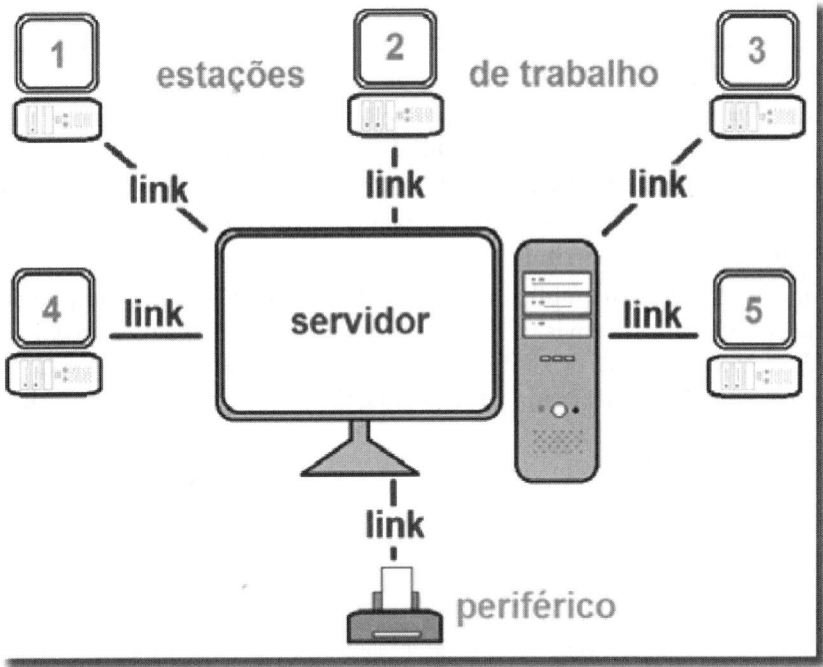

---
(24) MARÇULA e BENINI FILHO, *op. cit.*, p. 51.
(25) FOROUZAN, *op. cit.*, p. 37.
(26) ALMEIDA FILHO e CASTRO, *op. cit.*, p. 22-23.

A rede de computadores traz benefícios a seus usuários como: a centralização dos dados em um único local, instalação de *softwares* de aplicativo em um único equipamento para compartilhamento entre todos os usuários, uso comum de um mesmo periférico, conexão dos usuários a outras redes concentradas em um único computador, rapidez no desempenho de tarefas centralizadas e na transferência de dados e gerenciamento de toda a rede em um computador[27].

A rede de computadores permitiu a criação de ambientes virtuais ou digitais, isto é, de ambientes criados artificialmente pelo uso da informática e que permitem a interação entre os usuários conectados. José Carlos de Araújo[28] assinala que:

> Os principais tipos de redes existentes, quanto à disposição física dos equipamentos, são: a) rede local ou LAN (*Local Area Network*); b) rede ampla ou WAN (*Wide Area Network*); c) Internet (rede mundial de computadores) e d) Intranet (rede de uma organização com recursos e apresentação gráfica típicos da Internet). Na primeira, os equipamentos estão no mesmo espaço. Na segunda, os equipamentos estão distribuídos em dois ou mais locais diferentes. Na terceira, o planeta serve como parâmetro espacial. Já no quarto tipo [...] não há critérios espaciais de definição[29].

Várias empresas possuem uma rede própria de computadores e, às vezes, uma intranet, em que os diversos equipamentos eletrônicos conectados transferem dados e informações entre si.

1.5. INTERNET

A Internet (*inter communication network*) foi criada por Tim Barnes Lee em 1969 para o programa Arpanet (*Advanced Research Projects Agency Network*) do Departamento de Defesa dos Estados Unidos com a finalidade de "assegurar uma segura e sobrevivente (se necessário) rede de computadores para organizações ligadas à investigação científica na área de defesa"[30]. No final da década de 1980, foi aberta para uso comercial e se universalizou.

A Internet é uma vasta coleção de diferentes redes que utilizam certos protocolos comuns e fornecem determinados serviços comuns; ela não é planejada por ninguém nem é controlada por alguém[31].

A *World Wide Web* (www ou simplesmente *web*) é um sistema de servidores da Internet que utilizam um protocolo principal[32], "um repositório de informação espalhado ao redor do mundo"[33]. É comum usar o termo *web* para designar a Internet, mas a *web* depende da Internet para funcionar.

Ciberespaço, para Pérez Luño[34], "es un microcosmos digital en el que no existen fronteras, distancias ni autoridad centralizada"[35]. É um território livre.

A Internet é uma rede: de acesso público, porque qualquer pessoa com um computador e que contratar um acesso de um provedor poderá enviar e receber informações; global, pois é uma só rede formada por múltiplos e variados servidores e rede de computadores em todos os continentes; aberta, já que seu ingresso é facultado a quem queira; e não governada, uma vez que não está sujeita a uma autoridade central estatal ou empresa particular[36].

---

(27) MARÇULA e BENINI FILHO, *op. cit.*, p. 50.
(28) *Ibid., loc. cit.*
(29) ALMEIDA FILHO e CASTRO, *op. cit.*, p. 22-23.
(30) MARQUES e MARTINS, *op. cit.*, p. 50.
(31) TANENBAUM, Andrew S. *Computers networks*. 4. ed. Upper Saddle River-NJ: Prentice Hall, 2003. p. 45.
(32) MARÇULA e BENINI FILHO, *op. cit.*, p. 324.
(33) FOROUZAN, *op. cit.*, p. 648, há negrito no original.
(34) PÉREZ LUÑO, Antonio E. Internet y derechos humanos. *Derecho y conocimiento*. Huelva, v. 2, 2002. p. 104.
(35) Tradução livre: é um microcosmo digital no qual não existem fronteiras, distâncias nem autoridade centralizada.
(36) MIQUEL. Cristian Maturana. Responsabilidad de los proveedores de acceso y de contenido en internet. *Revista Chilena de Derecho Informático*. v. 1, Santiago, 2002. p. 21-22.

Robert Uerpmann-Wittzack[37] aponta cinco princípios jurídicos da Internet: liberdade, privacidade, modificação da competência territorial adaptada ao ciberespaço, cooperação internacional e cooperação das diversas partes interessadas.

A expressão usuário também serve para designar a pessoa natural ou jurídica que, por meio de um provedor de acesso, conecta-se à Internet. Para isso, o usuário utiliza um navegador (*browser*), aplicativo que faz interação do usuário com a Internet (ex. *Internet Explorer, Mozilla Firefox, Chrome, Safari* etc.).

1.5.1. Provedor e hospedagem

Provedor é a pessoa ou entidade que fornece serviços ou informações. Na Internet, o provedor pode ser acesso, de hospedagem ou de conteúdo. O provedor de acesso (provedor de serviço ou *Internet service provider* — ISP) é a empresa que dispõe de acesso à Internet e o oferece ao usuário por meio de linhas telefônicas comuns ou outros meios de comunicação.

O provedor de hospedagem é quem fornece o serviço de armazenamento de dados em servidores próprios, e o de conteúdo é a pessoa que organiza e publica as informações da página na *web*, podendo utilizar servidores próprios ou de um provedor de hospedagem[38].

A hospedagem é o serviço que permite que pessoas físicas ou jurídicas guardem informações, imagens, fotos, vídeo, ou qualquer outro conteúdo em um servidor conectado à Internet. A informação hospedada possui um endereço eletrônico único no qual essas informações podem ser encontradas, denominado de *uniform resource locator* (URL), que é a representação em palavras do protocolo de acesso à informação (p. ex. http ou https), o endereço IP (*Internet Protocol*), numérico, do nó da rede que hospeda a informação ou, alternativamente, seu nome completo (nome do nó acrescido do nome de domínio) e o diretório virtual no qual a informação está hospedada.

O chamado nome de domínio (*domain name*) congrega o grupo de nós da rede que guardam algum relacionamento entre si. Trata-se de um conjunto de nomes separados por pontos que determinam uma empresa, instituição ou particular que utiliza a Internet, seja publicando informações ou serviços, seja acessando a rede. Os nomes de domínio são organizados do mais específico para o mais genérico. Por exemplo, o nome "www.tst.jus.br" indica o hospedeiro (*host*) responsável pelo serviço www do Tribunal Superior de Trabalho (.tst), que é uma instituição jurisdicional (.jus) do Brasil (.br).

A tradução entre nomes de domínio e endereços IP é realizada por servidores de domínio (*domain name server* ou DNS).

1.5.2. Páginas, sites e blogs

Páginas da *web* (páginas *web*, *web pages* ou simplesmente páginas) são arquivos compatíveis com os navegadores da Internet gravados em um servidor e acessados por um endereço único (URL ou IP). O *site* (sítio ou *web site*) é o local onde estão armazenadas as páginas, mas comumente essa expressão é utilizada para designar as páginas da *web*[39]. A página inicial ou *home page* é a página de entrada, de apresentação de um *site*, que é carregada quando o usuário a acessa pelo seu computador[40].

Alguns *sites* da Internet funcionam como um centro aglutinador e distribuidor de conteúdo para outros *sites* ou outros domínios e são denominados de portal. Há portal, por exemplo, especializado em mídia eletrônica, no qual se pode ter acesso em tempo real a conteúdos elaborados pelos diversos meios de comunicação em suas várias plataformas eletrônicas (jornal online, vídeos, áudios etc.).

---

(37) UERPMANN-WITTZACK, Robert. Principles of internet law. *German Law Journal*. Lexington-VA, v. 11, n. 11. p. 1247.
(38) LEONARDI, Marcel. *Tutela e privacidade na internet*. São Paulo: Saraiva, 2012. p. 263.
(39) MARÇULA e BENINI FILHO, *op. cit.*, p. 326.
(40) RUSTAD, Michael L.. *Internet Law in a nutshell*. St. Paul-MN: West-Thomson Reuters, 2009. p. 20.

Para facilitar a "navegação" entre as páginas da *web*, são usados *hyperlinks*, que, com um simples click em um hipertexto (atalho), permitem o acesso às páginas.

A expressão online (do inglês *on-line*, que significa em rede) é usada para designar a disponibilidade de acesso imediato a uma página da Internet, em tempo real. Em contrapartida, *offline* indica a indisponibilidade de acesso do usuário à rede ou à Internet.

Blog, palavra formada pela junção *web* com *log*, ambas de origem inglesa e que significam rede e diário de bordo[41], é, em sua origem, uma espécie de diário eletrônico de uma pessoa (*blogueiro*)[42], acessado pela rede mundial de computadores. Os *blog*s são *sites* que possuem armazenadas informações, tais como imagens, fotos, vídeos.

1.5.3. Transferência de arquivos e dados

A Internet é um poderoso meio para transmitir, isto é, enviar (*upload*) e receber (*download*) arquivos e dados. Para isso, há, além dos próprios mecanismos disponibilizados por www, o protocolo de transferência de arquivos (*file transfer protocol* ou FTP).

Uma técnica de armazenagem que tem se difundido é a computação em nuvem (*cloud computing*), segundo a qual os arquivos e documentos são hospedados em um servidor da *web* e não no próprio computador do usuário[43]. Nela, o usuário não tem controle sobre em que localidade a informação está hospedada nem como ela é administrada pelo provedor de serviço.

1.5.4. Correio eletrônico

O correio eletrônico (e-mail) é um recurso que serve para troca de uma mensagem de um computador para outro, por meio de um endereço (conta) específico na rede de computadores[44]. O endereço é composto pelo nome do usuário (ou da conta), o símbolo @, lido como *at* (em), e o nome do domínio do provedor do serviço de correio. Esse endereço também é conhecido por caixa postal ante a semelhança com os correios. Cada e-mail possui um titular, um usuário que detém o controle e uso das mensagens, recebidas, enviadas e guardadas.

A conta de e-mail é hospedada em um servidor de rede, que armazena as informações e as mensagens do titular da conta. As mensagens de e-mail contêm um cabeçalho, em que é identificado o remetente e o destinatário, o assunto e as informações sobre envio de cópias e arquivos armazenados, e um corpo onde é escrito o texto da comunicação.

As contas de correio eletrônico permitem a criação de grupos de discussão, em que vários endereços de e-mails são associados. A lista de e-mails, que pode ser aberta ou fechada à participação de terceiros, permite o envio das mensagens para diversos endereços eletrônicos simultaneamente.

1.5.5. Mensagem online, chat e spam

Diversos aplicativos permitem a troca de mensagens online (bate-papo virtual) por textos, sons e/ou imagens, como o MSN, *Skype*, *Pandion*, *GTalk* e, em particular, o *chat*.

O *chat* ou IRC (*Internet Relay Chat*) permite o diálogo direto em tempo real e simultâneo entre usuários e foi desenvolvido por Jarkko Oikarinen em 1988 na Universidade de Oulu na Finlândia como um programa de multiusuários de comunicação em tempo real[45].

---

(41) RODRIGUES, Catarina. *Blogs e a fragmentação do espaço publico*. Covilhã: Universidade da Beira Interior, 2006. p. 21.
(42) DARRELL, *op. cit.*, p. 299.
(43) RUSTAD, *op. cit.*, p. 204.
(44) RUSTAD, *op. cit.*, p. 26.
(45) LEMOS, *op. cit.*, 2010. p. 151.

O *spam* (*spice+ham*) é uma mensagem não solicitada pelo usuário, enviada geralmente de forma massiva, e que, às vezes, sobrecarrega o endereço de e-mail. *Spice Ham* era uma "marca de presunto barato enlatado e distribuído de forma massiva às tropas inglesas nos tempos de guerra e que era refugado pelos soldados, porque não era pedido e todos tinham dificuldade em comê-lo, pois não era apetitoso"[46].

1.5.6. Mecanismos de buscas

Como há mais de 1 bilhão de sítios e a cada dia surgem cerca de 1 milhão de novas hospedagens, surgiram *sites* de pesquisas ou de buscas, cuja principal função é proporcionar um meio para recolher e apresentar informações acerca do conteúdo de outros *sites* na *web*[47].

Esse mecanismo de buscas é "um conjunto de programas de computador que executa diversas tarefas com o objetivo de possibilitar a localização de arquivos e *Web sites* que contenham ou guardem relação com a informação solicitada pelo usuário"[48]. Simplificando, é um programa que busca páginas da *web* por palavras-chaves especificadas e apresenta como resultado os *hyperlinks* para as páginas encontradas pela pesquisa[49].

As buscas de dados são feitas por três formas: a) por diretórios, em que são indexadas páginas da *web* por categorias e subcategorias para auxiliar a pesquisa; b) por ferramenta de buscas, na qual a informação recolhida eletronicamente na Internet é indexada em um banco de dados onde se realiza a procura; c) por metabusca, "funciona mediante pesquisa simultânea em vários *sites* previamente definidos"[50], pois não possui base de dados. As buscas, em todas essas modalidades, não vasculham toda a Internet.

1.5.7. Redes sociais

Rede social é um "serviço no qual os usuários podem elaborar um perfil público ou semipúblico; podem ver e integrar-se a uma lista de outros usuários com os quais compartilham conexões"[51]. Os *sites* das redes sociais servem para a construção desse perfil, interação social por meio de comentários postados no *site* e exposição pública de cada ator[52]. São *sites* de relacionamento. O perfil é um cadastro que contém dados pessoais do usuário, seus contatos e suas preferências.

As redes sociais têm basicamente dois elementos: os usuários, atores ou nós da rede, que são as pessoas, instituições, grupos, e suas conexões, isto é, as interações, os *links*, os laços sociais[53]. Esses dois elementos permitiram o aparecimento, nas redes sociais, de comunidades virtuais.

Comunidades virtuais são grupos de pessoas (grupo de usuários) aglutinados por um ambiente virtual de uma rede de computadores em razão de algum interesse comum e que trocam entre si experiências e informações. Essas comunidades podem ser abertas, quando o acesso a elas é livre em relação a terceiros, ou fechadas, quando somente seus membros dela participam.

A figura a seguir mostra um exemplo de uma rede social, com seus usuários e suas ligações, e as diversas comunidades virtuais que nela se formam:

---

(46) LIMBERGER, Têmis. *"Spam" e a invasão da intimidade.* Disponível em: <http://www.mp.rs.gov.br/atuacaomp/not_artigos/id14949.htm?impressao=1>. Acesso em: 18 jun. 2013.
(47) CHAVELI DONET, Eduard. La protección de datos personales en Internet. *Azpilcueta: Cuadernos de Derecho.* Donostia, n. 20, 2008. p. 92.
(48) LEONARDI, *op. cit.*, p. 288-289.
(49) RUSTAD, *op. cit.*, p.23.
(50) ALMEIDA FILHO e CASTRO, *op. cit.*, p. 60-61.
(51) MARRA E ROSA, Gabriel Artur e SANTOS, Benedito Rodrigues dos. *Facebook e as nossas identidades virtuais.* Brasília: Theasaurus, 2013. p. 18-19.
(52) RECUERO, Raquel. *Redes sociais na internet.* Porto Alegre: Sulina, 2009. p. 102.
(53) *Ibid.*, p. 24.

Figura 2: exemplo de rede social e de suas comunidades virtuais

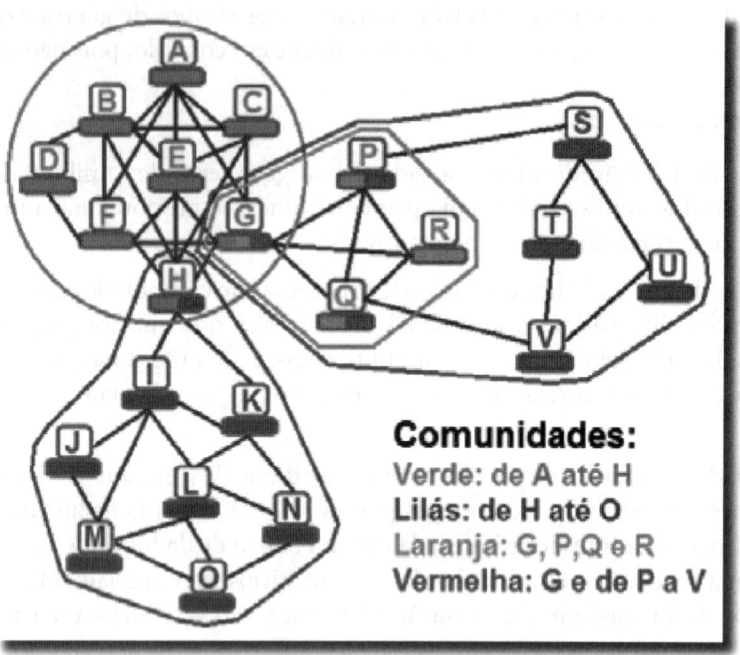

Pela figura acima, é possível ver que uma informação do usuário "O" pode chegar até o usuário "S", apesar de eles não compartilharem ligações (*links*) e pertencerem a comunidades virtuais distintas. É que a informação pode transitar entre os diversos *links* e as várias comunidades até ser capturado por "S". Keith Darrell[54] sustenta que as redes sociais estão redefinindo os limites da privacidade e da intimidade pessoal.

As redes sociais tiveram início em 1997[55] e podem expandir as relações entre as pessoas indefinidamente em progressão geométrica[56], na medida em que cada usuário pode se conectar com vários outros e estes com mais outros e assim por diante. Dentre as principais redes sociais da atualidade, destacam-se *Facebook*, *Twitter*, *Instagram*, *MySpace*, Quepassa, *Orkut*, e, no campo do relacionamento profissional, *Plaxo* e *LinkedIN*, este também usado bastante em processos de seleção de emprego.

1.5.8. Aplicativos intrusivos

Os dados, arquivos e *softwares* estão sujeitos a diversos fatores de risco, entre os quais: catástrofes naturais (como incêndio, inundação, descargas elétricas provenientes de raios, terremoto), criminais (como roubo, furto, cópia não autorizada, espionagem, sabotagem, incêndio criminoso), pessoais (p. ex., erro, descuido, omissão, manipulação indevida) e técnicos (quebras e falhas no equipamento, interferência magnética ou eletromagnética, má qualidade de um recurso etc.)[57].

O acesso indevido, por fatores criminais, pessoais ou técnicos, pode ser involuntário (ou acidental), quando alguém não autorizado tem acesso a dados (p. ex., pessoa que deixa os dados visíveis no monitor c

---
(54) DARRELL, *op. cit.*, p. 200-201.
(55) KIRKPATRICK, David. *The facebook effect-the inside story of the company that is connecting the world*. New York: Simon & Schuster, 2010. p. 67.
(56) DARRELL, *op. cit.*, p. 237.
(57) MARÇULA e BENINI FILHO, *op. cit.*, p. 351.

se ausenta), ou intencional (malicioso), em que a pessoa tem a pretensão de acessar dado que não lhe é permitido[58].

No acesso intencional indevido, há os intrusos passivos, que apenas querem ler os dados não autorizados, e os ativos, que desejam modificar ou copiar esses dados. Existem diversos aplicativos para esses fins que permitem desde o mero acesso até o controle; da mera intromissão até a invasão do computador ou de arquivos por usuário externo; de simples buscas de informações gravadas até sua destruição.

O *malware*, junção da palavra *malicious* (malícia) com *software*, é qualquer forma de infiltrar no computador do usuário por meio de um programa desenvolvido com a finalidade de provocar um mal[59]. Há diversos programas com essa característica ou que têm seu uso alterado para esse objetivo.

Existem programas desenvolvidos para propiciar que um terceiro (usuário externo) acesse outro computador remotamente, isto é, à distância, podendo realizar operações em seus dados, documentos, arquivos e diretórios. Originalmente a finalidade deles é dar suporte a um usuário distante, mas seu uso é passível de desvio desse fim.

Vírus de computador são fragmentos de um programa que é unido a um programa legítimo e que tem a capacidade de fazer cópias de si mesmo para unir-se a outros arquivos e assim sucessivamente, criando uma espécie de infecção eletrônica[60]. A mera infecção proporcionada pelo vírus já ocasiona repercussões na operação dos computadores (maior lentidão, maior uso da memória, mais espaço de armazenamento). Além disso, os vírus podem causar danos nos arquivos ou destruí-los, alterar a operação do computador, permitir o acesso de terceiros a ele, bloquear o uso de funcionalidades ou de componentes do *hardware*, entre outros males.

Há também os *worms* (vermes) que não são fragmentos de programas, mas programas completos que, para se propagarem, fazem cópias de si mesmo e procuram utilizar todos os recursos de *hardware* do computador para bloquear seu uso por outros aplicativos. Destaca-se, nesse particular, a praga eletrônica denominada por cavalo de Troia (*Trojan*), uma alusão ao épico presente dados aos gregos para os habitantes de Troia, e que é usado para se apropriar de senhas, copiar arquivos, destruir dados. Vários desses programas capturam páginas, dados ou arquivos abertos ou acessados pelo usuário.

Há arquivos denominados de *log files*, que ficam arquivados no computador, mostrando prontamente a lista de páginas da *web* que foram visitadas pelo usuário, e de caches de navegador (*browsers caches*), que transferem e armazenam no computados em arquivos separados as informações de todos os componentes das páginas visitadas da *web* (imagens, banners, textos, botões etc.)[61]. Tais arquivos podem ser alvos de tentativas de acesso não autorizado.

Cookies são arquivos que armazenam informações sobre acessos do internauta a alguns *websites* para permitir a coleta e o armazenamento de seus dados. Sua finalidade original era preservar informações entre uma visita e outra daquele usuário àquela página, porém também podem ser usados para o monitoramento dos usuários pelo *site* que ele visita. Grande parte dos *sites* faz uso intensivo deles[62] para elaborar um perfil online (*online profiling*) sobre o qual Michael Rustad[63] discorre:

> Online profiling is the practice of targeting advertisements to *website* visitors base upon an analysis of their online movements. A *website* visitor who visits a senior citizen´s *chat* room may soon receive advertisements for funerals, walkers, or Viagra[64].

---

(58) MARÇULA e BENINI FILHO, *op. cit.*, p. 351.
(59) RUSTAD, *op. cit.*, p. 137-138.
(60) MARÇULA e BENINI FILHO, *op. cit.*, p. 352.
(61) LANE, Frederick S. *The naked employee: how technology is compromising workplace privacy*. New York: Amacon, 2003. p. 143-144.
(62) KUROSE, James F. e ROSS, Keith W. *Redes de computadores e a internet:* uma abordagem top-down. 3. ed. São Paulo: Pearson Addison Wesley, 2006. p. 76.
(63) RUSTAD, *op. cit.*, p. 223.
(64) Tradução livre: Perfil online é a prática para segmentar anúncios para os visitantes do site mediante uma análise dos seus movimentos online. Um visitante do site que visita a uma sala de bate-papo de um senhor de idade em breve poderá receber anúncios para funerais, produtos para caminhadas ou Viagra.

É tecnicamente possível configurar o navegador para rechaçar os *cookies* automaticamente ou após consulta ao usuário, mas isso dificulta bastante a navegação nas páginas da *web*[65] em serviços que usam adequadamente os *cookies*.

Spywares são programas espiões que se instalam ocultamente no computador, isto é, sem o consentimento ou a permissão do usuário, para transmitir todo o tipo de informação por meio da Internet[66].

Existem diversos programas de monitoramento, que permitem visualizar os pacotes formados para a transferência de arquivos na Internet, e de filtragem, para bloquear acesso a determinadas páginas e conteúdos[67].

Há ainda diversos outros tipos de ataques intrusivos, como o *e-mail spoofing*, em que o cabeçalho do e-mail é falsificado para parecer que a mensagem veio de um remetente verdadeiro; *phishing*, uma fraude online em que usuários desavisados recebem e-mails com aparência de oficial para induzi-los a revelar senhas, nome de usuário e informações pessoais; negação de serviço (*denial of service*), que busca deixar inoperante o servidor de uma rede; *e-mail bomb*, utilizado para lotar de mensagens uma caixa de e-mails [68].

1.6. OUTRAS FERRAMENTAS ELETRÔNICAS

Além dos computadores, das redes e em especial da Internet, há outros meios eletrônicos de captar, processar e/ou transferir dados.

Os telefones celulares têm, dentre suas diversas funcionalidades, a capacidade de enviar e receber mensagens. Trata-se do SMS (*short message service*, serviço de mensagens curtas ou "torpedo") e do MMS (serviço de mensagens multimídias, destinado à transmissão de fotos, vídeos, músicas etc.), que são muito usados atualmente na comunicação de dados. Também podem transmitir mensagens de voz, que ficam armazenadas na operadora.

Há, ainda, diversos dispositivos de gravação de áudio e vídeo, como máquinas fotográficas, filmadoras, microfones, circuitos de televisão, *scanners*.

O avanço da tecnologia de informação permitiu o desenvolvimento de equipamentos para localização geográfica de pessoa, objetos e lugares. O *Global Position System* (GPS) é o aparelho que permite a localização precisa de objetos, pessoas e lugares em tempo real baseado na triangulação de sinais de satélites artificiais na órbita terrestre. Ele apresenta com alta precisão a localização, a velocidade, a altitude da pessoa ou do objeto e a hora local de qualquer lugar do mundo. Trata-se de um dispositivo que já vem sendo incorporado a veículos, telefones celulares, computadores portáteis, *tablets*, entre outros.

Existem ainda *microchips* de radio-frequência (*Radio Frequency Identification* — RFID ou Identificadores por Radiofrequência) que contêm uma identificação digital utilizada para localizar bens, animais e pessoas e que não dependem de sinais de satélites para seu rastreamento, mas de sinais de radiofonia[69].

---

(65) CHAVELI DONET, *op. cit.*, p. 90.
(66) RUSTAD, *op. cit.*, p. 138.
(67) LANE, *op. cit.*, p. 144-146.
(68) RUSTAD, *op. cit.*, p. 125-126; MARÇULA e BENINI FILHO, *op. cit.*, p. 356.
(69) HERBERT, William A. e TUMINARO, Amelia K. The impact of emerging technologies in the workplace: who's watching the man (who's watching me)? *Hofstra labor & employment law journal*. Hempstead-NY, v. 25, n. 2, 2008. p. 381.

TRABALHO, EMPREGO E DIREITOS FUNDAMENTAIS

O trabalho humano teve início nos primórdios da História e, ao longo do tempo, foi se transformando. Pelas mãos do trabalho dos homens, surgiram as máquinas, as novas tecnologias, a Informática, que igualmente repercutem nas relações de trabalho e de emprego. Também vieram os direitos dos empregados. Alguns, incorporados às Constituições, ganharam *status* de direitos fundamentais. Outros, por serem inerentes ao homem, chegaram ao ambiente de trabalho.

2.1. TRABALHO E EMPREGO

A cultura judaico-cristã trouxe a noção de que o pecado original conduziu o ser humano a depender, para sua subsistência, do fruto de seu trabalho: "comerás o teu pão com o suor do teu rosto, até que voltes à terra de que foste tirado; porque és pó, e em pó te hás de tornar" (Gênese 3, 20)[70].

Etimologicamente, a palavra trabalho vem do latim *tripaliare*, que significa martirizar com o *tripalium*, antigo instrumento composto de três paus que era utilizado em torturas. Trabalho enseja sacrifício, energia, força, desgaste, tempo, saúde e, por isso, desde sua origem, traz uma conotação de castigo, sofrimento e dor[71].

Deflagrada a Revolução Industrial, as lutas e conquistas sociais permitiram o surgimento do Direito do Trabalho, baseado no emprego. Com a Encíclica *Rerum Novarum*, nasceu a consciência da dignidade do trabalho humano[72]. O trabalho passou a ser entendido como um bem econômico, juridicamente protegido, fator de civilização e progresso[73]. Princípio da Ordem Social e da Econômica, seu valor social se tornou fundamento da República Federativa do Brasil (arts. 1º, inc. IV, 170 e 193, da Constituição Federal).

---

(70) *Bíblia sagrada*. 118. ed. São Paulo: Ave Maria, 1998. p. 51.
(71) KAPITANSKY, Rene Chabar. Assédio moral no ambiente de trabalho: repercussões ao trabalhador, à empresa e à sociedade. *Revista do Tribunal Regional do Trabalho da 18. Região*. Goiânia, a. 11, 2011. p. 321-322.
(72) LEÃO XIII, PP. *Rerum novarum*. Roma, 15 maio 1891, n. 13. Disponível em: <http://www.vatican.va/holy_father/leo_xiii/encyclicals/documents/hf_l-xiii_enc_15051891_rerum-novarum_po.html>. Acesso em: 1º out. 2013.
(73) GONÇALVES, Lilian. O fim social do trabalho. *Revista do Tribunal Regional do Trabalho da 2ª Região*. n. 5, São Paulo, 2010. p. 99.

2.1.1. Relação de trabalho

A relação de trabalho compreende as diversas formas de trabalho humano de uma pessoa física em prol de outrem, ou melhor, "todas as relações jurídicas caracterizadas por terem sua prestação essencial centrada em uma obrigação de fazer consubstanciada em labor humano"[74].

No campo do Direito Privado, as espécies mais comuns de relação de trabalho são: a) trabalho voluntário; b) trabalho autônomo; c) trabalho avulso; d) trabalho eventual; e) trabalho temporário; f) estágio; g) relação de emprego.

A relação de emprego é a espécie mais importante, por sua predominância socioeconômica nos países ocidentais e pela sua estatura jurídica que ensejou a criação de direitos fundamentais próprios em diversos ordenamentos constitucionais e a sistematização de um ramo distinto do Direito (o Direito do Trabalho).

2.1.2. Relação de emprego

A relação de emprego pode ocorrer em área urbana, no meio rural e em ambiente doméstico. A distinção entre elas diz respeito tão somente à atividade desempenhada pelo empregado: rurícola, quando o labor é prestado no campo ou em prédio (área) rústico; doméstica, desempenhada no âmbito da moradia de uma pessoa física e sem finalidade lucrativa; ou, não se enquadrando nas demais hipóteses, urbana.

Haverá relação de emprego quando uma pessoa física (empregado), pessoalmente, prestar serviços (trabalho) ou ficar à disposição (aguardando ordens) de outrem (empregador), de forma não eventual e onerosa e mediante subordinação. Esses são os elementos que caracterizam uma relação de emprego e definem o conceito de empregado.

Constituída a relação de emprego, surge o contrato de trabalho que, em regra, congrega dois sujeitos: o empregado, que presta o serviço de forma onerosa, pessoal, não eventual e subordinada, e o empregador, que dirige, remunera e se beneficia do fruto do trabalho alheio.

2.2. LIBERDADE E SUJEIÇÃO DO EMPREGADO

Como todo negócio jurídico, também o contrato de trabalho pressupõe agente capaz, objeto lícito e forma prescrita e não defesa em lei (art. 104 do Código Civil). Do agente capaz nasce a liberdade em contratar, a autonomia da vontade.

2.2.1. Liberdade de exercício de qualquer trabalho

A liberdade de exercício de qualquer trabalho, observada a qualificação estabelecida em lei, é um direito fundamental inserto no art. 5º, inc. XIII, da Constituição Federal. O exercício de qualquer ofício, profissão ou trabalho, por imperativo constitucional, nasce, fundamentalmente, da liberdade da pessoa humana. Ela detém a prerrogativa de se fazer empregada, cuja concretização, obviamente, depende da conjugação de vontade de quem emprega.

Também a liberdade de manifestação do pensamento, vedado o anonimato, constitui um direito fundamental (art. 5º, IV, da Constituição) e pode ser plenamente exercido por quem possui o desejo de postular um emprego. Qualquer um pode, livremente, manifestar a vontade de celebrar um contrato de trabalho.

Nos termos da legislação civil (arts. 104 e 107 do Código Civil) aplicada ao Direito do Trabalho (por força do art. 8º da CLT), a vontade dos contratantes é um dos requisitos para a configuração da relação de emprego. Por isso, é, em tese, a liberdade que impele uma pessoa em se tornar empregada de outrem.

---

(74) DELGADO, Maurício Godinho. *Curso de Direito do Trabalho*. 2. ed. São Paulo: LTr, 2003. p. 283.

Todavia, na prática, muitas vezes a liberdade do exercício de um trabalho está premida pela necessidade, não de um trabalho, mas de uma prestação econômica (salário, remuneração, renda) que possa atender as necessidades de sobrevivência e subsistência do trabalhador e de sua família. O estado de necessidade reduz a autonomia da vontade.

Mario Ackerman[75] adverte que "cuando existe necesidad — y especialmente la necesidad de obtener los recursos para la subsistencia — escaso espacio resta para elegir o para decir que no, y muy reducido queda entonces el territorio de la libertad"[76].

Havendo comunhão de vontades entre as partes, nasce o contrato de trabalho, que é, em sua essência, uma prestação subordinada de serviços.

2.2.2. Subordinação

A subordinação do empregado ao empregador é inerente a todas as espécies de relação de emprego, seja urbana ou doméstica (arts. 3º da Consolidação das Leis do Trabalho — CLT, 2º da Lei n. 5.889/1973 e 1º da Lei n. 5.859/1972). Trata-se do elemento primordial que diferencia a relação de emprego com o trabalho autônomo.

A palavra subordinação, etimologicamente, é composta da junção do prefixo sub, que significa baixo, e da palavra latina *ordinare*, que quer dizer ordenar[77]. Assim, subordinação traz, em seu bojo, a ideia de sujeição ao poder, às ordens de outrem.

Jorge Mancini[78] assinala que, no contrato de trabalho, o empregado tem um corte na sua "autonomia de la voluntad, consistente en la opción — más o menos libremente adoptada — de someterse a las ordens e instrucciones de otro sujeto"[79].

A legislação trabalhista brasileira não traz um conceito legal de subordinação para fins de caracterização da relação de emprego. Ao contrário, o termo dependência no art. 3º da CLT traduz uma imprecisão técnica. Não é a dependência econômica, decorrente da origem patronal da fonte de renda do empregado; nem a técnica, pelo domínio dos meios de produção pelo empregador; tampouco a moral, em face de um dever de lealdade e eficiência, que configura a relação de emprego, mas sim a subordinação.

Para Maurício G. Delgado[80], subordinação é a "situação jurídica derivada do contrato de trabalho, pela qual o empregado comprometer-se-ia a acolher o poder de direção empresarial no modo de realização de sua prestação de serviços". Referida subordinação, por decorrer do contrato, é de cunho jurídico. Por isso, também é denominada de subordinação jurídica.

2.2.3. Hipossuficiência e princípio da proteção

Na relação de trabalho, o empregado está em uma situação de hipossuficiência, que pode ser, entre outras, econômica, por necessitar do salário; técnica, por não deter os meios de produção; e/ou jurídica, em face da subordinação que lhe impõe uma série de obrigações e concede ao empregador poderes de direção sobre si.

---

(75) ACKERMAN, Mario E. El trabajo, los trabajadores e el derecho del trabajo. *Revista do TST*. Brasília, v. 73, n. 3, jul./set. 2007. p. 57, há grifos no original.
(76) Tradução livre: quando existe necessidade — e especialmente a necessidade de obter os recursos para a subsistência — sobra pouco espaço para escolher ou para decidir que não, e muito reduzido ficará então o território da liberdade.
(77) DELGADO, *op. cit.*, p. 300.
(78) MANCINI, Jorge Rodríguez. *Derechos fundamentales y relaciones laborales*. 2. ed. Buenos Aires: Astrea Editorial, 2007. p. 102.
(79) Tradução livre: autonomia da vontade, consistente na opção — mais ou menos livremente aceita — de submeter-se às ordens e instruções de outro sujeito.
(80) DELGADO, *op. cit.*, p. 300.

Com o fim de equilibrar no plano jurídico a relação entre empregado e empregador, formulou-se o princípio da proteção (protetor ou tutelar), segundo o qual o Direito do Trabalho é orientado "ao objetivo de estabelecer um amparo preferencial a uma das partes: o trabalhador"[81], parte mais fraca na relação de emprego.

O princípio da proteção é o fundamento basilar do Direito do Trabalho, da qual emergem outros princípios, e desdobra-se em três outros subprincípios: in *dubio, pro operario*; aplicação da norma mais favorável ao empregado e condição mais benéfica ao empregado.

O subprincípio do *in dubio, pro operario* estabelece que, havendo uma norma que comporta vários entendimentos, deve-se preferir a interpretação que for mais favorável ao empregado[82].

Pelo subprincípio da aplicação da norma mais favorável ao empregado, "o operador do Direito do Trabalho deve optar pela regra mais favorável ao obreiro"[83]. Existindo, assim, diversas regras para regular uma situação concreta, incide a que for mais favorável ao empregado. Tal diretriz também deve comandar o processo de elaboração de normas trabalhistas. Essa diretriz só não é aplicável quando houver norma proibitiva de caráter público (art. 623 da CLT).

De acordo com o subprincípio da condição mais benéfica ao empregado, os benefícios mais vantajosos conquistados pelo empregado não podem ser modificados para pior. Além disso, havendo condições de trabalho conflitantes no contrato, prevalecerá aquela que for mais favorável ao empregado, salvo se houver norma proibitiva de escalão superior em sentido contrário.

2.3. LIVRE-INICIATIVA DO EMPREGADOR

O empregador possui a faculdade de dirigir sua unidade produtiva, organizando e gerindo-a como lhe aprouver. Ele possui a liberdade de iniciativa, isto é, de abrir e organizar seu negócio. O princípio da livre-iniciativa tem assento constitucional (art. 1º, inc. IV, e 170 da Constituição Federal) e previsão na própria legislação trabalhista, que reconhece o direito do empregador de gerir a prestação pessoal de serviços (art. 2º da CLT).

Ensina Délio Maranhão[84]:

> O empregador, que exerce um empreendimento econômico, reúne, em sua empresa, os diversos fatores de produção. [...] Desses fatores, o principal é o trabalho. Assumindo o empregador, como proprietário da empresa, os riscos do empreendimento, claro está que lhe é de ser reconhecido o direito de dispor daqueles fatores, cuja reunião forma uma unidade técnica de produção.

O empregador detém a capacidade para determinar a estrutura técnica e econômica da empresa, dirigindo a atividade do empregado, tendo em vista os fins e as necessidades de seu empreendimento[85].

2.3.1. Poderes de direção

O empregado está sujeito às diretrizes do empregador. O conjunto de prerrogativas do empregador de ordinariamente ajustar, adequar e alterar as circunstâncias e parâmetros da prestação de serviços, desde que não ofenda a ordem jurídica, ou extraordinariamente de modificar cláusula do próprio contrato constitui o *jus variandi*[86].

---

(81) RODRIGUEZ, Américo Plá. *Princípios de Direito do Trabalho*. 3. ed. São Paulo: 2004. p. 83.
(82) *Ibid., op. cit.*, p. 107.
(83) DELGADO, *op. cit.*, p. 198.
(84) MARANHÃO, Délio. Contrato de trabalho. In: SÜSSEKIND, Arnaldo et al. *Instituições de Direito do Trabalho*. 17. ed., v. 1, São Paulo: LTr, 1997. p. 248.
(85) Cf. MAGANO, Octavio Bueno. *Do poder diretivo na empresa*. São Paulo: Saraiva, 1982. p. 94.
(86) DELGADO, *op. cit.*, p. 996.

O empregador possui o poder de direção (diretivo, hierárquico ou empregatício) de sua unidade produtiva, congregando essas prerrogativas do *jus variandi* e dirigindo, regulamentando, fiscalizando e disciplinando a economia interna de sua empresa e a prestação de serviços do empregado[87]. Esse poder de direção é subdividido em poder:

a) *de organização*, correspondente à faculdade reservada ao empregador de organizar seu empreendimento, o que compreende estabelecer a estrutura, objeto, espaço e método de trabalho, fixar a quantidade de empregados, as atividades e as funções a serem desenvolvidas, orientar a prestação dos serviços etc.;

b) *de regulamentação*, que possibilita ao empregador fixar regras a serem observadas no âmbito da empresa e dos seus estabelecimentos;

c) *de fiscalização* (ou de controle), que diz respeito à atribuição do empregador em acompanhar continuamente a prestação de serviços, fiscalizando e controlando as atividades de seus empregados;

d) *disciplinar*, que "es el conjunto de facultades que posibilitan al empleador imponer sanciones frente a hecho que constituyen faltas disciplinarias, cometidas en el seno de la relación de trabajo y cuyo fin es proteger la organización e interés productivo"[88], segundo Ricardo Santana[89].

2.3.2. Limites aos poderes de direção

Os poderes do empregador não são absolutos. Ao contrário, encontram limites na própria ordem jurídica.

Na Constituição Federal, o princípio da livre-iniciativa vem sempre seguido do princípio do valor social do trabalho. Esse contraponto revela que a liberdade conferida ao empregador deve estar balizada com o valor social que o trabalho humano possui. Essa importância social do trabalho torna inaceitável o direito exclusivo de quem detém a propriedade dos meios de produção[90].

Os poderes do empregador também não podem violar os direitos fundamentais do empregado, nem afrontar a dignidade da pessoa humana. "A personalidade não se anula com o contrato de trabalho"[91].

Nesse sentido, é apropriada a lição de Emílio Gonçalves[92]:

No exercício de sua atividade profissional, subordinada à autoridade do empregador, não perde o empregado a sua qualidade de pessoa, impondo-se, em consequência, da parte do empregador, o respeito à dignidade do trabalhador.

O direito fundamental à intimidade (e à privacidade), segundo José Luis Goñi Sein[93], penetra "en la relación de trabajo, erigiéndose en un importante límite a la potestad discricional del empresario, y al mismo tiempo en garantía del ejercicio de otros derechos fundamentales"[94].

---

[87] DELGADO, *op. cit.*, p. 624.
[88] Tradução livre: é o conjunto de faculdades que possibilitam ao empregador impor sanções frente a fatos que constituem faltas disciplinares, cometidas no seio da relação de trabalho e cujo fim é proteger a organização e interesse produtivo.
[89] SANTANA, Ricardo. *El poder disciplinario del empleador en la empresa privada*. Montevideo: FCU, 2001. p. 36.
[90] JOÃO PAULO II, PP. *Laborem exercens*. 7. ed. São Paulo: Loyola, 1996. p. 34.
[91] MARANHÃO, *op. cit.*, p. 251.
[92] GONÇALVES, Emílio. *O poder regulamentar do empregador*: o regulamento do pessoal na empresa. 2. ed. São Paulo: LTr, 1997. p. 35.
[93] GOÑI SEIN, José Luis. Las ofensas al honor y la repercusión de las proferidas fuera de la empresa. *Relaciones Laborales*. n. 8, Madrid, 1986. p. 21.
[94] Tradução livre: na relação de trabalho, erguida em um limite significativo para o poder discricionário do empresário e, ao mesmo tempo, em garantia de exercício de outros direitos fundamentais.

Princípios de direito, tais como a boa-fé[95], irrenunciabilidade de direitos trabalhistas, não discriminação etc. também são limitadores desses poderes.

O empregado detém o direito de resistência (*jus resistentiae*) que é a recusa de cumprimento de ordens ilícitas (art. 188, inc. I, *in fine*, do Código Civil). Trata-se do exercício regular de direito, embora, na prática, seja muito difícil de exercê-lo em face ao risco de desemprego[96].

O empregado pode legitimamente recusar-se a cumprir uma ordem que o coloque em risco grave, fuja da natureza do trabalho contratado, humilhe-o ou diminua-o moralmente, seja de execução extraordinariamente difícil[97].

Os poderes do empregador apenas incidem durante e por ocasião do cumprimento da prestação de serviços. Portanto, esses poderes encontram limitações de ordem temporal (durante a jornada de trabalho) e espacial (apenas no local da prestação do serviço).

2.3.3. Tecnologia e poderes de direção

Ricardo Antunes[98] sustenta que as diversas formas de descentralização da produção existente no mundo do trabalho na atualidade, adicionadas ao incremento tecnológico, podem proporcionar uma maior exploração no trabalho e um maior controle sobre a força de trabalho. As novas tecnologias estão sendo instrumentalizadas para aumentar a produtividade, garantir a competitividade e para a *"sujeição dos homens e da natureza"* [99].

A hierarquia, presente no trabalho, segundo Michel Foucault[100], está fundamentada no exercício de dois poderes: a disciplina e a vigilância (poder de controle, de fiscalização). A disciplina tem como função maior "adestrar", não para reduzir forças, mas para ligá-las, multiplicá-las e utilizá-las. A disciplina "fabrica" indivíduos e é a "técnica específica de um poder que toma os indivíduos ao mesmo tempo como objetos e como instrumentos de seu exercício". A disciplina supõe a vigilância.

> O exercício da disciplina supõe um dispositivo que obrigue pelo jogo do olhar; um aparelho em que as técnicas que permitam ver induzam a efeitos de poder, e onde, em troca, os meios de correção tornem claramente visíveis aqueles sobre quem se aplicam.

O desenvolvimento da tecnologia da informação "intensificou o exercício do poder disciplinar, ao permitir a coleta, o cruzamento, o armazenamento de dados pessoais a baixos custos e de forma facilitada, além de ter incrementado a *vigilância eletrônica*"[101].

As tecnologias da informação trouxeram ao ambiente de trabalho novas ferramentas de sujeição do empregado, de ampliação do poder empregatício, muitas vezes em detrimento da privacidade do empregado.

2.4. DIREITO DE PROPRIEDADE DO EMPREGADOR

A Constituição traz o direito fundamental à propriedade privada, desde que cumprida sua função social (arts. 5º, incs. XXII a XXVI, 182, § 2º, e 186).

---

(95) RIBEIRO, Lélia Guimarães Carvalho. *A monitoração audiovisual e eletrônica no ambiente de trabalho e o seu valor probante:* um estudo sobre o limite do poder de controle do empregador na atividade laboral e o respeito à dignidade e intimidade do trabalhador. São Paulo: LTr, 2008. p. 125.
(96) DELGADO, *op. cit.*, p. 674-675.
(97) MARANHÃO, *op. cit.*, p. 251.
(98) ANTUNES, Ricardo. *Adeus ao trabalho? Ensaio sobre as metamorfoses e a centralidade no mundo do trabalho.* 15. ed., São Paulo: Cortez, 2011. p. 27.
(99) FRANCO, Tânia. Alienação do trabalho: despertencimento social e desrenraizamento em relação à natureza. *Caderno CRH*. Salvador, v. 24, n. 1, 2011. p. 181.
(100) FOUCAULT, Michel. *Vigiar e punir.* 40. ed. Petrópolis: Vozes, 2012. p. 164-165 e 168.
(101) VIEIRA, *op. cit.*, p. 196, grifo do original.

O conceito da relação da pessoa com os seus bens e do direito dela em livremente dispor de seu patrimônio sofreu nos últimos tempos uma alteração que lhe diminuiu seu caráter civilista e passou a incorporar a preocupação com a finalidade social da propriedade[102].

Assim, o direito do titular de usar, gozar e dispor de bens sofre limitação pela sua destinação social, devendo observar o interesse da sociedade. Não se trata de uma socialização da propriedade, mas de impor aos indivíduos a responsabilidade no uso, na fruição e na disposição de sua propriedade, respeitando os direitos ou interesses da coletividade em que está inserido.

No caso da relação de emprego, o titular do direito de propriedade pode usar seus bens e recursos para livremente constituir uma sociedade empresária ou para exercer atividade empresarial, dando-lhe, assim, uma destinação social útil de seus bens. A propriedade privada constitui uma das pedras fundamentais do sistema capitalista, conferindo a seu titular segurança na posse e no uso de seus ativos legitimamente adquiridos[103]. Ela é necessária para o exercício das atividades empresariais.

O direito à propriedade privada desdobra-se em outros direitos, como no direito fundamental à propriedade intelectual e artística (incs. XXVII a XXIX do art. 5º da Constituição Federal). É pela propriedade que o empregador disponibiliza aos empregados as ferramentas necessárias ao trabalho.

2.4.1. Ferramentas e recursos tecnológicos

A palavra ferramenta vem de idêntica palavra do latim e significa em sua literalidade conjunto de instrumentos de ferros.

Ferramenta é um utensílio de um ofício ou trabalho[104], disponibilizada pelo empregador ao empregado para que ele desempenhe seu trabalho de forma útil. É um bem do empregador, mas disponibilizado ao empregado enquanto meio necessário ou útil ao desenvolvimento de suas atividades.

Os recursos tecnológicos, como computadores, acesso à Internet etc., são fornecidos pelos empregadores aos empregados como ferramentas para o desempenho de suas funções.

A jurisprudência e a doutrina dominante costumam diferenciar as utilidades fornecidas para o trabalho e pelo trabalho. Os bens, serviços e ferramentas servem para viabilizar ou aperfeiçoar a prestação de serviços e, por isso, têm esse aspecto instrumental (como a energia elétrica e a habitação, conforme a Súmula n. 367 do TST), mas quando são fornecidas pelo trabalho é porque se trata de uma contraprestação pela atividade desenvolvida pelo empregado e compõem sua remuneração.

2.4.2. Propriedade intelectual

A Constituição Federal assegura no art. 5º, inc. XXVII, o direito fundamental à propriedade intelectual do autor em relação as suas obras, de natureza literária, artística ou científica, a exemplo do que dispõe o art. 27 da Declaração Universal dos Direitos do Homem.

Os direitos da propriedade intelectual (ou direitos intelectuais) asseguram ao autor vantagens jurídicas de utilização, publicação e reprodução de suas obras e dizem respeito basicamente a três espécies: direitos de autor (art. 5º, incs. XXXVII e XXXVII, da CF e Lei n. 8.610/1998), direitos de propriedade industrial (art. 5º, inc. XXIX, CF e Lei n. 9.279/1996) e direitos intelectuais relativos à criação e utilização de softwares (Lei n. 9.608/1998)[105].

---

(102) MENDES, Gilmar F.; COELHO, Inocêncio M e BRANCO, Paulo Gustavo Gonet. *Curso de Direito Constitucional*. 2. ed. São Paulo: Saraiva, 2008. p. 424.
(103) BJORK, Gordon C. *A empresa privada e o interesse público:* os fundamentos de uma economia capitalista. Rio de Janeiro: Zahar, 1971. p. 162.
(104) FERREIRA, Aurélio Buarque de Holanda. *Mini Aurélio:* o dicionário da língua portuguesa. Curitiba: Positivo, 2010. p. 346.
(105) DELGADO, *op. cit.*, p. 603.

O direito de propriedade industrial (ou empresarial) também é um direito fundamental, a ser exercido nos termos da lei e considerando o interesse social e o desenvolvimento tecnológico e econômico do país. Inserto no art. 5º, inc. XXIX, da Constituição, compreende nele o direito aos inventos e às criações industriais, à propriedade das marcas, aos nomes de empresas e a outros signos distintivos.

Detém o empregador a propriedade intelectual sobre os inventos e seus aperfeiçoamentos desenvolvidos como objeto do contrato de trabalho ou até um ano após seu encerramento, salvo disposição contratual diversa. São de propriedade comum do empregado e do empregador, se o invento não tem previsão contratual, mas resultou da contribuição pessoal do empregador e de recursos, dados, meios, materiais, instalações ou equipamentos do empregador, que tem garantida à exclusividade da licença de sua exploração, mediante justa remuneração ao empregado. Se o invento foi desenvolvido pelo empregado sem qualquer relação com o trabalho e sem a utilização de recursos do empregador, esse nada terá de sua propriedade.

2.4.3. Segredo empresarial

Segredo é o que não pode ser revelado, que está sob sigilo[106]. O segredo empresarial (da empresa ou industrial) compreende a restrição de divulgação, exploração e utilização, sem autorização, de informações ou dados utilizáveis na indústria, comércio e prestação de serviços. Sua vulneração constitui crime capitulado no art. 195, incs. XI e XII, da Lei n. 9.279/1996.

Para Denis B. Barbosa[107], o segredo empresarial compreende quatro categorias de objeto: a) o invento suscetível de ser protegido por patentes; b) o segredo do negócio, como lista de clientes, decisões estratégicas, informações contábeis e financeiras etc.; c) o conjunto de conhecimentos e experiências, salvo se forem evidentes para um técnico no assunto, e que inclui as pesquisas feitas, o *know how*, segredos de fábrica, lista de fornecedores etc.; d) informações confidenciais, como resultados de testes ou outros dados não divulgados que ensejaram esforço considerável.

Qualquer violação pelo empregado de segredo empresarial constitui motivo para rescisão do contrato de trabalho por justa causa, a teor do art. 482, g, da CLT.

2.5. INCIDÊNCIA DOS DIREITOS FUNDAMENTAIS NA RELAÇÃO DE EMPREGO

A concepção de direitos fundamentais apareceu na França como marco do movimento político e cultural (Revolução Francesa) que conduziu à Declaração dos Direitos do Homem e do Cidadão em 1789[108]. Os direitos fundamentais surgem como oposição ou, melhor, resistência ao poder do Estado em face do cidadão, como "conquistas históricas nas lutas pelas liberdades travadas entre indivíduos e Estado"[109].

Os direitos fundamentais são garantidos constitucionalmente aos cidadãos por serem membros de um determinado Estado[110], são direitos humanos, essenciais à pessoa humana, reconhecidos como indispensáveis nos ordenamentos nacionais e internacionais, básicos e de hierarquia superior[111]. Como "princípios e valores constitucionais não podem deixar de aplicar-se a toda a ordem jurídica, também nas áreas do direito privado e penal (princípio da unidade do ordenamento jurídico)"[112].

---

(106) FERREIRA, *op. cit.*, p. 689.
(107) BARBOSA, Denis Borges. *Nota sobre a noção de segredo de empresa*. 2008. p. 1-3. Disponível em: <http://www.denisbarbosa.addr.com/arquivos/200/propriedade/nota_segredo.pdf>. Acesso em: 16 out. 2013.
(108) PÉREZ LUÑO, Antonio E. *Los derechos fundamentales*. 10. ed. Madrid: Tecnos, 2011. p. 25.
(109) VALE, André Rufino do. *Eficácia dos direitos fundamentais nas relações privadas*. Porto Alegre: Sérgio Antonio Fabris, 2004. p. 32.
(110) PÉREZ LUÑO, *op. cit.*, 2011. p. 40.
(111) MANCINI, *op. cit.* p. 11.
(112) ANDRADE, José Carlos Vieira de. Os direitos, liberdades e garantias no âmbito das relações entre particulares. In: SARLET, Ingo W. (org). *Constituição, direitos fundamentais e direito privado*. Porto Alegre: Livraria do Advogado, 2003. p. 274.

2.5.1. Força normativa da Constituição e concretização de direitos fundamentais

A nova dogmática constitucional reconhece a força normativa das disposições constitucionais e o caráter vinculativo e obrigatório de suas disposições. "As normas constitucionais são dotadas de imperatividade [...] e sua inobservância há de deflagrar os mecanismos próprios de coação, de cumprimento forçado"[113].

A interpretação constitucional está submetida ao princípio da ótima concretização da norma, mostrando-se adequada "aquela que consegue concretizar, de forma excelente, o sentido [...] da proposição normativa dentro das condições reais dominantes numa determinada situação"[114].

A nova hermenêutica propõe que "os direitos fundamentais, em rigor, não se interpretam; concretizam-se"[115], e defende que os métodos clássicos do Direito Privado, por serem rebeldes a valores e neutros em sua aplicação, são "impotentes e inadequados para interpretar direitos fundamentais"[116].

Friedrich Muller[117] sustenta que:

> "Concretizar" não significa [...] interpretar, aplicar, subsumir silogisticamente e inferir. E também não [significa] "individualizar" uma norma jurídica genérica codificada na direção do caso individual "mais restrito". Muito pelo contrário, "concretizar" significa: *produzir,* diante da provocação pelo caso de conflito social, que exige uma solução jurídica, a norma jurídica defensável para esse caso no quadro de uma democracia e de um Estado de Direito.

Paulo Gustavo Gonet Branco[118] defende que as normas de direitos fundamentais têm caráter preceptivo, não meramente programático, e "não são meramente normas matrizes de outras normas, mas são também, e sobretudo, normas diretamente reguladoras de relações jurídicas". De fato, o art. 5º, § 1º, da Constituição Federal consigna que "as normas definidoras dos direitos e garantias fundamentais têm aplicação imediata".

A força normativa da Constituição e a nova hermenêutica constitucional apontam no sentido da concretização dos direitos fundamentais.

2.5.2. Efeito expansivo e irradiante dos direitos fundamentais

Os direitos fundamentais vão além da garantia ao indivíduo em face do Estado, atingem o patamar de normas "que filtram os valores básicos da sociedade política, expandindo-os para todo o direito positivo"[119]. "São 'princípios' que produzem efeitos sobre toda a ordem jurídica, sendo dotados de uma *eficácia expansiva* que inclui todos os âmbitos jurídicos"[120].

Os direitos fundamentais possuem dimensões que "os fazem incidentes tanto nas relações particular/Estado como nas relações particular/particular, e que os caracterizam como pautas axiológicas irradiantes por toda a ordem jurídica e deflagradores da unidade e adequação valorativa do sistema jurídico"[121].

---

(113) BARROSO, Luís Roberto. Neoconstitucionalismo e constitucionalização do direito (o triunfo tardio do Direito Constitucional no Brasil). *Rere: Revista Eletrônica sobre Reforma do Estado.* Salvador, n. 9, mar./maio 2007. p. 6. Disponível em: <http://www.direitodoestado.com/revista/RERE-9-MAR%C7O-2007-LUIZ%20ROBERTO%20BARROSO.pdf>. Acesso em: 17 out. 2013.
(114) HESSE, Konrad. *A força normativa da Constituição.* Porto Alegre: Sérgio Antônio Fabris, 1991. p. 22-23.
(115) BONAVIDES, Paulo. *Curso de Direito Constitucional.* 15. ed. São Paulo: Malheiros, 2004. p. 592.
(116) *Ibid., loc. cit.*
(117) MÜLLER, Friedrich. *Métodos de trabalho do direito constitucional.* 3. ed. Rio de Janeiro: Renovar, 2005. p. 131.
(118) BRANCO, Paulo Gustavo Gonet. Aspectos de teoria geral dos direitos fundamentais. In: MENDES, Gilmar F.; COELHO, Inocêncio M e BRANCO, Paulo Gustavo Gonet. *Hermenêutica constitucional e direitos fundamentais.* Brasília: Brasília Jurídica, 2000. p. 134.
(119) MENDES et al., *op. cit.,* 2008. p. 266.
(120) CAMBI, Eduardo. *Neoconstitucionalismo e Neoprocessualismo:* direitos fundamentais, políticas públicas e protagonismo judiciário. São Paulo: Revista dos Tribunais, 2009. p. 31.
(121) VALE, *op. cit.,* p. 90.

Ingo Sarlet[122] ensina que:

> ao Estado, em decorrência do dever geral de efetivação dos direitos fundamentais, incumbe zelar [...] pela proteção dos direitos fundamentais dos indivíduos, não só contra ingerências indevidas por parte dos poderes públicos, mas também contra agressões provindas de particulares e até mesmo de outros Estados.

O efeito expansivo dos direitos fundamentais e o dever geral de efetivação dos direitos fundamentais ensejam sua aplicação, inclusive, nas relações entre particulares.

2.5.3. Eficácia horizontal dos direitos fundamentais

Desenvolveu-se na Alemanha a doutrina acerca da eficácia dos direitos fundamentais perante terceiros (*drittwirkung der grundrechte*) ou da eficácia horizontal: a) do efeito mediato (eficácia indireta), b) dos efeitos em face do Estado e c) efeito imediato (eficácia direta)[123].

A teoria da eficácia indireta (ou mediata), cujo principal expositor é Gunter Durig, proclama que o objetivo dos direitos fundamentais não é solucionar diretamente os conflitos oriundos de interesse privados e que a aplicação deles nessas relações se realiza pela utilização de meios jurídicos previstos pelo ordenamento[124].

Todavia, não há uma diretriz que permita uma decisão clara sobre os valores que devem prevalecer em caso de conflito, nem é necessária uma jurisprudência que estabeleça a aplicação adequada dos direitos fundamentais[125]. Além disso, a Constituição, expressão da soberania de um povo e estando acima dos poderes constituídos, não pode ficar sob a dependência absoluta de uma intermediação legislativa para produzir efeitos[126].

Em relação à teoria dos efeitos em face do Estado, de J. Schwabe, Robert Alexy[127] destaca que "los efectos en la relación ciudadano/ciudadano son consecuencias de la sujeción del Estado a los derechos fundamentales en tanto derechos subjetivos públicos"[128]. Entretanto, o Estado não tem responsabilidade direta pelas ações de um indivíduo em face de outro.

A teoria da eficácia direta (ou imediata), capitaneada por Hans Carl Nipperdey em meados dos anos 1950, discorre que "os direitos fundamentais têm efeitos absolutos, de maneira que desnecessária intermediação legislativa para a sua aplicação"[129]. Em outras palavras, "os direitos fundamentais conferem, diretamente, direitos subjetivos aos particulares em suas relações entre si"[130]. Essa tem sido a corrente mais aceita na atualidade.

A Constituição da República Portuguesa de 1976, em seu art. 18, 1, assinala que "os preceitos constitucionais respeitantes aos direitos, liberdades e garantias são directamente aplicáveis e vinculam as

---
(122) SARLET, Ingo W. *A eficácia dos direitos fundamentais*. 6. ed. Porto Alegre: Livraria do Advogado, 2006. p. 222.
(123) ALEXY, Robert. *Teoria de los Derechos Fundamentales*. Madrid: Centro de Estudios Constitucionales, 1993. p. 511-513.
(124) ROMITA, Arion Sayão. *Direitos fundamentais nas relações de trabalho*. 3. ed. São Paulo: LTr, 2009. p. 200.
(125) MENDES, Gilmar F. *Direitos Fundamentais e Controle de Constitucionalidade*. 3. ed. São Paulo: Saraiva, 2006. p. 129.
(126) BRANCO, *op. cit.*, p. 133.
(127) ALEXY, *op. cit.*, p. 513.
(128) Tradução livre: os efeitos sobre a relação cidadão/cidadão são consequências da submissão do Estado aos direitos fundamentais como direitos subjetivos públicos.
(129) CASTRO, Leonardo Bellini de. *A eficácia horizontal dos direitos fundamentais*, p. 12. Disponível em: <http://www.midia.apmp.com.br/arquivos/pdf/artigos/2011_eficacia_horizontal.pdf>. Acesso em: 15 out. 2013.
(130) SILVA, Virgílio Afonso da. *A constitucionalidade do direito*: os direitos fundamentais nas relações entre particulares. São Paulo: Malheiros, 2008. p. 89.

entidades públicas e privadas"[131]. O art. 9, 1, da Constituição Espanhola tem disposição semelhante[132]. A Constituição Federal brasileira, contudo, não possui regra própria sobre a eficácia dos direitos fundamentais às relações privadas.

Daniel Sarmento defende que "os preceitos constitucionais respeitantes aos direitos, liberdade e garantias são diretamente aplicáveis e vinculam as entidades públicas e privadas"[133]. Nesse sentido, o Supremo Tribunal Federal (STF)[134] concluiu pela eficácia direta dos direitos fundamentais em entidade civil que expulsou um de seus associados dos seus quadros.

Os direitos fundamentais gozam de eficácia horizontal e, por isso, nos termos da doutrina dominante e do entendimento do Supremo Tribunal Federal, são aplicáveis, no que couber, às relações privadas.

2.5.4. Relação de poder e direitos fundamentais

Mesmo para os doutrinadores que negam a eficácia direta dos direitos fundamentais ao âmbito das relações privadas, é comum abrir-se uma exceção: quando houver uma relação de poder de uma parte em relação à outra, como na relação empregatícia[135]. Jurgen Habermas[136] destaca que:

> o mercado e a sociedade econômica não constituem uma esfera isenta de poder, como *se supõe* no modelo jurídico liberal, o princípio da liberdade jurídica, dadas as condições sociais modificadas no modelo do Estado social, só pode ser implantado através da materialização de direitos existentes ou da criação de novos tipos de direito.

Não foi apenas o Estado que ampliou suas atividades e funções, mas também os detentores do poder econômico e social. A liberdade individual precisa ser resguardada dos mais fortes na sociedade, pois é "nesta esfera que as liberdades se encontram particularmente ameaçadas"[137].

José Carlos Vieira de Andrade[138] adverte sobre a necessidade de proteção de particulares não apenas em face do Estado, mas pelo Estado perante outros, perante aqueles que exercem ou podem exercer verdadeiros poderes, jurídicos ou de fato.

Citando doutrinadores e precedentes do Supremo Tribunal Federal, do Tribunal Constitucional da Alemanha, da Corte Europeia de Justiça e da Suprema Corte Americana, Eduardo Cambi[139] conclui que:

> Nas relações privadas, a diferença entre *poderes sociais* pode representar grande ameaça ao exercício de direitos fundamentais. [...] Mesmo nas relações paritárias, entre cidadãos comuns, há de se respeitar os direitos fundamentais. A diferença está na *ponderação* entre a autonomia privada e dos direitos fundamentais dos entes envolvidos. Quanto maior for a desigualdade fática entre eles mais intensa deve ser a proteção dos direitos fundamentais e menor a tutela da autonomia privada; ao contrário, nas relações paritárias, a autonomia da vontade vai receber proteção mais intensa e o direito fundamental, que colidir com ela, poderá ser mais profundamente restringido.

---

(131) PORTUGAL. Assembleia da República. *Constituição da República Portuguesa*. Disponível em: <http://www.parlamento.pt/Legislacao/Paginas/ConstituicaoRepublicaPortuguesa.aspx>. Acesso: em 10 set. 2013.
(132) ESPANHA. Gobierno de España. *Constituición Española*. Disponível em <http://www.lamoncloa.gob.es/NR/rdonlyres/79FF2885-8DFA-4348-8450-04610A9267F0/0/constitucion_ES.pdf>. Acesso em: 11 set. 2013.
(133) SARMENTO, Daniel. *Direitos Fundamentais e Relações Privadas*. 2. ed. Rio de Janeiro: Lumen Juris, 2010. p. 245.
(134) BRASIL. Supremo Tribunal Federal. Recurso Extraordinário n. 201.819/RJ. 2ª Turma. Relator Ministro Gilmar Mendes. Publicado no DJ de 27.10.2006.
(135) CAUPERS, João. *Os direitos fundamentais dos trabalhadores na Constituição*. Lisboa: Almedina, 1985. p. 171.
(136) HABERMAS, Junger. *Direito e democracia:* entre facticidade e validade. Rio de Janeiro: Tempo Brasileiro, 1997, v. 2. p. 137.
(137) SARLET, *op. cit.*, p. 365.
(138) ANDRADE, *op. cit.*, p. 274.
(139) CAMBI, *op. cit.*, p. 32-35.

Na mesma linha, Juan María Bilbao Ubillos assevera[140] que a eficácia dos direitos fundamentais em face de particulares, modulada pela autonomia privada, será mais intensa quando há uma relação assimétrica, não igualitária, e completa:

> És lógico [...] que la capacidad de penetración de estos derechos [dos derechos fundamentales] en la esfera privada tienda a ser mayor [...] cuando en la relación entre particulares una de las partes ostenta una posición de clara supremacía frente a la otra (es el caso, paradigmático, de la posición que ocupa el empresario frente al trabajador)[141].

No campo das relações de emprego, conforme já exposto, há uma relação de poder, na qual o empregado está subordinado ao empregador. Diante dessa relação de poder, há incidência direta dos direitos fundamentais no contrato de trabalho. Nesse sentido, defendem Otavio Calvet, Jorge Mancini, Arion Romita, Teresa Alexandra Coelho Moreira e Ileana Mousinho[142], entre outros.

Logo, a eficácia imediata dos direitos fundamentais às relações privadas tem aplicação na relação de emprego em face da existência do poder de direção do empregador e da subordinação do empregado.

2.5.5. Concorrência de direitos fundamentais

A concorrência de direitos fundamentais individuais ocorre quando "determinada situação ou conduta pode ser subsumida no âmbito de proteção de diversos direitos fundamentais"[143]. Ela se configura quando "um comportamento do mesmo titular preenche os 'pressupostos de facto' *('Tatbestãnde')* de vários direitos fundamentais"[144], podendo haver cruzamento, quando um mesmo comportamento do titular é incluído na proteção de vários direitos, ou acumulação de direitos, quando um bem jurídico de uma pessoa encontra-se protegido por vários direitos fundamentais.

Assim, a existência da autonomia privada do empregador não elimina nem afasta a incidência de outros direitos fundamentais do empregado. Ao contrário, em princípio, os direitos fundamentais de ambos são conjugados (acumulados ou cruzados), sem a eliminação de qualquer deles.

O problema surge quando aparecem restrições divergentes entre os vários direitos concorrentes. Em uma mesma situação jurídica, determinado direito fundamental impõe uma restrição e outro, também incidente na espécie, outra limitação diversa ou mais abrangente.

Caso o problema diga respeito a uma situação geral e outra específica (ex. liberdade de associação e liberdade de sindicalização), aplica-se a regra referente ao direito fundamental especial (no caso, liberdade de sindicalização)[145].

Todavia, se não houver relação de especialidade entre os direitos fundamentais concorrentes e com restrições divergentes, prevalecerá o direito menos limitado ou que reúna maiores elementos estruturantes. Nesse caso, verifica-se qual deles é mais limitativo do que o outro ou, por meio dos pressupostos fáticos

---

(140) UBILLOS, Juan María Bilbao. *La eficacia de los derechos fundamentales frente a particulares*: análisis de la Jurisprudencia del Tribunal Constitucional. Madrid: Boletín Oficial del Estado/Centro de Estudios Políticos y Constitucionales, 1997. p. 368.
(141) Tradução livre: É lógico [...] que a capacidade de penetração destes direitos [dos direitos fundamentais] na esfera privada tende a ser maior [...] quando na relação entre particulares uma das partes ostenta uma posição de clara supremacia frente à outra (é o caso, paradigmático, da posição que ocupa o empresário frente ao trabalhador).
(142) CALVET, Otavio Amaral. *Direito ao Lazer nas Relações de Trabalho*. São Paulo: LTr, 2006. p. 52; MANCINI, *op. cit.*, p. 103; ROMITA, *op. cit.*, p. 202; MOREIRA, Teresa Alexandra Coelho. *Da esfera privada do trabalhador e o controlo do empregador*. Coimbra: Coimbra, 2004. p. 60; MOUSINHO, Ileana Neiva. Saúde do trabalhador: direito fundamental e sua eficácia horizontal em face das empresas. Consequências práticas. *Revista do Ministério Público do Trabalho*. a. XX, n. 40, Brasília, set. 2010. p. 36.
(143) MENDES et. al., *op. cit.*, 2008. p. 356.
(144) CANOTILHO, José Joaquim Gomes. *Direito Constitucional*. 6. ed. Coimbra: Almedina, 1993, p.641, *sic*.
(145) MENDES et al., *op. cit.*, 2008. p. 356.

dos direitos concorrentes, examina-se a pretensão que o indivíduo pretende realizar de forma mais direta e imediata[146].

2.5.6. Colisão de direitos fundamentais

A colisão de direitos fundamentais acontece quando "o exercício de um direito fundamental por parte do seu titular colide com o exercício do direito fundamental por parte de outro titular"[147]. Não há cruzamento ou acumulação de direitos como na concorrência, mas um verdadeiro conflito de direitos.

Felizmente a técnica jurídica aponta diversos caminhos para ajudar na solução de colisão entre direitos fundamentais.

Em face do princípio da unidade da Constituição, não há, em tese, dispositivos constitucionais antagônicos. A Constituição deve ser compreendida e interpretada como uma unidade, incumbindo ao intérprete aplicar o princípio da harmonização e da concordância prática para otimizar a relação entre os bens constitucionais[148]. Logo, uma proposição constitucional não deve ser sacrificada em função de uma situação, sua força normativa deve ser preservada de modo que as normas constitucionais adquiram a maior eficácia possível, competindo à dogmática constitucional preservar a vontade da Constituição[149].

Robert Alexy[150] destaca que, diante de um caso concreto, leva-se em conta o peso e a importância (validade) dos princípios em que se fundam os direitos fundamentais em confronto. Para isso, estabelece-se uma "relação de procedência condicionada", em que se indicam as condições pelas quais um princípio precede ao outro e qual deve ceder naquela situação:

> El concepto de relación de precedencia condicionada permite una respuesta simple. El principio P1 tiene, en un caso concreto, un peso mayor que el principio opuesto P2 cuando existen razones suficientes para que P1 preceda a P2, bajo las condiciones C dadas en el caso concreto[151].

O princípio da proporcionalidade pode ser utilizado como técnica de ponderação dos bens constitucionais em conflito, pois é uma cláusula genérica de proibição de excessos diretamente ligada à intenção de se atribuírem garantias à liberdade individual dos cidadãos[152].

O princípio da proporcionalidade é "o justo equilíbrio entre os meios empregados e os fins a serem alcançados"[153] e está divido em três subprincípios: a) adequação (ou conformidade), segundo o qual a medida adotada deve ser apropriada para os fins que se pretende, ou seja, há uma conformidade entre a medida e o seu fim; b) necessidade (ou exigibilidade), que impõe a adoção da medida menos gravosa possível para atingir o objetivo, em outras palavras, é indagado se o fim não pode ser obtido de uma outra maneira que afete menos o objetivo[154]; c) proporcionalidade em sentido estrito, no qual deve haver um juízo de ponderação para avaliar se o meio utilizado é proporcional em relação ao fim pretendido, isto é, pesam-se as desvantagens do meio em relação às vantagens do fim[155].

---

(146) CANOTILHO, *op. cit.*, p. 642-643.
(147) *Ibid.*, *op. cit.*, p. 643.
(148) MENDES et al, *op. cit.*, 2008. p. 114.
(149) HESSE, *op. cit.*, p. 23, 25 e 27.
(150) ALEXY, *op. cit.*, p. 89-90 e 92-93.
(151) Tradução livre: O conceito de relação de precedência condicionada permite uma resposta simples. O princípio P1 tem, em um caso concreto, um peso maior que o princípio oposto P2 quando existem razões suficientes para que P1 preceda a P2, sob as condições C dadas pelo caso concreto.
(152) SCHÄFER, Jairo Gilberto. *Direitos fundamentais:* proteção e direitos. Porto Alegre: Livraria do Advogado, 2001. p. 107.
(153) GRINOVER, Ada Pellegrini. Princípio da proporcionalidade. Coisa julgada e justa indenização. In: GRINOVER, Ada Pellegrini. *O processo:* estudos e pareceres. São Paulo: DJR, 2006. p. 8.
(154) ALEXY, *op. cit.*, p. 114.
(155) CANOTILHO, *op. cit.*, p. 384.

Na solução do conflito de direitos fundamentais, não se pode sacrificar o núcleo essencial desses direitos, nem se podem fazer restrições casuísticas[156].

A solução do conflito de direitos fundamentais, em princípio, não afasta a incidência dos direitos fundamentais nas relações privadas. Ao contrário, procura aplicá-los, ainda que com menor (ou maior) incidência em face da autonomia privada. A questão da eficácia horizontal dos direitos fundamentais "é um problema de colisão, que surge do fato de que, numa relação privada, esses direitos são válidos em favor e desfavor de todas as partes"[157].

Nas relações de emprego e com o avanço da tecnologia, o intérprete é chamado a resolver, diante de um caso concreto, situações de colisão dos direitos fundamentais, especialmente, entre livre-iniciativa e propriedade privada do empregador e sigilo de dados e privacidade do empregado.

---

(156) MENDES et al, *op. cit.*, 2008. p. 315.
(157) VALE, *op. cit.*, p. 178.

3
PRIVACIDADE

Os direitos da personalidade, construídos na segunda metade do século XIX, constituem um "direito geral à abstenção, em proveito do seu titular, pelo qual todos os demais sujeitos de direitos ficariam adstritos ao dever de não violar os bens jurídicos que integram sua personalidade"[158].

Compreendem os direitos da personalidade a integridade: física (direito à vida, higidez física, saúde etc.), intelectual (liberdade de pensamento e de manifestação artística e científica, direito autoral etc.) e moral (direito à honra; imagem; liberdade civil, política e religiosa; intimidade e privacidade etc.) [159].

A privacidade e a intimidade são direitos fundamentais inerentes à pessoa humana e que, diante dos avanços da informática, merecem especial proteção, principalmente nas relações de emprego em face dos poderes do empregador e da subordinação jurídica do empregado.

3.1. ORIGENS E HISTÓRIA

Para os povos antigos, as atividades privadas eram submetidas a uma vigilância feroz, não havia "independência privada"[160]. A vida privada era centrada na vida em família, onde não existia a defesa de coisas íntimas da pessoa, mas a prática diária que importava à sobrevivência da espécie[161].

Para os cidadãos da Roma antiga, a casa, o lar doméstico, desempenhava um papel muito importante e era considerado um lugar santo, sagrado. Durante a idade média, a intimidade era um privilégio para poucos, para os senhores feudais, que detinham a propriedade, inclusive de seus vassalos. Nessa época, a intimidade era uma prolongação da propriedade; ou melhor, a propriedade era uma condição para ter intimidade[162].

---

(158) SARMENTO, *op. cit.*, p. 97.
(159) BARROS, Alice Monteiro de. *Proteção à intimidade do empregado.* 2. ed. São Paulo: LTr, 2009. p. 25.
(160) CONSTANT, Benjamin. De la liberdad de los antiguos comparada con la de los modernos. *Escritos políticos.* Madrid: Centro de Estudios Constitucionales, 1989. p. 260-261.
(161) CACHAPUZ, Maria Cláudia. *Intimidade e vida privada no novo Código Civil brasileiro:* uma leitura orientada no Discurso Jurídico. Porto Alegre: 2006, Sérgio Antonio Fabris, 2007. p. 56.
(162) DÍAZ, Elvira López. *El derecho al honor y el derecho a la intimidad:* jurisprudencia y doctrina. Madrid: Dykinson, 1996. p. 171.

Miguel Urabayen[163] lembra que na Inglaterra houve uma decisão judicial em 1378 que deferiu o pagamento de uma indenização por violação de domicílio e um discurso no Parlamento em que o *Lord* Chatham proclamou que o rei inglês e seu exército não possuem o direito de entrar na casa do mais humilde súdito. Todavia, a maioria da doutrina aponta que, no campo jurídico, as primeiras noções acerca da proteção à vida privada vieram mais tarde[164].

A concepção filosófica da intimidade/privacidade como pressuposto fundamental do homem, enquanto pessoa, surgiu antes de sua concepção jurídica a partir do pensamento cristão[165]. Santo Agostinho descobre a intimidade, o homem sozinho refletindo sobre si em sua relação com Deus[166]. Para São Tomás de Aquino, existem bens que estão na própria pessoa, como a intimidade, que está em seu núcleo mais oculto e é sagrada[167].

As Declarações de Direitos do Homem da Virgínia (1776) e do Homem e Cidadão da França (1789) não tratam diretamente da privacidade, mas trazem os ideais de liberdade individual[168], substrato da noção do direito à privacidade, que veio a se consolidar posteriormente.

Em 1858, o Tribunal de Séné, na França, reconheceu à família o direito de não publicação da imagem de uma atriz famosa em seu leito de morte[169]. Entre 1879 e 1880, nos Estados Unidos, Thomas Cooley expôs suas preocupações acerca do "direito de estar sozinho" (*right to be alone*)[170].

A partir do artigo *The right to privacy* de Samuel D. Warren e Louis D. Brandeis[171], publicado em 1890, foi sedimentada a ideia atual do direito à privacidade. Eles denunciavam que fotógrafos e empresas jornalísticas invadiam o recinto sagrado da vida privada e doméstica. A vítima teria sido o próprio Samuel D. Warren, que era inconformado com as intromissões da imprensa de Boston em sua vida familiar[172]. Dentre as seis conclusões e os dois remédios jurídicos propostos por Warren e Brandeis que sedimentam a noção de privacidade, destacam-se[173]:

> 1. The right to privacy does not prohibit any publication of matter which is of public or general interest. [...] 2. The right to privacy does not prohibit the communication of any matter, though in its nature private, when the publication is made under circunstances which would render it a privileged communication according to the law of slander and libel. [...] 4. The right to privacy ceases upon the publication of the facts by the individual, or with his consent. [...] The remedies for an invasion of the right of privacy are also suggested by those administered in the law of defamation, and in the law of literary and artistic property, namely: 1. An action of tort for damages in all cases. [...][174]

---

(163) URABAYEN, Miguel apud DOTTI, René Ariel. A liberdade e o direito à intimidade. *Revista de Informação Legislativa*. Brasília, a. 17, n. 66, abr./jun. 1980. p. 134.
(164) DE LA CUEVA, Pablo Lucas Murillo. *El derecho a la autodeterminación informativa*. Madrid: Tecnos, 1990. p. 45-49.
(165) GONZALEZ, Matilde M. Zavala de. *Derecho a la intimidad*. Buenos Aires: Abeledo-Perrot, 1982. p. 17.
(166) SANTO AGOSTINHO. *Confissões:* do magistro. 2. ed. São Paulo: Abril Cultural, 1980. p. 185.
(167) DÍAZ, Elvira; *op. cit.*, p. 172.
(168) COMPARATO, Fábio Konder. *A afirmação histórica dos direitos humanos*. 4. ed. São Paulo: Saraiva, 2005. p. 107, 114-116, 129, 132, 153-155.
(169) VIEIRA, *op. cit.*, p. 40.
(170) LEWICKI, Bruno. *A privacidade da pessoa humana no ambiente de trabalho*. Rio de Janeiro: Renovar, 2003. p. 32.
(171) WARREN, Samuel D.; BRANDEIS, Louis D. The Right of Privacy. *Harvard Law Review*. v. IV, n. 5, Harvard: 15 dec. 1890. p. 193-220.
(172) PROSSER, William L. Privacy. *California Law Review*. v. 48, n. 3, aug. 1960. p. 383.
(173) WARREN e BRANDEIS, *op. cit.*, p. 214, 216, 218 e 219.
(174) Tradução livre: 1. O direito à privacidade não proíbe qualquer publicação da matéria que é de interesse público ou geral. [...] 2. O direito à privacidade não proíbe a divulgação de qualquer matéria, apesar de sua natureza privada, quando a publicação é feita mediante circunstâncias que a tornem uma informação privilegiada de acordo com a lei de calúnia e difamação. [...] 4. O direito à privacidade cessa após a publicação dos fatos pelo indivíduo ou com o seu consentimento. [...] Os remédios para uma invasão

3.2. PREVISÃO NORMATIVA

O direito à privacidade encontra tutela em normas internacionais e disposições internas do país.

3.2.1. Normas internacionais

O art. 12 da Declaração Universal dos Direitos Humanos prevê que "ninguém será sujeito a interferências na sua vida privada, na de sua família, no seu lar ou na sua correspondência".

O art. 11, n. 2, da Convenção Americana sobre Direitos Humanos (Pacto de São José) e o art. 17, n. 1, do Pacto Internacional sobre Direitos Civis e Políticos[175] vedam "ingerências arbitrárias ou abusivas" na vida privada pessoal e familiar da pessoa humana.

A proteção da privacidade, da intimidade e da não discriminação está amparada em Constituições de inúmeros países.

3.2.2. Disposições internas

A privacidade e a intimidade são direitos fundamentais da pessoa humana, expressamente salvaguardados pelo art. 5º, inc. X, da Constituição da República:

> X — são invioláveis a intimidade, a vida privada, a honra e a imagem das pessoas, assegurado o direito à indenização pelo dano material ou moral decorrente de sua violação.

O art. 21 do Código Civil contém disposição que assegura a inviolabilidade da vida privada das pessoas. A Lei n. 12.965/2014, referente ao Marco Civil da Internet, tem, como um de seus princípios, a proteção da privacidade na Internet (art. 3º, inciso II) e traz diversas disposições que visam resguardar esse direito.

3.3. CONCEITO

O termo privacidade tem origem inglesa da palavra *privacy* [176]. Vida privada ou privacidade é "tudo aquilo que o indivíduo quer ocultar do conhecimento público"[177]. Para Tatiana Viera[178]:

> O direito à privacidade traduz-se na faculdade que tem cada pessoa de obstar a intromissão de estranhos na sua intimidade e vida privada, assim como na prerrogativa de controlar suas informações pessoais, evitando acesso e divulgação não autorizados.

Para referir-se à privacidade, o idioma inglês utiliza-se da expressão *privacy*, o espanhol, *privacidad*, o italiano, *riservatezza*[179] e o francês, *privé*.

3.3.1. Estágios

William Prosser[180] destaca que há quatro espécies de violações ao direito à privacidade: 1) intromissão alheia ao direito à reclusão ou solidão, inclusive em assuntos privados (direito de estar só); 2) divulgação

---

do direito de privacidade também são sugeridos por aqueles administrados na lei de difamação e na lei da propriedade literária e artística, nomeadamente: 1. Uma ação de responsabilidade civil por danos em todos os casos.
(175) Aprovadas pelos Decretos Legislativos ns. 27/1992 e 226/1991 e promulgadas pelos Decretos n. 678/1992 e 592/1992, respectivamente.
(176) LEWICKI, *op. cit.*, p. 28.
(177) SIMÓN, Sandra Lia. *A proteção constitucional da intimidade e da vida privada do empregado*. São Paulo: LTr, 2000. p. 109.
(178) VIEIRA, *op. cit.*, p. 30.
(179) DE LA CUEVA, *op. cit.*, 1990. p. 88.
(180) PROSSER, *op. cit.*, p. 389.

de fatos particulares embaraçosos da pessoa; 3) publicidade que põe a vítima sob uma "falsa luz" aos olhos do público e 4) "appropriation, for the defendant's advantage, of the plaintiff's name or likeness"[181]. Disso decorre que a privacidade tem quatro estágios (ou estados): solidão, intimidade, anonimato e reserva[182].

O estado de solidão é o chamado direito de estar só, em que há um isolamento físico da pessoa que não deseja nenhum contato interpessoal[183]. No estado de intimidade, o sujeito apenas compartilha sua privacidade com algumas pessoas próximas ou familiares. No anonimato, o indivíduo não quer ser identificado na rotina do seu dia a dia[184], nem que recaiam sobre si falsas luzes dos olhos públicos[185]. Na reserva o indivíduo não quer revelar coisas de si.

3.3.2. Intimidade

A palavra intimidade foi concebida a partir do advérbio *intus*, do latim, que significa dentro. Assim, intimidade traz a ideia de interioridade extrema, isto é, daquilo que está o mais dentro possível do sujeito[186]. Intimidade é "tudo aquilo que ele quer deixar apenas no seu próprio âmbito pessoal, oculto também de pessoas de seu convívio mais próximo"[187].

Segundo a doutrina do William Prosser acima exposta, a intimidade é um estágio, um estado mais restrito da privacidade, ao qual apenas algumas pessoas próximas e ou familiares têm acesso. A privacidade, assim, possui uma dimensão mais ampla que compreende todas as manifestações da esfera íntima, privada e da personalidade[188].

Há autores, todavia, que não fazem distinção entre os conceitos de intimidade ou privacidade[189] e outros que defendem que a intimidade tem uma concepção mais ampla do que a privacidade.

De qualquer sorte, no campo íntimo, que compreende a privacidade e a intimidade, estão as esferas personalíssimas integradas pelas convicções, sentimentos, recordações, relações sexuais e familiares[190], pensamentos e segredos e saúde.

3.4. CARACTERÍSTICAS

O direito à privacidade, como os demais direitos fundamentais da personalidade, é histórico, universal, necessário, perpétuo, personalíssimo, limitado, concorrente, irrenunciável, indisponível[191], inalienável, impenhorável, imprescritível[192], inato e oponível contra terceiros.

A proteção à vida privada é histórica porque nasceu, de forma gradual, a partir de determinadas circunstâncias, fruto de lutas em defesa de novas liberdades contra velhos poderes[193]. É universal porque

---

(181) Tradução livre: apropriação, para vantagem do demandado, do nome do requerente ou de sua imagem.
(182) DE LA CUEVA, *op. cit.*, 1993. p. 30; DOTTI, *op. cit.*, p. 133.
(183) DE LA CUEVA, *op. cit.*, 1993, *loc. cit.*
(184) DOTTI, *op. cit.*, *loc. cit.*
(185) PROSSER, *op. cit.*, p.398.
(186) GONZALEZ, *op. cit.*, p.74.
(187) SIMÓN, *op. cit.*, p. 101.
(188) BARROS, *op. cit.*, p. 35.
(189) DE LA CUEVA, 1990. p. 49.
(190) DE LA CUEVA, *op. cit.*, 1993. p. 29.
(191) Essa característica é polêmica. De qualquer sorte, conforme exposto em diversas partes desta pesquisa, a indisponibilidade é relativa, especialmente mediante o consentimento do titular do direito à privacidade.
(192) Trata-se de característica tipicamente utilizada para direitos patrimoniais, cuja concepção não se coaduna perfeitamente com direitos afetos à personalidade. Todavia, na falta de nomenclatura melhor e considerando sua ampla utilização por constitucionalistas, foi aqui relacionada.
(193) BOBBIO, Norberto. *A era dos direitos*. Rio de Janeiro: Elsevier, 2004. p. 9.

tem como destinatário, pela sua própria natureza, todos os seres humanos, independentemente de idade, sexo, raça, escolaridade, profissão ou de qualquer outra peculiaridade.

Trata-se de um direito necessário, porque indispensável ao desenvolvimento da personalidade; perpétuo, por perdurar por toda a vida e em algumas situações mantém eficácia *post mortem*; e personalíssimo, que se exaure na própria pessoa, embora, em alguns casos, os herdeiros são legitimados por lei para sua defesa[194]. A privacidade é um direito limitado pelo exercício de outro direito fundamental. Ele é concorrente, pois pode ser exercido cumulativamente com outro direito fundamental.

A privacidade é irrenunciável e indisponível, não podendo o titular negociá-la ou dela se desfazer, ainda que possa não exercê-la ou livremente permitir o acesso de terceiros aos acontecimentos, lembranças e segredos pessoais. Ela é inalienável e impenhorável, pois não possui conteúdo econômico e patrimonial, ainda que sua lesão possa produzir consequências patrimoniais[195]; e imprescritível, porque nunca deixa de ser exigível, sequer em face do tempo.

Ricardo Rojas[196] defende que os direitos fundamentais, entre os quais se situa a privacidade, são inatos porque "todos los seres humanos nascen con derechos, y la única intervención del Estado es a efectos de reconocerlos, declararlos y protegerlos normativamente, pero no de conferirlos o otorgarlos"[197].

Além disso, a intimidade e a privacidade, por constituírem espécie dos direitos da personalidade, são oponíveis *erga omnes*, inclusive em face do empregador, "devendo ser respeitados, independentemente de encontrar-se o titular desses direitos dentro do estabelecimento empresarial"[198]. O empregado possui a faculdade de, em face do empregador, excluir o acesso e impedir a divulgação de informações que lhe afetem[199].

3.5. NATUREZA JURÍDICA

A privacidade e a intimidade são direitos fundamentais inerentes à personalidade e à dignidade da pessoa humana.

Matilde Zavala Gonzalez[200] assinala que para alguns doutrinadores a natureza jurídica da intimidade (privacidade) é de verdadeiro direito subjetivo de caráter especial e para outros é um bem da pessoa que é tutelado pelo direito objetivo.

Pelas características acima mencionadas, percebe-se que a privacidade não tem elementos típicos dos bens. Ao contrário, possui um caráter imperativo, concorrente com outros direitos fundamentais, sendo oponível contra o Estado e terceiros. Trata-se, pois, de um direito subjetivo autônomo, de caráter especial em face de seu substrato constitucional.

3.6. SUJEITO, OBJETO E CONTEÚDO

O titular do direito à privacidade é a pessoa natural[201]. Há discussões se a pessoa jurídica também pode ser titular do direito da personalidade.

---

(194) VIEIRA, *op. cit.*, p. 46-47.
(195) GONZALEZ, *op. cit.*, p. 39.
(196) ROJAS, Ricardo Manuel. *Los derechos fundamentales y el orden jurídico y institucional de Cuba*. Buenos Aires: Fundación Cadal: Konrad Adenauer Stiftung, 2005. p. 20.
(197) Tradução livre: todos os seres humanos nascem com direitos, e a única intervenção do Estado é o efeito de reconhecê-los, declará-los e protegê-los normativamente, mas não de conferi-los ou outorgá-los.
(198) BARROS, *op. cit.*, p. 38-39.
(199) ROMITA, *op. cit.*, p. 290.
(200) GONZALEZ, *op. cit.*, p. 29-30.
(201) DOTTI, *op. cit.*, p. 139.

Para Matilde Zavala Gonzalez[202], a pessoa jurídica, como a empresa,:

> no tienen "vida" privada en el sentido biológico y espiritual. [...] Únicamente el hombre puede verse mortificado en sus costumbres o sentimientos y padecer el agravio moral que acompaña, en general, y frecuentemente de modo exclusivo, a las perturbaciones a la intimidad[203].

Edson M. Tiujo[204], contudo, defende que a pessoa jurídica pode ser titular de direitos da personalidade, em face do disposto no art. 52 do Código Civil brasileiro, e, ainda que não possua intimidade, tem assegurada a proteção da esfera da privacidade referente ao segredo. Tem entendimento semelhante Adalberto Simão Filho[205].

Matilde Gonzalez[206] destaca, ainda, que a intimidade (privacidade) integra a memória das pessoas falecidas e, por isso, não se pode cogitar em caducidade desse direito pela morte da pessoa.

Tanto a pessoa física como a jurídica podem ser autores da ofensa da privacidade.

O objeto da privacidade, segundo René Dotti[207], é a própria situação de intimidade (privacidade), é ela "o bem juridicamente apreciável e que reflete valores materiais, morais e espirituais".

A privacidade tem uma face negativa, que repele a publicidade, e outra faceta de uma prestação positiva referente ao estado de liberdade individual[208].

O Congresso Nórdico de Juristas realizado em 1967 concluiu que o direito à privacidade compreende o direito de a pessoa ser protegida contra: todo atentado à vida familiar e doméstica, a sua integridade física e mental, à liberdade moral ou intelectual, à honra ou à reputação; interpretação prejudicial de suas palavras ou atos; divulgação intempestiva de fatos que molestem sua vida privada e de informações sobre segredo profissional; utilização do nome, intimidade ou imagem e de comunicações privadas, escritas ou orais; interceptação de correspondência e atividade de espionagem, vigilância ou intimidação[209].

Para E. Novoa Monreal[210], a vida privada é composta por: ideias e crenças religiosas, filosóficas, místicas e políticas; aspectos da vida amorosa e sexual; aspectos não conhecidos por estranhos da vida familiar; defeitos ou anomalias físicas ou psíquicas; comportamento reservado; atributos da saúde; conteúdo das comunicações pessoais escritas ou orais; vida passada que pode ser motivo de constrangimento; origens familiares; funções fisiológicas e fatos ou atos relativos ao próprio corpo; momentos penosos ou de tristeza extrema; e todo dado, fato ou atividade pessoal que, se conhecido por outro, podem trazer perturbação moral ou psíquica.

Anita Allen[211] apresenta quatro categorias que, a seu juízo, a privacidade possui: 1) informação privada, referente ao acesso à informação pessoal; 2) privacidade física, relativamente ao acesso de pessoas e

---

(202) GONZALEZ, op. cit., p. 76.
(203) Tradução livre: não têm "vida" privada no sentido biológico e espiritual [...]. Unicamente o homem pode ser mortificado em seus costumes ou sentimentos e padecer a ofensa moral que acompanha, em geral, e frequentemente da maneira exclusiva, às perturbações à intimidade [privacidade].
(204) TIUJO, Edson M., Da privacidade das pessoas jurídicas. Revista Jurídica Cesumar. v. 5, n. 1, Maringa, 2005. p. 247-250.
(205) SIMÃO FILHO, Adalberto. O direito da empresa à vida privada e seus reflexos no novo direito falimentar. Revista da Emesc. v. 12, n. 18, Florianópolis, 2005. p. 225-230.
(206) GONZALEZ, op. cit., loc. cit.
(207) DOTTI, op. cit., loc. cit.
(208) DE LA CUEVA, op. cit., 1990. p. 88-89.
(209) DÍAZ, Elvira; op. cit., p. 189.
(210) MONREAL, E. Novoa apud DÍAZ, Elvira; op. cit., p. 206-207.
(211) ALLEN, Anita L. Genetic privacy: emerging concepts and values, in genetic secrets: protecting privacy and confidentiality in the genetic era. In: ANDREWS, Lori B.; MEHLMAN, Maxwell J. e ROTHSTEIN, Mark A. Genetics: ethics, law and policy. 2. ed. St. Paul-MN: Thomson West, 2006. p. 742.

aos espaços pessoais; 3) privacidade das opções pessoais, que diz respeito às interferências governamentais e de terceiros sobre as escolhas pessoais; 4) propriedade privada, quanto à apropriação de bens afetos à personalidade humana.

L. Fariña Matoni[212] propõe o seguinte modelo acerca do conteúdo do direito à intimidade/privacidade:

a) a privacidade de si mesmo: 1) em relação ao passado: direito ao esquecimento e direito em manter segredo as recordações pessoais; 2) em relação ao presente: 2.1.) a seu próprio corpo: sangue, urina, código genético etc.; dados sobre a saúde; exames médicos; 2.2) aspectos não corporais: identidade, imagem, dados pessoais, ser seguido ou observado, objetos pessoais, prazeres; 3) com relação ao futuro: planos e projetos futuros;

b) a privacidade como respeito aos outros: 1) enquanto coletivo: 1.1) ao Estado: o papel de garantir a intimidade; 1.2) pessoal: a garantia contra ameaça de tratamento de dados pessoais; 1.3) a sociedade: o interesse em ser informada; 2) a outros enquanto pessoas: 2.1) privacidade alheia com limite e condicionante: divulgação unilateral de segredo compartilhado; 2.2) privacidade própria compartilhada: relações familiares (lar, vida conjugal); relações quase familiares (aventuras amorosas, amizades, comunicações e cartas); relações profissionais (segredos profissionais e de negócios); 2.3) privacidade própria armazenada por outros: indivíduos concretos (parentes, vizinhos, amigos, colegas de trabalho, superiores, subordinados, estranhos); sociedade, entidades ou instituições (detetives, agência de informações ou matrimoniais etc.); Estado (como Administração, seus funcionários e seus dados).

3.7. RELAÇÃO COM OUTROS DIREITOS FUNDAMENTAIS

Além da intimidade, a privacidade tem uma estreita relação com outros direitos fundamentais e com o princípio da dignidade da pessoa humana. Considerando as espécies de exposição indevida da privacidade na relação de emprego, apenas alguns deles serão aqui apreciados.

A intimidade (privacidade), destaca Pablo Lucas Murillo de la Cueva[213], é a "esfera de la personalidad humana más próxima a su propia esencia"[214]. Por isso, está intimamente ligada com a dignidade da pessoa humana. Trata-se do direito fundamental mais próximo da pessoa[215], pois é no seu íntimo que estão suas convicções morais, recordações pessoais e crenças religiosas, é lá que se forma a liberdade de consciência.

A privacidade tem uma estreita sintonia com a liberdade. Para Benjamin Constant[216], a liberdade deve consistir em desfrutar a "independência privada". O indivíduo, em sua vida reservada, pode desvencilhar-se das máscaras que a sociedade lhe impõe, explorar livremente o seu íntimo e exercer, sem receio de reprimenda externa, o seu direito de autodeterminação[217].

A liberdade individual tem uma face positiva, referente à capacidade do indivíduo de desenvolver suas potencialidades, e uma negativa, que diz respeito à autonomia, à garantia de um espaço pessoal isento de ingerências externas. Esse espaço corresponde à vida privada[218].

A honra é o valor moral íntimo do homem, a estima dos outros, a consideração social dele, seu bom nome ou boa fama, o sentimento ou consciência da própria dignidade pessoal, refletida na consideração dos

---
(212) MATONI, L. Fariñas. *El derecho a la intimidad*. Madrid: Trivium, 1983. p. 314 e ss.
(213) DE LA CUEVA, 1990. p. 88.
(214) Tradução livre: a esfera da personalidade humana mais próxima de sua própria essência.
(215) *Ibid*, p. 96-97.
(216) CONSTANT, *op. cit.*, p. 268.
(217) VIEIRA, *op. cit.*, p. 27.
(218) DE LA CUEVA, *op. cit.*, 1990. p. 49.

outros e no sentimento da própria pessoa[219]. O direito à honra tem relação histórica com a privacidade/intimidade, em que pese ambos serem distintos. Uma descrição inexata da vida privada enseja em algumas vezes ofensa à honra[220].

O direito à imagem compreende a ideia de imagem-retrato, que é a configuração física da pessoa (fisionomia) e todas as exteriorizações de sua personalidade (gestos, expressões), e a de imagem-atributo, que é o conceito (imagem social) que o indivíduo tem perante a coletividade em que vive[221]. Embora Pablo Lucas Murillo de La Cueva[222] "descole" o direito à imagem do direito à intimidade, por se referir a um aspecto positivo da personalidade ligado à aparência externa da pessoa, Willian Prosser[223] destaca que há invasão de privacidade quando uma fotografia de alguém é tirada secretamente em um recinto privado, contra a sua vontade ou foi obtida mediante furto, suborno, fraude ou quebra de confiança. Além disso, a divulgação de aspectos da privacidade pode comprometer o conceito da pessoa perante a comunidade em que vive. Assim, privacidade e imagem têm estreita relação.

A revelação de informações pessoais de alguém, ligadas à privacidade ou à intimidade, também pode ocasionar lesão ao direito à igualdade e a não discriminação. Discriminação, expressão do princípio da igualdade, é negar à pessoa, "em face de critério injustamente desqualificante, tratamento compatível com o padrão jurídico assentado para a situação concreta por ele vivenciada"[224].

Para a Convenção n. 111 da OIT[225], discriminação é:

> toda distinção, exclusão ou preferência, com base em raça, cor, sexo, religião, opinião política, nacionalidade ou origem social, que tenha por efeito anular ou reduzir a igualdade de oportunidade ou de tratamento no emprego ou profissão.

Os fatores de discriminação acima citados dizem respeito a aspectos referentes à privacidade do trabalhador. Por isso, certas ofensas a esses direitos podem ocasionar lesão à igualdade e a não discriminação.

3.8. TEORIAS

Duas teorias procuram identificar como se opera a privacidade: a teoria dos círculos concêntricos (ou das esferas) e a teoria do mosaico.

3.8.1. Teoria dos círculos concêntricos

Heirinch Henkel apresentou em 1957, durante o Fórum Jurídico Alemão (*Deutscher Juristentages*), a Teoria dos Círculos Concêntricos[226] ou das Esferas (*Sphärentheorie*), baseado no grau de sujeição da pessoa às ingerências externas[227]. A partir desses ensinamentos, Hidemberg Alves da Frota[228] afirma:

---

(219) DE CUPIS, Adriano. *Os direitos da personalidade*. Lisboa, Livraria Morais, 1961. p. 111-112.
(220) BARROS, *op. cit.*, p. 36.
(221) ARAÚJO, Luiz Alberto David. *A proteção constitucional da própria imagem*: pessoa física, pessoa jurídica e produto. Belo Horizonte: Del Rey, 1996. p. 27-32.
(222) DE LA CUEVA, *op. cit.*, 1990. p. 86.
(223) PROSSER, *op. cit.*, p. 395.
(224) DELGADO, *op. cit.*, p.767.
(225) Ratificada pelo Decreto Legislativo n. 104/1964 e aprovada pelo Decreto n. 62.150/1968.
(226) FROTA, Hidemberg Alves da. A proteção da vida privada, da intimidade e do segredo no Direito brasileiro e comparado. *Revista Jurídica Unijus*. Uberaba, v. 9, n. 11, nov. 2006. p. 79.
(227) LEWICKI, *op. cit.*, p. 34.
(228) FROTA, *op. cit.*, 2006. p. 80.

a esfera privada (*o círculo da vida privada em sentido amplo*) encerra três círculos concêntricos (camadas dentro de camadas): o círculo da vida privada em sentido restrito (a camada superficial), que contempla o círculo da intimidade (a camada intermediária), no qual se acomoda o mais denso desses três compartimentos, o *círculo do segredo* (núcleo).

A figura abaixo retrata graficamente a teoria das esferas[229]:

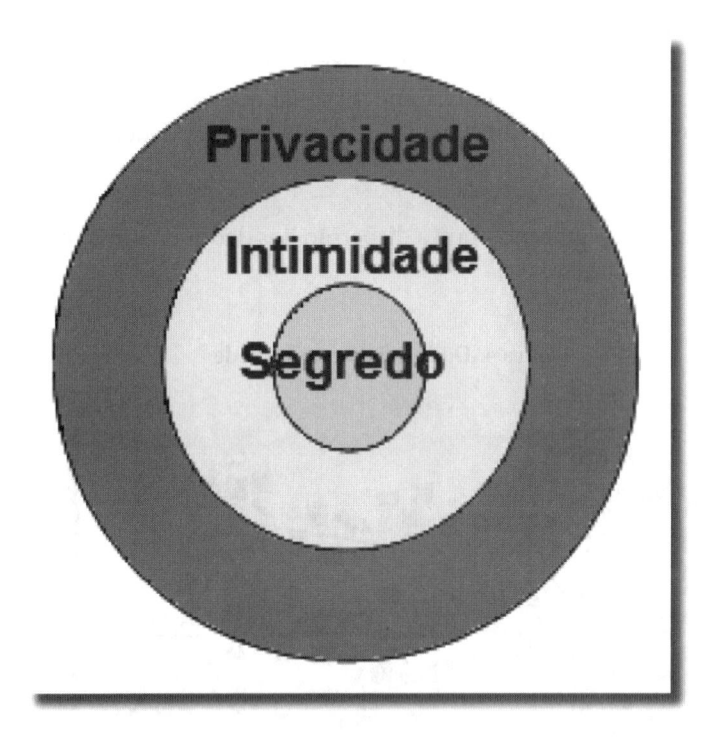

Figura 3: Teoria dos Círculos Concêntricos

No círculo da vida privada (*privatsphäre*), mais externo, estão todos os comportamentos e acontecimentos que a pessoa não quer que se tornem públicos ou que sejam do conhecimento de terceiros[230]. A intimidade (*intimsphäre*) é um espaço impenetrável, intransponível e indevassável que diz respeito unicamente à pessoa[231] e de que participa apenas em quem o indivíduo deposita sua confiança e/ou familiaridade[232]. No segredo (*geheimsphäre*) estão os eventos mais restritos, sigilosos e sagrados da pessoa, nunca compartilhados ou revelados apenas para pessoas extremamente íntimas[233].

Para Hidemberg Frota[234], situa-se no âmbito da esfera da privacidade, entre outros, o sigilo de dados e de registro das comunicações. Também dados e informações pessoais dizem respeito à privacidade e, em alguns casos, à intimidade ou até mesmo ao segredo.

---

(229) Há registros de que a teoria das esferas tem perdido prestígio na própria Alemanha.
(230) VIEIRA, *op. cit.*, p. 37-38.
(231) GUERRA, Sidney. *O direito à privacidade na internet:* uma discussão da esfera privada no mundo globalizado. Rio de Janeiro: América Jurídica, 2004. p. 55.
(232) LEWICKI, *op. cit.*, p. 35.
(233) VIEIRA, *op. cit.*, p. 38.
(234) FROTA, *op. cit.*, 2006. p. 82.

Considerando os estágios apresentados, a esfera da privacidade corresponde ao estágio do anonimato, a da intimidade com o estado de intimidade, o segredo equivale ao nível da reserva. A solidão, o último estágio da intimidade pessoal[235], seria um ponto dentro da esfera do segredo.

3.8.2. Teoria do mosaico

Diante da insuficiência da teoria das esferas para enfrentar novas e sofisticadas formas de ataque à privacidade pelas novas tecnologias[236], Fulgencio Madrid Conesa[237] elaborou a Teoria do Mosaico, nestes termos:

> Existen datos a priori irrelevantes desde el punto de vista del derecho a la intimidad y que, sin embargo, en conexión con otros, quizá también irrelevantes, pueden servir para hacer totalmente transparente la personalidad de un ciudadano, al igual que ocurre con las pequeñas piedras que forman los mosaicos, que en sí no dicen nada, pero que unidas pueden formar conjuntos plenos de significados[238].

Ilustrativamente, as figuras a seguir mostram a dispersão dos dados em uma rede e a reunião deles para formar o Mosaico de Fulgencio Conesa:

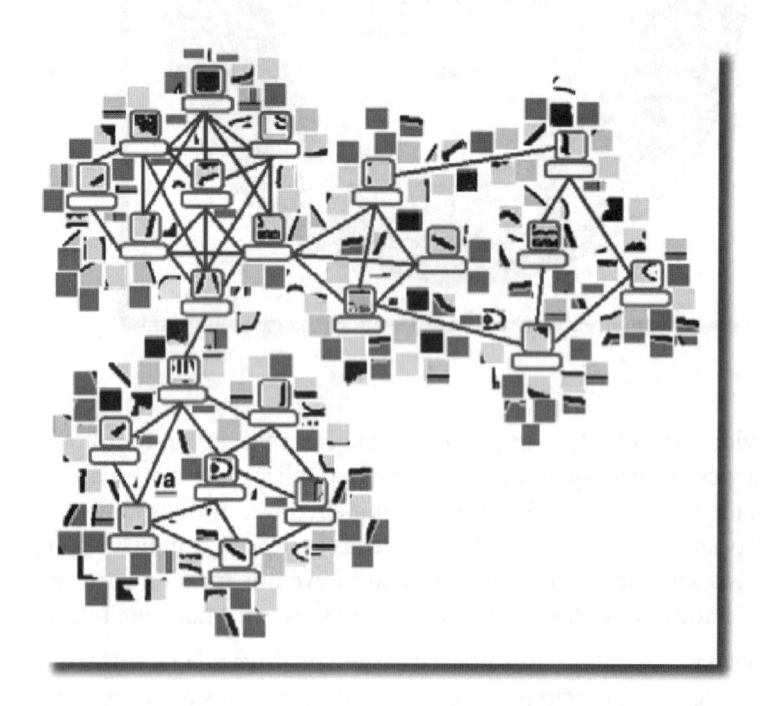

Figura 4: Dados dispersos na rede

---

(235) DE LA CUEVA, *op. cit.*, 1990. p. 88.
(236) MAIA, Luciano Soares. A privacidade e os princípios de proteção do indivíduo perante os bancos de dados pessoais. In: CONSELHO NACIONAL DE PESQUISA E PÓS GRADUAÇÃO EM DIREITO. *Anais do XVI Congresso Nacional do Conpedi*. Florianópolis: Fundação Boiteux, 2008. p. 457.
(237) CONESA, Fulgencio Madrid. *Derecho a la intimidad, informática y Estado de Derecho*. Valencia: Universidad de Valencia, 1984. p. 44-45.
(238) Tradução livre: Existem, *a priori*, dados irrelevantes do ponto de vista do direito à privacidade e que, no entanto, conectados com outros, talvez irrelevantes também, podem servir para tornar totalmente transparente a personalidade de um cidadão, como acontece com pequenas pedras que formam os mosaicos, que em si não dizem nada, mas que unidas formam conjuntos cheios de significados.

Figura 5: Dados formando o Mosaico

Para Fulgêncio Conesa, não importa se a informação diz respeito à privacidade, à intimidade ou ao segredo, mas sim ao uso que é feito dela. Os programas de informática usados para a criação e gestão de banco de dados "são capazes de criar um perfil do sujeito a partir da aplicação de dados dispersos que só passam a adquirir significado quando reunidos"[239].

A teoria do mosaico é bastante útil para entender e explicar a invasão da privacidade pelo uso das novas tecnologias[240], contribuindo "significativamente para a compreensão do problema da coleta e armazenamento de dados pessoais por entidades públicas e privadas"[241].

3.9. LIMITAÇÕES

Apesar de ser oponível *erga omnes*, a privacidade tem limitações de caráter externo, pelo confronto com outros direitos fundamentais, e interno[242], em razão da natureza do direito e da forma pela qual é exercido.

No plano externo, são poucos os direitos fundamentais que não atritam com outros direitos fundamentais e que, por isso impõem, em certas situações, uma opção[243]. Isso pode ocorrer quando há direitos de: a) igual conteúdo, mas de diferente titular (ex. privacidade do empregado *versus* a do seu colega); b) conteúdo diverso e de outro titular (ex. privacidade do empregado *versus* honra do colega); c) igual ou

---

(239) DINIZ, Ana Paola Santos Machado. Banco de Dados e intimidade informática no trabalho. *Revista da Amatra V — vistos etc.*. Salvador, v. I, n. 8, 2008. p. 50.
(240) Durante a defesa deste trabalho, Leonardo Bessa destacou que a realidade tem mostrado que o mosaico não corresponde exatamente à face retratada da privacidade de alguém. Há um "efeito *Frankenstein*" em que dados desatualizados, imprecisos e falsos também são coletados e deformam, às vezes por completo, a realidade da pessoa. Esta pesquisa em diversos tópicos constatou esse aspecto, especialmente nos temas da mineração de dados, uso de perfis em redes sociais e na divulgação de dados falsos.
(241) VIEIRA, *op. cit.*, p. 39.
(242) SIMÓN, *op. cit.*, p. 121-122.
(243) BOBBIO, *op. cit.*, p. 14.

diferente conteúdo, mas entre titular individual e coletivo (ex. privacidade do empregado *versus* acesso à informação pela sociedade)[244]. Havendo colisão ou concorrência da privacidade com outros direitos fundamentais, aplicam-se as técnicas expostas no final do capítulo 2.

Dentre as limitações de ordem interna, pode-se destacar: o consentimento do titular; o interesse público, histórico, científico ou artístico; a segurança; a saúde pública e as informações sobre personalidades públicas.

Em que pese não haver renúncia da privacidade, seu titular poderá, se quiser, expor para alguém particularidades de sua vida pessoal (ex. falar sobre sua saúde). Haverá consentimento tácito quando a exposição da privacidade ocorrer em local público ou tratar-se de pessoa pública e o fato exposto afetar a coletividade[245]. Nesses casos, considera-se a pessoa envolvida (cidadão na rua, pessoa pública) e a natureza de uma situação peculiar (exposição da privacidade em praça pública, interesse coletivo).

A intromissão será justificável, em princípio, quando um interesse coletivo (interesse público), e não do coletivo (curiosidade do público), for relevante e justificável em face da própria natureza do direito (a natureza da situação peculiar) e da forma pela qual é exercido (pelo seu titular).

Como a vida privada envolve escolhas exclusivas de convivência social (amizades, laços comerciais etc.), existe, em princípio, um direito de resistência à devassa que impõe uma conduta geral de se respeitar a privacidade alheia.

---

(244) VIEIRA, *op. cit.*, p. 75-76.
(245) MENDES et al., *op. cit.*, 2008. p. 382-383.

4

DADOS PESSOAIS E SENSÍVEIS

Um dado pode ou não ter relação com uma pessoa, referir-se a fenômenos, coisas e eventos ou então a pessoas, seus bens, suas opiniões e obras do seu espírito[246]. A privacidade não se limita apenas ao indivíduo em si mesmo, mas também alcança seus dados, que dizem quem ele é, em que acredita, o que pensa, o que possui, e que, quando são reunidos, podem desnudá-lo. O dado pessoal, referente ao indivíduo, encontra abrigo na privacidade e na tutela específica dos princípios que lhes são inatos e que permeiam toda a ordem jurídica.

4.1. DADOS PESSOAIS

O dado pessoal é um registro de um fato, conceito, elemento ou atributo qualquer sobre uma pessoa física identificada ou identificável[247]. Será identificável quando ele puder ser identificado, direta ou indiretamente, pela referência a um número de identificação ou a um ou mais elementos específicos da sua identidade física, fisiológica, psíquica, econômica, cultural ou social[248].

O dado pessoal está inserido nos estágios ou nas esferas que compõem a privacidade. Dependendo do atributo que caracteriza o dado, pode ele estar mais afeto ao círculo da intimidade, do segredo ou ainda referir-se ao estágio da solidão.

4.2. DADOS SENSÍVEIS

Dentre as espécies de dados pessoais, estão os dados sensíveis que, segundo Pablo Lucas Murillo de la Cueva[249], "son los que se referien a cuestiones extraordinariamente delicadas, directamente vinculadas al

---

(246) CATALA, Pierre *apud* DONEDA, Danilo. *Da privacidade à proteção de dados pessoais*. Rio de Janeiro: Renovar, 2006. p. 156.
(247) MARZAL, Gloria. *Base de datos personales:* requisitos para su uso, comentário a la Lortad y normativa complementaria. Bilbao: Deusto, 1996. p. 19.
(248) UNIÃO EUROPEIA. Directiva n. 95/46/CE do Parlamento Europeu e do Conselho. 24 out. 1995. *Jornal Oficial das Comunidades Europeias*. Edição em português. n. 1 (281), 23 nov. 1995. p. .38, *sic.*
(249) DE LA CUEVA, *op. cit.*, 1993. p. 69-70.

núcleo de la personalidad y dignidad humanas. Per eso, son objeto de garantía sustantiva a través de otros derechos fundamentales"[250].

Os dados sensíveis dizem respeito, por exemplo, à origem racial ou étnica da pessoa, às suas opiniões políticas, filosóficas ou religiosas, à sua saúde e à opção sexual. É justamente por essa razão que eles possuem um potencial maior de causar ofensa a direitos fundamentais, não apenas à intimidade, mas, especialmente, à igualdade[251] e a não discriminação. Para Tatiana Vieira, os dados sensíveis estão afetos à esfera da intimidade[252].

Em situações concretas, um dado pessoal aparentemente não sensível pode se tornar sensível e apresentar-se como um fator de discriminação, como nos casos em que um nome revela a origem racial ou étnica[253]. Por isso, Tatiana Vieira[254] destaca que:

> o tratamento de dados sensíveis exige a adoção de medida e de procedimentos mais rigorosos de segurança, tais como a autenticação de quem acessa o sistema informático; acesso restrito à instalação física, em que o sistema informático se localiza; destruição automática dos dados após o cumprimento das finalidades determinantes da coleta; uso de criptografia para cifragem do conteúdo; dentre outros.

Os dados pessoais e, em particular, os sensíveis são os que demandam especial proteção, principalmente perante as novas tecnologias da informação, das diversas redes de computadores e da Internet. A Diretiva n. 95/46[255] da União Europeia estabelece no seu art. 8º a regra geral de proibição de tratamento dos dados sensíveis.

4.3. PROTEÇÃO NORMATIVA

Os dados pessoais e sensíveis são objeto de proteção no plano internacional, havendo dispositivos e princípios também no direito pátrio.

4.3.1. Tratados internacionais

Não existe, até o momento, um tratado global que trate especificamente da proteção de dados pessoais. Contudo, como já exposto, a Declaração Universal dos Direitos Humanos, a Convenção Americana sobre Direitos Humanos (Pacto de São José) e o Pacto Internacional sobre Direitos Civis e Políticos asseguram a não interferência da vida privada e familiar da pessoa, do seu lar e da sua correspondência.

Além disso, com relação aos dados sensíveis, essas normas internacionais vedam a discriminação em suas diversas formas (arts. 2º e 7º da Declaração Universal de Direitos Humanos, 1º, I, e 24 do Pacto de São José e 2º, I, e 25 do Pacto sobre Direitos Civis e Políticos).

No âmbito das relações de trabalho, a Organização Internacional do Trabalho (OIT) pela Convenção n. 111 e pela Declaração sobre os Princípios e Direitos Fundamentais no Trabalho impõe aos países signatários que promovam os meios adequados para a eliminação de toda forma de discriminação. Além

---

(250) Tradução livre: são os que se referem a questões extraordinariamente delicadas, diretamente vinculadas ao núcleo da personalidade e dignidade humanas. Por isso, são objeto de garantia substantiva por meio de outros direitos fundamentais.
(251) LIMBERGER, Têmis. *O direito à intimidade na era da informática:* a necessidade de proteção de dados pessoais. Porto Alegre: Livraria do Advogado, 2007. p. 203.
(252) VIEIRA, *op. cit.*, p. 256.
(253) *Ibid.*, p. 297.
(254) *Ibid., loc. cit.*
(255) UNIÃO EUROPEIA, Directiva n. 95/46/CE, *op. cit.*, 1995. p. 40.

disso, divulgou em 1997, após aprovação de comissão de expertos, um reportório de recomendações práticas, sem caráter obrigatório, nem supressivo da legislação local, com orientações sobre a tutela dos dados pessoais dos trabalhadores[256].

4.3.2. Panorama legislativo internacional

Algumas nações asseguram o direito fundamental à proteção de dados e a garantia de *habeas data*. A proteção dos dados pessoais e sensíveis do cidadão também tem sido objeto da disciplina legal de muitos países.

Na União Europeia, o Convênio n. 108/1981 do Conselho Europeu (Convenção de Estrasburgo) foi o primeiro normativo da Europa unificada que tratou sobre dados, seu armazenamento e finalidade[257]. Ele serviu de inspiração para a Diretiva n. 95/46[258], que definiu conceitos como dados pessoais e sensíveis, princípios e direitos, adotados por diversos países europeus ou não que nela se inspiraram.

O art. 8º da Carta de Direitos Fundamentais da União Europeia proclamada em 2000[259] estabelece:

Art. 8º Protecção de dados pessoais

1. Todas as pessoas têm direito à protecção dos dados de carácter pessoal que lhes digam respeito.

2. Esses dados devem ser objecto de um tratamento leal, para fins específicos e com o consentimento da pessoa interessada ou com outro fundamento legítimo previsto por lei. Todas as pessoas têm o direito de aceder aos dados coligidos que lhes digam respeito e de obter a respectiva rectificação.

3. O cumprimento destas regras fica sujeito a fiscalização por parte de uma autoridade independente.

O primeiro país a regulamentar a proteção dos dados pessoais foi a Suécia, bem antes da Diretiva n. 95/46 da União Europeia e do Convênio n. 108/1981. A pioneira *Datalag* de 1973 criou um organismo supervisor, o *Data Inspektion Board* (DIB). Depois, a então República Federal de Alemanha, com a sua *Bundesdatenschutzegesetz* de 1977, instituiu um comissário federal encarregado de velar pelos dados pessoais[260].

A França, pela *Lei n. 78/1978, relative à l'informatique, aux fichiers et aux libertés*, formou uma Comissão Nacional de Informática e Liberdades, com função de controle[261]. O Reino Unido editou, em 1988, o *Data Protection Act* (DPA) e criou o *Information Commissioner's Office* (ICO)[262], órgão independente com o objetivo de proteger a informação pessoal do cidadão.

A Espanha editou, em 1992, a *Ley Orgánica* n. 5, que trouxe definições, princípios e direitos sobre o tratamento de dados pessoais e criou a agência pública para, administrativamente, resolver questões referentes ao uso desses dados[263]. Em 1999, foi editada a *Ley Orgánica* n. 15/1999[264], que trouxe nova regulamentação do tema. O art. 18, 4, da Constituição espanhola limita o uso da informática para garantir a honra e a intimidade pessoal e familiar dos cidadãos e o pleno exercício de seus direitos[265].

---

(256) ORGANIZAÇÃO INTERNACIONAL DO TRABALHO. *Protección de los datos personales de los trabajadores*: repertorio de recomendaciones prácticas de la OIT. Genebra: Oficina Internacional del Trabajo, 1997. p. 2.
(257) LIMBERGER, 2007. p. 65.
(258) UNIÃO EUROPEIA, Directiva n. 95/46/CE, *op. cit.*, 1995. p. 31-50.
(259) UNIÃO EUROPEIA. Carta dos Direitos Fundamentais da União Europeia. 7 dez. 2000. *Jornal Oficial das Comunidades Europeias*. Edição em português. n. C 364, 18 dez. 2000. p. 10, *sic*.
(260) VALDÉS, *op. cit.*, p. 73.
(261) FRANÇA. Commission Nationale de l'Informatique et des Libertés. Disponível em: <http://www.cnil.fr/index.php?id=45>. Acesso em: 12 out. 2013.
(262) REINO UNIDO. Information Commissioner's Office. Disponível em: <http://www.ico.gov.uk/>. Acesso em: 11 set. 2013.
(263) DE LA CUEVA, *op. cit.*, 1993. p. 20.
(264) ESPANHA. Ley Orgánica n. 15, de 13 de diciembre de 1999. Disponível em: <http://www.agpd.es/portalwebAGPD/canaldocumentacion/legislacion/estatal/common/pdfs/LOPD_consolidada.pdf>. Acesso em: 13 out. 2013.
(265) ESPANHA, *Constituición Española, op. cit.*, acesso em: 11 set. 2013.

A Constituição de Portugal consagra, no seu art. 35, o direito fundamental à proteção de dados pessoais, nos seguintes termos[266]:

Art. 35. Utilização da Informática

1. Todos os cidadãos têm o direito de acesso aos dados informatizados que lhes digam respeito, podendo exigir a sua rectificação e actualização, e o direito de conhecer a finalidade a que se destinam, nos termos previstos na lei.

2. A lei define o conceito de dados pessoais, bem como as condições aplicáveis ao seu tratamento automatizado, conexão, transmissão e utilização, e garante a sua protecção, designadamente através de entidade administrativa independente.

3. A informática não pode ser utilizada para tratamento de dados referentes a convicções filosóficas ou políticas, filiação partidária ou sindical, fé religiosa, vida privada e origem étnica, salvo mediante consentimento expresso do titular, autorização prevista por lei com garantias de não discriminação ou para processamento de dados estatísticos não individualmente identificáveis.

4. É proibido o acesso a dados pessoais de terceiros, salvo em casos excepcionais previstos na lei.

... omissis ...

6. A todos é garantido livre acesso às redes informáticas de uso público, definindo a lei o regime aplicável aos fluxos de dados transfronteiras e as formas adequadas de protecção de dados pessoais e de outros cuja salvaguarda se justifique por razões de interesse nacional.

7. Os dados pessoais constantes de ficheiros manuais gozam de protecção idêntica à prevista nos números anteriores, nos termos da lei.

Em 1998, foi editada em Portugal[267] a Lei n. 67, que disciplina esse dispositivo constitucional e regulamenta a proteção de dados pessoais.

Outros países da Europa também adotaram regulamentações sobre o uso de dados pessoais, entre os quais Áustria (em 2000), Bulgária (2001), Dinamarca (2000), Holanda (2000), Itália (1997 e 2003), Noruega (2000) e Suíça (1992)[268].

O Chipre[269] adotou em 2001 a *Processing of Personal Data (Protection of the Individual) Law* e criou o *Office of the Commissioner for Personal Data Protection*, para, a exemplo do modelo europeu, receber denúncias sobre o uso indevido dos dados pessoais.

O Japão promulgou em 1988 o *Law for the Protection of Computer Processed Data Held by Administrative Organs*, a Malásia, em 2010, a *Personal Data Protection Act*[270] e Macau, em 2005, a Lei n. 8 de *Protecção de Dados Pessoais*[271].

A Austrália editou em 1998 o *Privacy Act* e criou o *Office of the Australian Information Commissioner* (OAIC)[272]. A Nova Zelândia possui um *Privacy Act*, adotado em 1993, e a África do Sul aprovou em 2002 a *Electronic Communications and Transactions Act*.

---

(266) PORTUGAL, *Constituição da República Portuguesa*, op. cit., acesso em: 10 set. 2013, *sic*.
(267) PORTUGAL. Lei n. 67 de 26 de outubro de 1998. Disponível em: <http://www.cnpd.pt/bin/legis/nacional/lei_6798.htm>. Acesso em: 13 out. 2013.
(268) INFORMATION SHIELD. International Privacy Laws. Disponível em: <http://www.informationshield.com/intprivacylaws.html>. Acesso em: 11 set. 2013.
(269) CHIPRE. Office of the Commissioner for Personal Data Protection. Disponível em: <http://www.dataprotection.gov.cy/dataprotection/dataprotection.nsf/index_en/index_en?opendocument>. Acesso em: 11 set. 2013.
(270) INFORMATION SHIELD, op. cit., acesso em: 11 set. 2013.
(271) MACAU. Lei n. 5/2008. Lei de Protecção de Dados Pessoais. Disponível em: <http://bo.io.gov.mo/bo/i/2005/34/lei08.asp?printer=1>. Acesso em: 7 out. 2013.
(272) AUSTRÁLIA. Office of the Australian Information Commissioner. Disponível em: <http://www.oaic.gov.au/>. Acesso em: 11 set. 2013.

Em 2000, o Canadá aprovou o *Personal Information Protection and Electronic Documents Act* (*Piped Act*) para regular a privacidade dos dados e criou o *Office of the Privacy Commissioner of Canada*[273]. O México editou, em 2010, a *Ley Federal de Protección de Datos Personales en Posesión de los Particulares*; o Peru, em 2011, a *Ley n. 29.733 de Protección de Datos Personales*; o Chile, em 1999, a *Ley* n. 19.628; o Uruguai, em 2008, a *Ley* n. 18.331[274] e o Paraguai, a *Ley* n. 1.682 de 2001[275].

A Argentina editou a *Ley* n. 25.326/2000 sobre a proteção de dados pessoais e sua Constituição, e no art. 43, § 3º, assegurou o direito ao *habeas data*, nos seguintes termos[276]:

> Toda persona podrá interponer esta acción para tomar conocimiento de los datos a ella referidos y de su finalidad, que consten en registros o bancos de datos públicos, o los privados destinados a proveer informes, y en caso de falsedad o discriminación, para exigir la supresión, rectificación, confidencialidad o actualización de aquellos. No podrá afectarse el secreto de las fuentes de información periodística[277].

4.3.3. Direito brasileiro

No Brasil, a Constituição Federal consagra como fundamentos, objetivos, direitos ou garantias fundamentais a dignidade da pessoa humana e o valor social do trabalho (art. 1º, incs. III e IV), a privacidade e a intimidade (art. 5º, inc. X), a igualdade (art. 5º, *caput*), a não discriminação, em especial no emprego (art. 3º, inc. IV, 5º, inc. XLI, e 7º, inc. XXXI), o *Habeas Data* (art. 5º, incs. LXIX, LXXII e LXXVII) e a proteção ao sigilo de informações (art. 5º, inc. XII), esta assim estabelecida:

> XII — é inviolável o sigilo da correspondência e das comunicações telegráficas, de dados e das comunicações telefônicas, salvo, no último caso, por ordem judicial, nas hipóteses e na forma que a lei estabelecer para fins de investigação criminal ou instrução processual penal.

Nos termos do § 2º do art. 5º da Constituição, a conjugação de vários desses dispositivos permite concluir pela existência de um direito fundamental à proteção de dados pessoais.

Mesmo que assim não fosse, a proteção de dados pessoais encontra amparo na vaga e esparsa legislação brasileira sobre o tema e nos princípios de direito.

O art. 21 do Código Civil resguarda a inviolabilidade da vida privada das pessoas e a Lei n. 9.029/1995 veda a discriminação no emprego. O art. 43 do Código de Defesa do Consumidor (CDC), a Lei n. 9.507/1997, que disciplina o *habeas data*, e a Lei n. 12.414/2011, sobre o cadastro de crédito positivo, preveem princípios e direitos de proteção de dados pessoais, também adotados em outros países.

A Lei n. 12.737/2012 acrescentou ao Código Penal o art. 154-A que dispõe sobre o crime de invasão de dispositivo informático:

Invasão de dispositivo informático

Art. 154-A. Invadir dispositivo informático alheio, conectado ou não à rede de computadores, mediante violação indevida de mecanismo de segurança e com o fim de obter, adulterar ou destruir dados ou informações sem

---

(273) CANADÁ. Office of the Privacy Commissioner of Canada. Disponível em: <http://www.priv.gc.ca/>. Acesso em: 11 set. 2013.
(274) INFORMATION SHIELD, *op. cit.*, acesso em: 11 set. 2013; VALDÉS, *op. cit.*, p. 73.
(275) PARAGUAI. Corte Suprema de Justicia. *Protección de datos personales*. Assunção: CSJ, 2010. p. 5-10.
(276) ARGENTINA. Senado de la Nación. *Constituición de la Nación*. Disponível em: <http://www.senado.gov.ar/*web*/consnac/consnac.htm>. Acesso em: 11 set. 2013.
(277) Tradução livre: Toda a pessoa poderá interpor esta ação para tomar conhecimento dos seus dados e de sua finalidade, que constem em registros ou bancos de dados públicos, ou os privados destinados a fornecer informações, e em caso de falsidade ou discriminação, para exigir a supressão, retificação, confidencialidade ou atualização daqueles. O segredo das fontes de informação jornalística não poderá ser afetado.

autorização expressa ou tácita do titular do dispositivo ou instalar vulnerabilidades para obter vantagem ilícita:

Pena — detenção, de 3 (três) meses a 1 (um) ano, e multa.

§ 1º Na mesma pena incorre quem produz, oferece, distribui, vende ou difunde dispositivo ou programa de computador com o intuito de permitir a prática da conduta definida no caput.

... omissis ...

§ 3º Se da invasão resultar a obtenção de conteúdo de comunicações eletrônicas privadas, segredos comerciais ou industriais, informações sigilosas, assim definidas em lei, ou o controle remoto não autorizado do dispositivo invadido:

Pena — reclusão, de 6 (seis) meses a 2 (dois) anos, e multa, se a conduta não constitui crime mais grave.

§ 4º Na hipótese do § 3º, aumenta-se a pena de um a dois terços se houver divulgação, comercialização ou transmissão a terceiro, a qualquer título, dos dados ou informações obtidos. [...]

Em 2011, o Ministério da Justiça fez uma consulta pública de um anteprojeto de leis sobre o tratamento de dados pessoais. A minuta apresentada traz definições, reconhece princípios, direitos e vedações semelhantes às adotadas pela União Europeia e por diversas nações, inclusive com proposta de criação de um órgão para receber denúncias de abusos[278].

Tramita no Senado projeto de lei (PLS n. 266/2008) para alterar a CLT e proibir acesso a banco de dados de proteção ao crédito para fins de admissão no emprego. A Lei n. 12.965/2014 (Marco Civil da Internet) procura resguardar a proteção dos dados pessoais (art. 3º, inciso III, entre outros).

4.4. PRINCÍPIOS

Os dados pessoais e sensíveis estão submetidos a uma principiologia própria que permeia o ordenamento jurídico nacional e atinge os diversos tipos de cadastros, especialmente os públicos e os de caráter público, inclusive os acessíveis pelas diversas redes de informática de caráter público, nos termos do art. 5º, inc. LXXII, *a*, da Constituição e art. 1º, parágrafo único, da Lei do *Habeas Data* (Lei n. 9.507/1997).

O panorama das leis estrangeiras descreve vários princípios afetos à proteção dos dados pessoais. São princípios gerais de direito inerentes aos dados pessoais. Muito deles estão expressamente previstos em leis esparsas, tais como o Código Civil, Código Penal, Código de Defesa do Consumidor e nas Leis ns. 9.507/1997 e 12.414/2011[279]. Também dos direitos fundamentais insertos na Constituição da República é possível extrair tais princípios.

Os princípios próprios dos dados pessoais são aplicados analogicamente às relações de trabalho, por força do art. 8º da CLT, e sua observância é condição de licitude da captação e do tratamento. Examina-se, então, cada um desses princípios.

4.4.1. Consentimento

Consentimento é "qualquer manifestação de vontade, livre, específica e informada, pela qual a pessoa em causa aceita que dados pessoais que lhe digam respeito sejam objeto de tratamento"[280].

O direito fundamental à liberdade, inserto no art. 5º, *caput*, da Constituição, nasce da "perspectiva da pessoa humana como ser em busca da auto-realização, responsável pela escolha dos meios aptos para

---

(278) BRASIL. Câmara dos Deputados. Disponível em: <http://www2.camara.gov.br/agencia/noticias/COMUNICACAO/192809-EXECUTIVO-ELABORA-ANTEPROJETO-PARA-PROTECAO-DE-DADOS-PESSOAIS.html>. Acesso em: 11 set. 2013.
(279) Cf. VIEIRA, *op. cit.*, p. 251-298.
(280) UNIÃO EUROPEIA. Directiva n. 95/46/CE, *op. cit.*, 1995, art. 2º, "h", p. 39.

realizar suas potencialidades"[281]. A liberdade não pode ser apenas formal. Deve ser efetiva. Deve permitir que a pessoa faça suas escolhas e bem conduza os destinos da sua vida. Além disso, o conteúdo negativo da liberdade individual referente à autonomia, à garantia contra ingerências externas[282], também deve ser efetivo.

O direito fundamental à liberdade, tanto em seu aspecto positivo como negativo, impregna a ordem jurídica tornando diretriz também para fins de coleta e tratamento dos dados pessoais. Entender o contrário é permitir a invasão da autonomia e da liberdade de escolha do indivíduo no que tange aos dados que lhe são afetos. A manifestação da vontade, inerente aos negócios jurídicos (art. 107 do Código Civil), também deve ser prestigiada quando se trata de dados pessoais, não apenas em caso de invasão do meio informático (art. 154-A do Código Penal).

O art. 4º da Lei n. 12.414/2011 prevê o consentimento prévio e por escrito do titular do dado para a abertura do cadastro positivo (isto é, das pessoas que são boas pagadoras de suas dívidas). Todavia, o art. 43, § 2º, do CDC, ao prever que o consumidor será comunicado, por escrito, da abertura de cadastro, registro, ficha ou dado pessoal, deixa claro que a abertura de banco de dados pode ser feito sem a sua vontade, mas dele terá ciência o consumidor.

Tatiana Vieira[283] defende que os dados pessoais quando não forem sensíveis ou afetos à esfera do segredo, mesmo estando na esfera da privacidade, podem ser coletados e armazenados sem o consentimento prévio e expresso do seu titular ou de seu representante. Para os dados sensíveis, ela sustenta a necessidade dessa autorização prévia e expressa, salvo disposição de lei em contrário.

Para Pablo Lucas Murillo de la Cueva[284], ao contrário, o consentimento do titular do dado pessoal é a "regla que ha de observarse antes de proceder a un tratamiento de este tipo de datos", que somente pode ser afastado quando a lei permitir ou por exigência do interesse público. No mesmo sentido, há decisão do STJ[285].

A Organização Internacional do Trabalho[286] lembra que os trabalhadores não podem renunciar ao direito à privacidade e orienta sobre a necessidade do consentimento do empregado para o acesso e a reprodução do dado pessoal[287].

Em face ao direito fundamental à privacidade e à liberdade, o consentimento para coleta e tratamento de dados pessoais deve ser a regra especialmente quando se está diante das novas tecnologias da informação. Apenas a lei, nos termos do art. 5º, inc. II, da Constituição Federal, pode, em princípio, excepcionar a regra geral.

Admitido o consentimento, o titular do dado pessoal a ser tratado deve ser informado sobre o tratamento que se quer fazer dele e, a partir dessa resposta, ele de forma livre concede a autorização específica para o processamento pretendido de seus dados.

4.4.2. Lealdade e boa-fé

O princípio da lealdade e da boa-fé estabelece que o destinatário do dado pessoal deve tratá-lo segundo os fins para os quais foram colhidos e que, caso se pretenda dar outro fim, deve haver consentimento específico do seu titular.

---

(281) MENDES et al., *op. cit.*, 2008. p. 359.
(282) DE LA CUEVA, *op. cit.*, 1990. p. 49.
(283) VIEIRA, *op. cit.*, p. 256.
(284) DE LA CUEVA, Pablo Lucas Murillo. El derecho a la autodeterminación informativa y la protección de los datos personales. *Azpilcueta: Cuadernos de Derecho*, Donostia, n. 20, 2008. p. 49.
(285) BRASIL. Superior Tribunal de Justiça. Recurso Especial n. 1.168.547/RJ. 4ª Turma. Relator Ministro Luis Felipe Salomão. Publicado no DJe 7.2.2011.
(286) ORGANIZAÇÃO INTERNACIONAL DO TRABALHO, *op. cit.*, 1997. p. 5.
(287) *Ibid., loc. cit.*

Segundo Ruy Rosado de Aguiar Júnior[288], a boa-fé é "um princípio geral de Direito, segundo o qual todos devem comportar-se de acordo com um padrão ético de confiança e lealdade". Sob um prisma objetivo, as partes devem orientar sua conduta com correção e honestidade de acordo com a confiança reciprocamente depositada. Constitui ilícito, a teor do art. 187 do Código Civil, quando o ato é praticado com excesso manifesto aos limites impostos pela boa-fé.

A boa-fé e a lealdade, portanto, são valores éticos, princípios gerais de direito, que têm como funções interpretar os negócios jurídicos (art. 113 do Código Civil), limitar o exercício de um direito (art. 187 do Código Civil) e de integrar um negócio jurídico naquilo em que ele for omisso.

Esse dever de lealdade e de boa-fé também é aplicado aos dados pessoais. Quem recolhe dados de outrem, trata ou mantém sob sua custódia tem o dever ético de agir com correção, honestidade, confiança e lealdade, não podendo, em seus atos, ultrapassar os limites impostos por esses valores.

4.4.3. Livre acesso

Pelo princípio do livre acesso (ou da publicidade), o titular do dado pessoal deve ter acesso ao banco de dados em que suas informações estão armazenadas, podendo extrair cópias[289].

Acesso é o "exercício da capacidade de receber (decodificar, vir a saber, descobrir, investigar, demandar, recuperar, ou colocar no domínio público) mensagens de qualquer natureza"[290]. O livre acesso à informação constitui o direito de o titular do dado receber todas essas informações. O desconhecimento sobre uma informação importante pode constituir uma arma de poder de quem esconde o dado.

O art. 5º, inc. LXXII, *a*, da Constituição é absolutamente claro em garantir o conhecimento pelo seu titular das informações constantes de registros ou bancos de dados de entidades governamentais ou de caráter público, inclusive por meio de *Habeas Data*. No mesmo sentido dispõe o art. 1º, parágrafo único, Lei n. 9.507/1997. No âmbito das relações de consumo, constitui crime impedir ou dificultar o acesso do consumidor em cadastros, bancos, fichas e registros (art. 72 do CDC), nada mencionando o dispositivo sobre o caráter público desses arquivos.

Mesmo no campo das relações de emprego e de cadastros privados do empregador, deve ser estendida ao empregado a mesma garantia de acesso amplo, ainda que por força da aplicação subsidiária do art. 43, § 4º, do CDC que equipara cadastros privados de consumidores aos de caráter público para fins de defesa de seus direitos. A função teleológica dessa disposição é proteger o lado mais fraco de uma relação de poder. Essa mesma desproporção existe na relação de emprego. Sendo omissas as leis trabalhistas, no particular, incide a aplicação analógica desse dispositivo, a teor do art. 8º da CLT e do princípio da proteção.

4.4.4. Transparência

Pelo princípio da transparência, o indivíduo deve ser informado de forma detalhada sobre o tratamento que se pretende fazer com seus dados[291].

Pelo art. 10 da Diretiva n. 95/46[292], o responsável pelo recolhimento e tratamento dos dados deve fornecer ao titular do dado pessoal: a) a identidade pelo tratamento do dado e de seu representante; b) a finalidade a que se destina o tratamento; e c) o destinatário ou a categoria de destinatários a quem se dirige o dado.

---

(288) AGUIAR JÚNIOR, Ruy Rosado de. Cláusulas abusivas no código de defesa do consumidor. In MARQUES, Cláudia Lima (Coord.). *Estudos sobre a proteção do consumidor no Brasil e no Mercosul*. Porto Alegre: Livraria do Advogado, 1994. p. 24.
(289) DONEDA, *op. cit.*, 2006. p. 217.
(290) PASQUALI, Antonio. Um breve glossário descritivo sobre comunicação e informação. In: MELO, J. Marques de; SATHLER, L. *Direitos à Comunicação na Sociedade da Informação*. São Bernardo do Campo: Umesp, 2005. p. 37.
(291) VIEIRA, *op. cit.*, p. 285.
(292) UNIÃO EUROPEIA, Directiva n. 95/46/CE, *op. cit.*, 1995, art. 10. p. 41.

O art. 31 da Lei n. 12.527/2011, que trata do acesso às informações públicas, dispõe que o "tratamento das informações pessoais deve ser feito de forma transparente" e com respeito à vida privada. Como o titular de um dado pessoal fica em situação de vulnerabilidade em relação ao responsável pelo banco de dados de caráter privado, deve ser aplicada, no caso, a transparência a essa espécie de cadastro, com princípio geral de direito. A transparência é mera consequência dos princípios da boa-fé e da lealdade. A Lei do Marco Civil da Internet contempla o princípio da transparência (art. 7º, inciso VII, Lei n. 12.965/2014).

A primeira obrigação decorrente do princípio da transparência é a notificação do titular sobre a captação do dado pessoal, salvo se oriundo de fontes de acesso público irrestrito[293].

4.4.5. Adequação

Para Gloria Marzal[294], "los datos deben ser adecuados y no excessivos en relación con el ámbito y finalidades para las cuales se hayan obtenido"[295]. Trata-se de um juízo de ponderação. Não se podem armazenar dados referentes a obrigações que não são necessárias ao objeto do tratamento[296].

A adequação é subprincípio do princípio da proporcionalidade, que tem substrato constitucional. Havendo conflitos de direitos fundamentais afetos à privacidade do titular do dado e à liberdade de quem coletou e deseja tratá-lo, incide, por força do princípio da proporcionalidade, a adequação para aferição da conformidade entre a finalidade do tratamento e o dado.

O art. 3º, § 1º, *in fine*, da Lei n. 12.414/2011 prevê a adequação no cadastro positivo, ao assinalar que as informações para a sua formação devem ser necessárias para a avaliação da situação econômica do cadastrado. O art. 3º, § 3º, inc. I, dessa lei proíbe a obtenção de informações excessivas, que não dizem respeito à análise do crédito ao consumidor. Há, pois, uma vinculação entre a informação pessoal ou sensível e a finalidade de seu armazenamento, uso, tratamento e divulgação. É exigida uma proporção, uma correspondência razoável entre dados e seu tratamento (idoneidade dos dados)[297].

Pela adequação, é possível aferir a necessidade do dado pessoal para o objetivo postulado.

4.4.6. Finalidade

Nos termos do princípio da finalidade, o dado pessoal não deve ser utilizado para finalidade distinta daquela da que foi obtida.

O desvio da finalidade caracteriza ato ilícito na exata dicção do art. 187 do Código Civil. O art. 5º, inc. VII, da Lei n. 12.414/2011 estabelece que os dados constantes do cadastro positivo de consumidores somente devem ser utilizados de acordo com a finalidade para a qual foram coletados. A vinculação entre finalidade e uso do dado pessoal atende a ideia de justiça, equidade e devido processo legal adjetivo[298].

Pelo princípio da finalidade, há restrição na transferência de dados pessoais para terceiros quando não obedece à finalidade comunicada ao titular antes de sua coleta[299]. O desvio da finalidade enseja, além disso, a quebra da confiança inerente ao princípio da lealdade e da boa-fé. A Lei n. 12.965/2014 (Marco Civil da Internet) resguarda esse princípio (art. 7º, inciso VIII).

---

(293) VIEIRA, *op. cit.*, p. 285.
(294) MARZAL, *op. cit.*, p. 29.
(295) Tradução livre: os dados devem ser adequados e não excessivos em relação ao âmbito e finalidades para os quais se destinam.
(296) VIEIRA, *op. cit.*, p. 286-287.
(297) DE LA CUEVA, 1993. p. 66.
(298) DWORKIN, Ronald. *O Império do direito*. 2. ed. São Paulo: Martins Fontes, 2007. p. 291.
(299) DONEDA, *op. cit.*, 2006. p. 216.

4.4.7. Veracidade

Pelo princípio da veracidade, os dados devem refletir a situação real do afetado (exatidão), isto é, ser verdadeiros, fiéis à realidade.

O art. 3º, § 1º, da Lei n. 12.414/2011 e o art. 43, § 1º, do CDC estabelecem que os dados contidos em cadastros devem ser verdadeiros. Da mesma forma, os dados constantes da Internet, redes sociais e outros ambientes da informação também devem ser verdadeiros.

Esses dispositivos do CDC e da Lei n. 12.414 dispõem, ainda, que as informações devem ser claras, objetivas e em linguagem simples e compreensível. É nítido o objetivo da lei em evitar inferência, duplos sentidos, subjetividade que possam ensejar a interpretação ou, o pior, uma pré-qualificação do consumidor, um pré-conceito (ou preconceito).

A veracidade também decorre da boa-fé e da lealdade na medida em que a confiança e a honestidade se constroem a partir da verdade. Dados inexatos podem induzir a erros e, em se tratando de dados pessoais, podem servir para discriminação, lesão à honra, entre outros danos.

Os dados devem ser periodicamente atualizados conforme a necessidade[300], pois a ausência de atualização ou de correção pode ocasionar sérios prejuízos ao titular[301].

4.4.8. Provisoriedade

O armazenamento e o processamento de dados pessoais, em princípio, não são eternos. Os dados não devem ser conservados por período superior ao necessário ao fim a que se destina.

Os sistemas informáticos atuais podem acumular um grande volume de dados e conservá-los indefinitivamente, por isso, para Pablo Lucas Murillo de la Cueva[302], "es imprescindible [...] erigir nuevas defensas que impidan la apropriación perpetua de amplias facetas de la vida personal"[303].

O art. 5º, inc. XLVII, *b* da Constituição veda penas de caráter perpétuo. Embora seja uma diretriz de cunho penal, é inadmissível que um dado desabonador da pessoa se perenize por toda a sua vida. Se até as condenações criminais encontram limites temporais, então não se pode conceber que uma situação retratada em um dado assombre eternamente uma pessoa. O CDC (art. 43, § 1º, *in fine*) e a Lei n. 12.414/2011 (art. 14) estabelecem prazo máximo para armazenamento de dados pessoais dos consumidores (5 e 15 anos, respectivamente). O art. 7º, inciso X, da Lei n. 12.965/2014 prevê, no âmbito da Internet, a exclusão definitiva de dados pessoais a requerimento do titular, quando cessada a relação entre as partes.

A intenção desse princípio é evitar que o dado pessoal seja armazenado e utilizado para muito além do necessário (por isso, o prazo do CDC é menor que o da Lei n. 12.414).

Uma baliza razoável para identificar o tempo de armazenamento de dados pessoais é considerar o prazo prescricional para a exigibilidade de um direito em juízo.

4.4.9. Segurança

Estabelece o princípio da segurança que "os dados devem ser protegidos contra os riscos de seu extravio, destruição, modificação, transmissão ou acesso não autorizado"[304].

---

(300) DONEDA, *op. cit.*, p. 216.
(301) VIEIRA, *op. cit.*, p. 288.
(302) DE LA CUEVA, 1993. p. 69.
(303) Tradução livre: é imprescindível erigir novas defesas que impeçam a apropriação perpétua de amplas facetas da vida pessoal.
(304) DONEDA, *op. cit.*, 2006. p. 217.

É uma decorrência do dever de depósito (arts. 627 a 646 do Código Civil). Aquele que não tem zelo com o dado objeto da coleta ou do tratamento responde pela culpa *in vigilando*, nos termos do art. 186 do Código Civil. O descuido é uma quebra da confiança decorrente da boa-fé e da lealdade.

O art. 154-A do Código Penal define como crime a invasão de dispositivo informático para violar dados, tipificando diversas condutas.

A segurança dos dados pessoais deve ser física e lógica, contra parcial ou total destruição, perda ou alteração, ainda que acidental. Também compreende o acesso, a invasão ou a divulgação por terceiro não autorizado.

Pelo princípio da segurança, o responsável pelo armazenamento de dados pessoais deve adotar medidas técnicas e administrativas que garantam a segurança de tais informações, "protegendo-as do acesso não autorizado (comprometimento do sigilo), da alteração (comprometimento da integridade) e da destruição (comprometimento da disponibilidade), além da exploração de outras vulnerabilidades"[305].

4.4.10. Confidencialidade

Impõe-se o dever de confidencialidade ou de sigilo ao tratamento de dados pessoais. Por isso, a divulgação deles a terceiros, sem autorização do titular, inclusive a outros órgãos governamentais, ofende a esse princípio.

A divulgação para terceiros de dado pessoal quebra os valores éticos da boa-fé e da lealdade sobre o qual está assentada a confidencialidade, bem como os arts. 5º, inc. X, da Constituição e 21 do Código Civil.

Além disso, o art. 630 do Código Civil, ao estabelecer que o depósito entregue fechado, colado, selado, ou lacrado, deverá se manter nesse estado revela que, havendo confidencialidade na guarda, ela se manterá. Referida orientação aplica-se aos dados pessoais e sensíveis, cuja confidencialidade decorre da Constituição (art. 5º, inc. X) e da lei (art. 21 do Código Civil).

O art. 31, inc. I, § 1º, da Lei n. 12.527/2011 prevê acesso restrito às informações pessoais mantidas pela Administração Pública, ainda que não sejam classificados como sigilosos. É um reconhecimento do caráter reservado desses dados — que é inerente à própria ideia de privacidade e intimidade —, independentemente de qualquer classificação como sigilosos.

4.5. ALCANCE

A tutela dos dados pessoais tem amplo alcance, no plano objetivo, em relação aos meios, ambientes e formas de tratamento, e no subjetivo, referente as polos ativo e passivo das obrigações impostas e a eventuais terceiros.

Os princípios inerentes aos dados pessoais são aplicados a todas as formas de armazenamento (coleta), tratamento e reprodução (e transmissão), sejam por meio manual, eletrônico ou pela rede mundial de computadores; a qualquer conjunto organizado de dados pessoais, seja qual for a forma ou a modalidade de sua criação, armazenamento, organização e acesso.

Para Elvira L. Díaz[306], o ciclo de operação da informatização de dados, protegidos pela privacidade, compreende: a) compilação, em que há um limite subjetivo à privacidade, referente ao consentimento para a inclusão dos dados na base de dados, e outro objetivo, que diz respeito à exclusão de dados sensíveis, devendo ser observados os princípios da veracidade e adequação; b) processamento, em que incidem de forma especial os princípios da segurança e transparência; c) resultados do tratamento, em que a síntese do

---
(305) VIEIRA, *op. cit.*, p. 294.
(306) DÍAZ, Elvira; *op. cit.*, p. 240-241.

cruzamento de dados dos distintos arquivos da base de dados e o alcance deles devem ser informados ao titular; d) transmissão e difusão, que é a etapa de maior potencial lesivo à privacidade/intimidade pessoal.

Os princípios e a tutela protetiva dos dados pessoais são aplicados também aos novos campos das telecomunicações, videovigilância, Internet, bem como a novos perigos provenientes de etiquetas inteligentes, chips incorporado a pessoas, pulseiras eletrônicas, dados biométricos etc.[307].

No plano do alcance subjetivo da tutela dos dados pessoais, grande parte das leis estrangeiras estabelece quatro ou cinco categorias de pessoas: o titular do dado, o seu destinatário, o responsável pelo tratamento, o subcontratante do tratamento e o terceiro.

No que tange ao titular do dado pessoal que será objeto de tratamento, há discussão se apenas é a pessoa física ou se também alcança as pessoas jurídicas. Tal discussão tem origem na doutrina sobre quem pode ser sujeito da privacidade. No plano normativo, o art. 5º da *Ley* n. 1.682/2001 do Paraguai, com redação da *Ley* n. 1.969/2002, deixa claro que a proteção de dados pessoais alcança tanto a pessoa física como a jurídica[308]. Todavia, o art. 2º, *a*, da Diretiva n. 95/46 entende que dado pessoal diz respeito à "pessoa singular"[309] e o art. 3, "e", a *Ley Orgánica* n. 5/1999 da Espanha[310] apenas à pessoa física.

Não há dúvida, porém, que o destinatário dos dados pessoais pode ser tanto a pessoa física, como a jurídica que recebe esses dados. O destinatário é quem recebe os dados pessoais; é o responsável pelo banco de dados ou cadastro; é a pessoa física ou jurídica, pública ou privada, que decide sobre a finalidade, o conteúdo e o uso do tratamento.

O responsável ou encarregado pelo tratamento é a pessoa física ou jurídica, pública ou privada, que sozinha ou conjuntamente com outras pessoas trata os dados.

O subcontratante é a pessoa física ou jurídica, pública ou privada, que trata os dados pessoais por delegação do responsável pelo tratamento.

Terceiro é a pessoa física ou jurídica, pública ou privada, que, não sendo o titular dos dados, o responsável pelo tratamento, o subcontratante ou outra pessoa sob a autoridade direta dessas duas últimas, esteja habilitado a tratar os dados.

4.6. AUTODETERMINAÇÃO INFORMATIVA

O direito à autodeterminação informativa (*informationelle selbstbestimmung*) nasceu a partir de decisão da Corte Constitucional Alemã (*Bundesverfassungsgericht*) proferida em 15 de dezembro de 1983, que declarou a inconstitucionalidade da Lei do Censo (*volkszählungsurteil*)[311], que obrigava cidadãos da então Alemanha Ocidental a responder a questionários com informações pessoais e que podiam ser objeto de tratamento. Na ocasião, entendeu aquela Corte[312]:

1. Unter den Bedingungen der modernen Datenverarbeitung wird der Schutz des Einzelnen gegen unbegrenzte Erhebung, Speicherung, Verwendung und Weitergabe seiner persönlichen Daten von

---

(307) DE LA CUEVA, *op. cit.*, 2008. p. 58.
(308) PARAGUAI, *op. cit.*, p. 12.
(309) UNIÃO EUROPEIA, Directiva n. 95/46/CE, *op. cit.*, 1995. p. 38.
(310) ESPANHA. Ley Orgánica n. 15/1999, *op. cit.*, acesso em: 13 out. 2013.
(311) VIEIRA, *op. cit.*, p. 299.
(312) ALEMANHA. *Der Bundesbeauftragte fur den Datenschutz und die Informationsfreiheit. Eingriffe in das Recht auf informationelle Selbstbestimmung nur auf der Grundlage eines Gesetzes, das auch dem Datenschutz Rechnung trägt (Volkszählungsurteil) (BVerfG)*. Disponível em: <http://www.bfdi.bund.de/DE/GesetzeUndRechtsprechung/Rechtsprechung/BDSGDatenschutzAllgemein/Artikel/151283_VolkszaehlungsUrteil.html;jsessionid=28FC7B50A880972DCCFD1EA0CD0D04A0.1_cid136?nn=1236576>. Acesso em: 6 out. 2013.

dem allgemeinen Persönlichkeitsrecht des GG Art. 2 Abs. 1 in Verbindung mit GG Art. 1 Abs. 1 umfasst. Das Grundrecht gewährleistet insoweit die Befugnis des Einzelnen, grundsätzlich selbst uber die Preisgabe und Verwendung seiner persönlichen Daten zu bestimmen.

2. Einschränkungen dieses Rechts auf "informationelle Selbstbestimmung" sind nur im uberwiegenden Allgemeininteresse zulässig [...][313].

A autodeterminação informativa ou a proteção de dados pessoais[314] é um direito de defesa erguido em face das novas facetas da personalidade e, por isso, também é um direito de personalidade consistente na "liberdade de controlar a utilização das informações que lhe respeitem (desde que sejam pessoais), e na proteção perante agressões derivadas do uso dessas informações"[315]. Pablo Lucas Murillo de la Cueva sustenta que o direito à autodeterminação informativa é um direito fundamental da pessoa humana[316] que, no plano substantivo, corresponde à garantia do *habeas data*[317] e que:

> pretende satisfacer la necesidad, sentida por las personas en las condiciones actuales de la vida social, de preservar su identidad controlando la revelación y el uso de los datos que les concierne y protegiéndose frente a al ilimitada capacidad de archivarlos, relacionarlos y transmitirlos propia de la informática y dos peligros que esto supone[318].

Para Adriana Gamarra[319], o direito fundamental à autodeterminação informativa alcança a privacidade, a intimidade, a honra e a imagem[320].

É possível perquirir sobre a existência de um direito fundamental à autodeterminação informativa no Brasil pela conjugação da tutela da personalidade, de sigilo de dados e da garantia de *habeas data* (art. 5º, X, XII, LXIX, LXXII e LXXVII, da Constituição da República). Todavia, esse não foi o entendimento que prevaleceu no STF por ocasião do julgamento do RE n. 418.416/SC[321], conforme consta de trecho da seguinte ementa:

> [...] **IV — Proteção constitucional ao sigilo das comunicações de dados — art. 5º, XVII, da CF: ausência de violação, no caso.**

---

(313) Tradução livre: 1. Sob as condições modernas do processamento de dados, a proteção do indivíduo contra a coleta irrestrita, armazenamento, utilização e circulação de seus dados pessoais é prevista pelos direitos gerais da personalidade, art. 2º, n. 1, conjugado com o art. 1º, n. 1, da Lei Fundamental da Alemanha (*Grundgesetze*). Esse direito fundamental autoriza a cada pessoa a determinar sobre a circulação e a utilização dos seus dados pessoais. 2. Uma limitação desse direito a "autodeterminação informativa" somente será permitida no caso de prevalência do interesse público.
(314) Para alguns existem diferenças entre autodeterminação informativa e proteção de dados pessoais. A primeira privilegia a autonomia do titular (dimensão positiva) e a última o aspecto defensivo (prestação negativa).
(315) CASTRO, Catarina Sarmento e. *Direito à autodeterminação informativa e os novos desafios gerados pelo direito à liberdade e à segurança no pós 11 de setembro*. Coimbra, p. 11. Disponível em: <http://www.estig.ipbeja.pt/~ac_direito/CatarinaCastro.pdf>. Acesso em: 3 out. 2013.
(316) DE LA CUEVA, op. cit., 1990. p. 158.
(317) *Ibid.*, p. 174.
(318) Tradução livre: pretende satisfazer a necessidade sentida pelas pessoas nas condições atuais da vida social, de preservar sua identidade controlando a revelação e o uso dos dados que lhes diga respeito e protegendo-se frente à ilimitada capacidade de arquivá-los, relacioná-los e transmiti-los própria da informática e dos perigos que isso traz.
(319) GAMARRA, Adriana Raquel M. La protección de datos personales como núcleo del derecho fundamental a la autodeterminación informativa: una mirada desde el derecho español y europeo. In: PARAGUAI. Corte Suprema de Justicia. *Protección de datos personales*. Assunção: CSJ, 2010. p. 48-49 e 52.
(320) Em que pese alcançar esses quatro bens constitucionais, a necessidade urgente de proteção à privacidade basta para justificar a proteção de dados pessoais.
(321) BRASIL. Supremo Tribunal Federal. Recurso Extraordinário n. 418.416/SC. Plenário. Relator Ministro Sepúlveda Pertence. Publicado no DJU de 19.12.2006. No mesmo sentido: Id. Supremo Tribunal Federal. *Habeas Corpus* n. 91.867/PA. 2ª Turma. Relator Ministro Gilmar Mendes. Publicado no DJe de 19.9.2012. Em sentido oposto: Id. Supremo Tribunal Federal. Recurso Extraordinário n. 389.808/PR. Plenário. Relator Ministro Marco Aurélio. Publicado no DJe de 9.5.2011 e DONEDA, Danilo. A proteção dos dados pessoais como um direito fundamental. *Espaço Jurídico*. Joaçaba, v. 2, n. 2, jul./dez. 2011. p. 91-108.

... omissis ...

4. A proteção a que se refere o art.5º, XII, da Constituição, é da comunicação 'de dados' e não dos 'dados em si mesmos', ainda quando armazenados em computador. (cf. voto no MS n. 21.729, Pleno, 5.10.1995, red. Néri da Silveira — RTJ 179/225, 270).

De qualquer sorte, ainda que não tenha *status* constitucional, o direito à autodeterminação informativa tem como tutela não a intimidade física, mas a "intimidade informativa" diretamente ligada à proteção de dados[322].

Sandra Lia Simón[323] sustenta que:

> O armazenamento e a manipulação dos dados pessoais do empregado pode ocasionar grave lesão ao seu direito à intimidade e à vida privada. Nessa matéria, portanto, o poder de direção do empregador encontrará limites no direito à autodeterminação informativa do empregado [...].

A privacidade, inerente à pessoa humana, requer da ordem jurídica a proteção contra as ameaças indevidas de intromissão ou de invasão, especialmente em face do tratamento automatizado de dados pessoais, seja em face da autodeterminação informativa, pela tutela constitucional, pelos princípios gerais de direito, por leis estrangeiras ou pela legislação brasileira aplicável. Tal exigência ganha ainda mais relevo quando a intromissão na vida privada do empregado pode levar à discriminação, à negação do direito ao trabalho, com repercussões na sua subsistência, integridade psíquica e, o mais grave, em sua dignidade como pessoa humana.

O direito à autodeterminação informativa compreende, segundo Pablo Lucas Murillo de la Cueva[324]: a) o consentimento para o uso do dado pessoal; b) o reconhecimento que seu tratamento é uma faculdade; c) o conhecimento acerca da existência de banco de dados em que são tratados esses dados; d) os direitos de acesso ao titular para retificação de dados incorretos e cancelamento quando excessivos, inadequados, desviados de sua finalidade ou obtidos por violação da lei; e) a oposição ao tratamento quando oriundo de fontes acessíveis ao público; f) a não ser objeto de decisões, públicas ou privadas que tenham como único fundamento o tratamento automatizado de dados pessoais dirigido a avaliar a própria personalidade do titular.

A invasão da subjetividade interior do cidadão, pela devassa em seus dados pessoais, pode trazer danos irreparáveis a sua personalidade e a sua integridade psíquica. Trata-se de fato tão grave que, por si só, afronta o art. 5º, inc. X, da Constituição, configurando ilícito penal em algumas situações (arts. 72 e 73 do CDC e 154-A do Código Penal) e, certamente, é um ilícito cível.

---

(322) DE LA CUEVA, *op. cit.*, 1990. p. 123.
(323) SIMÓN, *op. cit.*, p. 164.
(324) DE LA CUEVA, *op. cit.* 2008. p. 49.

5

AMEAÇAS À PRIVACIDADE NO EMPREGO PELO USO DA INFORMÁTICA

As novas tecnologias de informação podem ensejar injustificáveis ameaças à vida privada do empregado e do empregador por meio da manipulação de dados pessoais e sensíveis. Com elas se multiplicaram os riscos. No campo das relações de emprego, a intromissão da privacidade encontra um campo particularmente fértil: o empregado pela subordinação inerente ao contrato de trabalho e o empregador pelo vazamento de seus segredos empresariais.

Convém apreciar algumas dessas situações especialmente vulneráveis à invasão da privacidade na relação de emprego pelo uso da informática[325].

5.1. SELEÇÃO DE EMPREGO MEDIANTE DADOS PESSOAIS E SENSÍVEIS

O processo de seleção de emprego é particularmente vulnerável a ataques da privacidade, especialmente para o empregado. O art. 1º da Lei n. 9.029/1995 proíbe qualquer prática discriminatória e limitativa para fins de acesso ao emprego. Além disso, qualquer invasão da privacidade por meio eletrônico com o uso indevido de dados pessoais viola princípios a ele inerentes e, mais do que isso, atenta contra diversos direitos fundamentais, especialmente os mais afetos à dignidade da pessoa humana, ante o caráter de subsistência inerente à natureza alimentar da contraprestação pelo exercício do trabalho.

Existem muitas possibilidades de invasão de privacidade pelas novas tecnologias no processo de seleção e admissão no emprego.

5.1.1. Currículos eletrônicos

Em maio de 2003, Reid Hoffman fundou o *Link*edIn[326], voltado especialmente para a seleção de empregos, no qual o interessado pode postar e atualizar currículos profissionais eletrônicos, facilitando

---

[325] O exame em concreto dos riscos expostos à luz da concorrência ou colisão de direitos fundamentais pode levar a resultados diversos. Aqui se optou pelo estudo do fenômeno em face dos princípios trazidos no capítulo anterior para não prejudicar a objetividade do trabalho.
[326] KIRKPATRICK, *op. cit.*, p. 72.

a aproximação entre candidato-vaga e beneficiando as partes envolvidas. O Conselho Nacional de Desenvolvimento Científico e Tecnológico (CNPq) também disponibiliza na *web* a plataforma *lattes* para elaboração de currículos dos interessados. Outros *sites* de seleção de pessoal e bancos curriculares multiplicaram-se na *web*. Alguns cobram pelo serviço, seja do candidato ao emprego, seja do empregador. Há empresas que disponibilizam na Internet formulários ou e-mails para preenchimento ou envio de dados pelos candidatos a emprego.

Em face do consentimento do titular dos dados e da finalidade inerente aos currículos profissionais, evidentemente, não há, em princípio, invasão de privacidade pela disponibilização e circulação desses dados.

Todavia, dificuldades pontuais para a privacidade podem surgir, por exemplo: a) na comercialização não autorizada dos dados pessoais; b) no vazamento das informações pessoais, sensíveis e profissionais; c) na atualização, retificação ou eliminação desses dados, especialmente nos casos de perda/esquecimento de senha e *login*, de desistência da vaga ou de morte do interessado; d) inserção de dados por pessoa estranha (que se faz passar por um usuário qualquer); e) invasão e acesso dos dados pessoais por *hackers* (pirataria digital).

Em São Paulo, uma empresa de recrutamento de trabalhadores, após condenada em primeira instância pelo furto de currículos profissionais da base de dados de uma empresa concorrente, celebrou acordo judicial e pôs fim ao Processo n. 32.073-17.2003.8.26.0100 que tramitava, em segredo de justiça, perante a 33ª Vara Cível daquela capital desde 2003[327]. Não foram discutidos nesse feito eventuais danos pelo tratamento de dados (cópia indevida e sem autorização) dos titulares dos currículos.

5.1.2. Investigação intrusiva

No momento da seleção de emprego, o acesso ou a obtenção de alguns dados pessoais, sensíveis ou não, que fragilizem ou desnudem o empregado ou que não tenham relação com o emprego constitui invasão de privacidade e, em alguns casos, ensejam discriminação.

Dados ou cadastro de candidatos que ajuizaram ações trabalhistas anteriores, participaram de movimento grevistas ou de sindicato profissional, sofreram punições em empregos anteriores, foram considerados indesejáveis por antigos empregadores (listas "sujas") etc. não podem ser objeto de tratamento, especialmente coleta e transmissão, por qualquer meio eletrônico ou manual. Também não é devida a investigação de dados sensíveis como crenças religiosas ou filosóficas, preferências partidárias ou políticas, situação familiar, atividades de lazer, origem étnica, hábitos pessoais etc.

A avaliação do candidato deve, em princípio, restringir-se a sua aptidão para o desempenho do cargo pretendido[328]. Não se deve, como regra, utilizar-se de dados pessoais e sensíveis como critério de seleção ao emprego, especialmente quando não forem atendidos os seus princípios.

O TST[329] recentemente proferiu a seguinte decisão:

> [...] INDENIZAÇÃO POR DANOS MORAIS. INCLUSÃO DO NOME DO RECLAMANTE EM LISTA SUJA. O Regional, após análise do quadro fático-probatório, concluiu que a reclamada possuía banco de dados com nomes de ex-empregados os quais ajuizaram reclamações trabalhistas ou foram testemunhas nessas ações e que tal relação era utilizada com o intuito de impedir a obtenção de novo emprego. Desse modo, para se concluir de forma diversa, ou seja, que o banco de dados era sigiloso, tinha destinação diversa e/ou foi utilizado

---

(327) PORTAL EXAME. Justiça condena Catho por furtar dados e empresa faz acordo. São Paulo, 19 jul. 2013. Disponível em: <http://exame.abril.com.br/negocios/noticias/justica-condena-catho-por-furtar-dados-e-empresa-faz-acordo>. Acesso em: 5 out. 2013.
(328) BARROS, *op. cit.*, p. 68, há grifos no original.
(329) BRASIL. Tribunal Superior do Trabalho. Recurso de Revista n. 2.123-66.2010.5.09.0091. 8ª Turma. Relatora Ministra Dora Maria da Costa. Publicado no DEJT de 27.9.2012.

por terceiros indevidamente, como intenciona a recorrente, seria necessária a nova análise do suporte fático-probatório dos autos, procedimento que encontra óbice nesta fase processual, conforme dispõe a Súmula n. 126 desta Corte Superior trabalhista. Acrescente-se, ademais, que a condenação a danos morais, nesses casos, independe da comprovação do efetivo abalo e se configura *in re ipsa*, de modo que, para o deferimento da indenização, são necessários apenas a demonstração da conduta potencialmente lesiva aos direitos da personalidade e o nexo de causalidade. Precedentes. Recurso de revista não conhecido. [...]

No mesmo sentido há outras decisões[330].

5.1.3. Informações policiais e judiciais

Alguns empregadores têm mostrado interesse em obter informações sobre antecedentes criminais e de processos cíveis, constantes dos diversos bancos de dados mantidos pelo Poder Público, cartórios ou outros.

Acontece que as certidões negativas da Justiça criminal (comum, federal e militar), os atestados de bons antecedentes emitidos pelas Polícias estaduais e federais e, em alguns casos, as certidões negativas do cartório de distribuição civil (estadual, federal ou do Distrito Federal) contêm, em princípio, dados sensíveis, de uso limitado.

Exigir do empregado ou candidato ao emprego a apresentação de qualquer um desses documentos constitui intromissão indevida na sua privacidade, salvo se a exigência for coerente com as obrigações que irá assumir[331]. Em outras palavras, só não haverá desvio da finalidade no uso desses dados se houver adequação entre a exigência e as atividades a serem desenvolvidas com a contratação.

A respeito dessa questão recentemente o TST[332] proferiu a seguinte decisão:

> [...] EXIGÊNCIA DE CERTIDÃO DE ANTECEDENTES CRIMINAIS. EMPRESA FRIGORÍFICA. UTILIZAÇÃO DE MATERIAIS CORTANTES. PRÁTICA DISCRIMINATÓRIA. A exigência de certidão de antecedentes criminais, para a contratação de empregados, constitui prática discriminatória, vedada pelo art. 1º da Lei n. 9.029/95. O fato de a reclamada ser empresa frigorífica, que utiliza facas em seu processo produtivo, não justifica a referida exigência, constituindo nítida extrapolação dos limites do poder diretivo do empregador, que nunca deve se sobrepor aos direitos de proteção à intimidade do empregado e à dignidade da pessoa humana, consagrados pelos arts. 1º, III e 5º, X, da Constituição Federal. Assim, em respeito ao princípio da máxima efetividade dos direitos fundamentais, reputa-se correta a decisão regional em observar as normas de proteção ao trabalho decorrentes da utilização de prática discriminatória na contratação, atribuindo validade ao auto de infração. Recurso de revista não conhecido.

Seguindo esse mesmo entendimento, há outros precedentes também do TST[333].

5.1.4. Dados financeiros

As informações sobre as finanças pessoais do empregado são sensíveis porque afetos à sua intimidade. A coleta, transferência ou qualquer outra forma de tratamento desse dado é, em regra, proibida.

---

(330) P. ex.: Id. Tribunal Superior do Trabalho. Recurso de Revista n. 60.800-64.2005.5.17.0181. 7ª Turma. Relatora Ministra Delaíde Miranda Arantes. Publicado no DEJT de 19.12.2012.
(331) BARROS, *op. cit.*, p. 70.
(332) BRASIL. Tribunal Superior do Trabalho. Recurso de Revista n. 3.993-30.2010.5.12.0038. 6ª Turma. Relator Ministro Aloysio Corrêa da Veiga. Publicado no DEJT de 20.9.2012.
(333) BRASIL. Tribunal Superior do Trabalho. Embargos em Recurso de Revista n. 9.892.100-27.2004.5.09.0014. Subseção 1 da Seção Especializada em Dissídios Individuais. Relator Ministro Augusto César de Carvalho, Publicado no DEJT de 19.11.2010; Id., Agravo de Instrumento em Recurso de Revista n. 9.891.940-02.2004.5.09.0014. 1ª Turma. Relator Ministro Luiz Philippe Vieira de Melo Filho, Publicado no DEJT de 9.4.2010; Id. Recurso de Revista n. 9.891.800-65.2004.5.09.0014. 5ª Turma. Relator Ministro Emmanoel Pereira. Publicado no DEJT 18.6.2010.

A consulta a cadastro (positivo ou negativo) ou dados de serviço de proteção de crédito, cartórios de protesto de títulos, bancos e financeiras, entre outros, de candidatos a emprego vulnera, em especial, os princípios da confidencialidade, adequação e finalidade, além de dar margem à discriminação.

A utilização desse critério de seleção prolonga o desemprego, dificultando o candidato a saldar sua dívida. Trata-se de afronta ao princípio da dignidade da pessoa humana e de diversos direitos fundamentais, como o direito ao exercício do trabalho e ameaça a própria subsistência do candidato e de sua família.

Em 2010, o Senado Federal aprovou o Projeto de Lei n. 266/2008, de autoria do Senador Mario Couto, e encaminhou-o para a Câmara dos Deputados. A proposta visa proibir o acesso a banco de dados de proteção ao crédito para fins de admissão no emprego, inserindo o art. 12-A na CLT[334]:

Art. 12-A. É vedada a consulta a bancos de dados e cadastros de proteção ao crédito, mantidos por pessoas jurídicas públicas ou privadas, para fins de seleção e admissão de empregados.

Parágrafo único. A infração ao disposto neste artigo autoriza a aplicação de multa, pelo órgão do Ministério do Trabalho e Emprego, fixada em, no mínimo, R$ 10.000,00 (dez mil reais) e, no máximo, R$ 1.000.000,00 (um milhão de reais), sem prejuízo da reclamação por dano moral promovida pelo trabalhador, cuja indenização mínima será de 10 (dez) vezes o valor do salário oferecido para o cargo ou função.

A 7ª Turma do TST[335] proferiu recentemente a seguinte decisão:

RECURSO DE REVISTA. AÇÃO CIVIL PÚBLICA. VIGILANTES. EDITAL DE LICITAÇÃO. DISCRIMINAÇÃO. Discute-se, — *in casu* —, a legalidade da cláusula contida em edital de licitação, na qual se prevê a impossibilidade de contratação, pela empresa terceirizada, de vigilante que apresentar restrição creditícia, mediante consulta em serviços de proteção ao crédito. Para que se confira validade à discriminação perpetrada, necessária a comprovação de que o fator adotado como critério de desigualdade tenha relação com a finalidade a ser alcançada com a lei ou, no caso, com o edital de licitação. Isso porque, não pode haver eleição de critério de discriminação que não guarde nenhum tipo de relação com a finalidade buscada pelo setor público, *in casu*, a contratação de serviço de vigilância. No caso concreto, a situação financeira do empregado vigilante não tem vinculação com o serviço a ser prestado, tampouco atesta a idoneidade do empregado, o que demonstra se tratar de eleição de fator arbitrário para a seleção dos vigilantes a serem contratados. Por outro lado, dispõe-se no art. 5º, XIII, da Constituição Federal que — é livre o exercício de qualquer trabalho, ofício ou profissão, atendidas as qualificações profissionais que a lei estabelecer. Da exegese da Lei n. 7.102/83, que disciplina a função de vigilante, não se constata a previsão de restrição ao seu exercício, no caso de débito registrado nos serviços de proteção ao crédito. Recurso de revista de que se conhece e a que se dá provimento.

Existem outros julgados do TST com o mesmo posicionamento[336].

Todavia, a 2ª Turma também do TST[337] decidiu na direção oposta, afastando a violação aos arts. 1º, inc. III, 3º, inc. IV, 5º, inc. X, da CF e 1º da Lei n. 9.029/1995. Marcelo Roberto B. Válio[338] também entende ser possível a pesquisa de antecedentes bancários e de crédito.

---

(334) BRASIL. Senado Federal. Projeto de Lei do Senado n. 266 de 2008. Disponível em <http://www.senado.gov.br/atividade/materia/getPDF.asp?t=81240&tp=1>. Acesso em: 11 set. 2013.
(335) Id. Tribunal Superior do Trabalho. Recurso de Revista n. 123.800-10.2007.5.06.0008. 7ª Turma. Relator Ministro Pedro Paulo Manus. Publicado no DEJT de 3.2.2012.
(336) Id. Recurso de Revista n. 9.891.800-65.2004.5.09.0014, *op. cit.*; Id. Recurso de Revista n. 3.047.100.50.2009.5.09.0084. 6ª Turma. Relator Ministro Aloysio Corrêa da Veiga. Publicado no DEJT 9.3.2012.
(337) Id. Recurso de Revista n. 38.100.27.2003.5.20.0005. 2ª Turma. Relator Ministro Renato de Lacerda Paiva. Publicado no DEJT 24.2.2012.
(338) VÁLIO, Marcelo Roberto B. *Os direitos de personalidade nas relações de emprego*. São Paulo: LTr, 2006. p. 76.

5.1.5. Informações médicas, genéticas e previdenciárias

O art. 168 da CLT prevê os exames admissionais, demissionais e periódicos do empregado, ainda que suas atividades não ofereçam risco à saúde. O primeiro possibilita ao empregador conhecer o estado geral de saúde do empregado para aferir a aptidão para a função a ser desempenhada. Os exames periódicos e demissionais permitem encaminhar o empregado que estiver doente para tratamento médico.

Se esses exames extrapolarem, porém, o poder de direção do empregador, os empregados, além de se recusarem a realizá-los, poderão tomar as medidas judiciais cabíveis[339].

A Lei n. 9.029/1995 proíbe a exigência de teste ou exame de gravidez ou esterilização (art. 2º, inc. I). A Súmula n. 443 do TST consagra a presunção de ser discriminatória a dispensa de empregado portador do HIV sem prova da motivação do ato rescisório. Com muito mais razão ainda, exigir esse dado por ocasião da admissão também ensejará referida presunção.

Os dados sobre a saúde da pessoa possuem alto nível de segurança[340], inclusive os referentes a uso de entorpecentes e a concessões de benefícios e afastamentos previdenciários. São dados sensíveis e, portanto, não podem ser, observadas exceções, objeto de tratamento ou cadastro.

As informações genéticas do empregado não são passíveis de tratamento. O código genético é único e está gravado nas moléculas do DNA (ácido desoxirribonucleico) presente no núcleo das células do indivíduo e formado pelo conjunto de cromossomos que, a partir das múltiplas combinações de quatro substâncias (adenina, guanina, citosina e timina), define as características físicas e particulares de cada pessoa. Pelo código genético, é possível, por exemplo, identificar predisposição ao aparecimento de algumas doenças hereditárias.

O código genético é um dado sensível, inerente à intimidade de cada pessoa. Deve ser resguardado o direito absoluto de indivíduo ao controle de sua própria informação genética e, por isso, o empregador não pode utilizá-lo, especialmente, durante o processo seletivo[341].

Diversas nações possuem leis que proíbem o uso de informações genéticas na relação de emprego. Nos Estados Unidos, há o *Genetic Information Nondiscrimination Act*, editado em 2008. Ele prevê exceções ao uso das informações genéticas, como na participação explícita e voluntária do empregado em programas de bem-estar, na compra de dados de histórico médico familiar disponível publicamente e na necessidade de monitoramento dos efeitos biológicos de substâncias tóxicas no ambiente de trabalho[342].

Alice Monteiro de Barros[343] destaca que há diversos estudos sobre a licitude de exame genético para condutores de transportes públicos de massa a fim de se evitarem graves acidentes aéreos, ferroviários ou rodoviários. Lembra sobre o risco de dispensa de empregado com base em alguma espécie de informação genética.

5.1.6. Buscas online

Uma pesquisa realizada em dezembro de 2009 pela empresa de marketing Cross-Tab[344] entre profissionais de recursos humanos dos Estados Unidos, do Reino Unido, da França e da Alemanha revelou o percentual de empresas que têm uma política de buscas online de informações referentes aos candidatos ao emprego, de recrutadores que fazem tais consulta e o de recusa dos candidatos em face das informações encontradas. Foram encontrados os seguintes resultados:

---

(339) SIMÓN, *op. cit.*, p. 132.
(340) LIMBERGER, *op. cit.*, 2007. p. 184.
(341) SIMÓN, *op. cit.*, p. 140-141.
(342) HERBERT e TUMINARO, *op. cit.*, p. 365, 368-369.
(343) BARROS, *op. cit.*, p. 110-111.
(344) CROSS TAB. *Online reputation in a connected world.* Cross Tab, 2010. p. 5-6. Disponível em: <http://www.job-hunt.org/guides/DPD_Online-Reputation-Research_overview.pdf>. Acesso em: 5 out. 2013.

Tabela 1: percentual de buscas online de dados de candidatos a empregos e recusas

País	Busca online de dados por		Candidatos recusados c/base em dados achados
	Política da Empresa	Consulta dos recrutadores	
Estados Unidos	75%	79%	70%
Reino Unido	48%	47%	41%
França	21%	23%	14%
Alemanha	21%	59%	16%

Fonte: Cross-Tab, 2009

Gráfico 1: percentual de buscas online de dados de candidatos a empregos e recusas

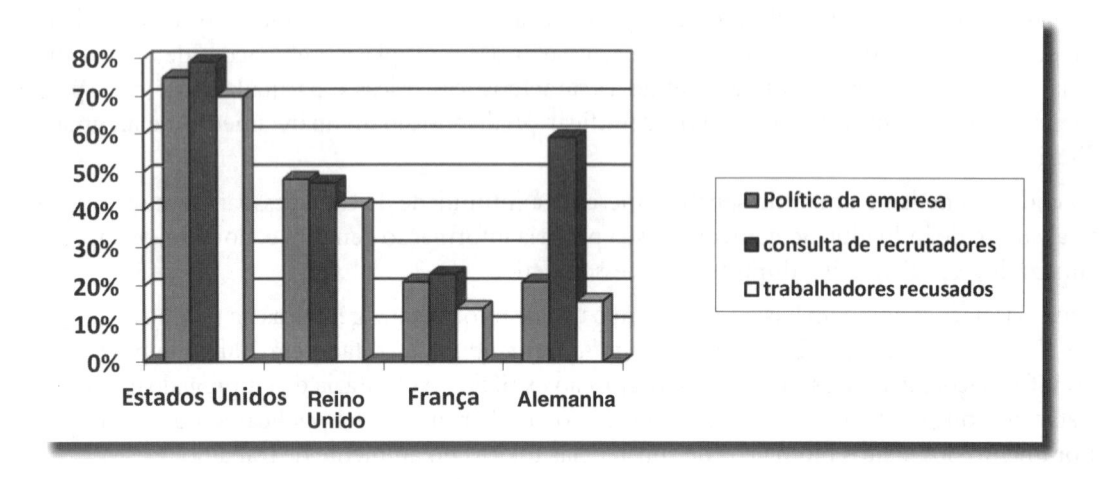

A tabela a seguir mostra o percentual dos *sites* pesquisados pelos profissionais de recursos humanos que fazem a checagem online de dados de candidatos a emprego naqueles quatro países[345]:

Tabela 2: percentual dos tipos de *sites* onde são feitas pesquisas online de informações de candidatos a empregos

Tipos de sites	Percentual
Sites de ferramentas de busca	78%
Sites de redes sociais	63%
Sites de compartilhamento de fotos e vídeos	59%
Site de redes profissional e de negócios	57%
Sites pessoais	48%

---

(345) CROSS TAB. *Online reputation in a connected world*. Cross Tab, 2010. p. 8. Disponível em: <http://www.job-hunt.org/guides/DPD_Online-Reputation-Research_overview.pdf>. Acesso em: 5 out. 2013.

Tipos de sites	Percentual
Blogs	46%
Novos sites de compartilhamento (como o Twitter)	41%
Fóruns online e comunidades	34%
Sites do mundo virtual	32%
Sites que reúnem informações pessoais	32%
Sites de jogos online	27%
Serviços de verificação de experiência profissional	27%
Sites de classificados e leilão	25%
Nenhum desses	2%

Fonte: Cross-Tab, 2009

A tabela 3 mostra o tipo de informação online que influenciou a recusa do candidato nos quatro países da pesquisa[346]:

Tabela 3: percentual dos tipos de informação que influenciaram a decisão de rejeitar um candidato a empregos

Tipo de informação que levou à rejeição	EUA	França	R.Unido	Alemanha
Preocupação com o estilo de vida do candidato	58%	45%	42%	32%
Comentários ou textos inapropriados escritos pelo candidato	56%	57%	78%	58%
Fotos, vídeos e informações inadequadas	55%	51%	44%	42%
Comentários ou textos inapropriados escritos por amigos e parentes	43%	35%	14%	11%
Comentários criticando anteriores empregadores, colegas de trabalho ou clientes	40%	40%	28%	37%
Comentários ou textos inapropriados escritos por colegas ou conhecidos de trabalho	40%	37%	17%	21%
Associação a certos grupos e redes	35%	33%	36%	37%
Descoberta que as informações que o candidato apresentou eram falsas	30%	36%	42%	47%
Fracas habilidades de comunicação exibidas online	27%	41%	17%	42%
Preocupação com as condições financeiras do candidato	16%	18%	11%	0%

Fonte: Cross-Tab, 2009

Reportagem do Portal G1[347] revelou que também no Brasil as empresas costumam efetuar buscas com os nomes dos candidatos e, quando é constada a participação deles em redes sociais, "acessam esses *sites* para verificar o conteúdo dos seus perfis". As notícias de pesquisas encontradas trazem, porém, números bastante divergentes.

---

(346) CROSS TAB. *Online reputation in a connected world*. Cross Tab, 2010. p. 9. Disponível em: <http://www.job-hunt.org/guides/DPD_Online-Reputation-Research_overview.pdf>. Acesso em: 5 out. 2013.
(347) PORTAL G1. Saiba como tirar proveito das redes sociais para conseguir emprego. São Paulo, 18 set. 2009. Disponível em: <http://g1.globo.com/Noticias/Concursos_Empregos/0,,MRP1308868-9654,00.html>. Acesso em: 6 out. 2013.

O portal do caderno Dinheiro da revista Isto É[348] traz em reportagem a informação de diversas pesquisas. Em uma, 78% das empresas consultam antes da contratação de empregados o site do LinkedIn, 55%, o Facebook, 45%, o Twitter e 1/3, o perfil em mídias sociais. Em outra, 21% das empresas disseram que usam a Internet para esse fim. Em outra mais, apontou que 92% dos profissionais de recursos humanos desejavam utilizar as redes sociais em 2011 para a seleção de empregados.

É possível perceber que, no mundo do emprego: a) há busca de informações online na Internet de candidatos a emprego; b) existe um percentual considerável de candidatos cujo acesso ao emprego é recusado em face de informações obtidas em buscas na Internet; c) boa parte das pesquisas concentra-se em sites de buscas, redes sociais, sites de compartilhamento de fotos e vídeos e de redes profissionais, home page pessoais e blogs, d) informações pessoais, como estilo de vida, comentários e críticas postadas (pelo candidato, amigos, parentes ou colegas de trabalho); e) vídeos e fotos inapropriados têm grande peso na influência de se recusar um candidato.

Ainda que a postagem de comentários, críticas, fotos e vídeos, perfis que indiquem estilo de vida tenha sido publicada na Internet pelo próprio candidato, o tratamento desses dados para fins diversos do consentido afronta o princípio da finalidade. Além disso, não atende ao princípio da adequação a rejeição de uma vaga no emprego por uma foto considerada inapropriada por alguém que, provavelmente, fará sua análise fora do contexto em que foi tirada.

A pesquisa de perfis em redes sociais acrescenta alguns riscos adicionais que serão apreciados oportunamente.

5.1.7. Exclusão digital

A exclusão digital (ou *apartheid* digital), uma espécie de expulsão ou alijamento social de uma pessoa, já aparece como fator discriminante na seleção ao emprego hoje, especialmente no Primeiro Mundo.

A Tabela 3 revelou que "fracas habilidades de comunicação exibidas online" aparecem como fator para não contratação de empregados na Alemanha, na França, nos Estados Unidos e no Reino Unido. Esse motivo influenciou a decisão de rejeitar um candidato a emprego, com, respectivamente, 42%, 41%, 27% e 17% dos casos em que foram efetuadas pesquisas na Internet. Não foram achados dados referentes ao Brasil.

A exclusão digital de candidatos a emprego vulnera o estágio da privacidade referente à solidão, ao direito de estar só, e não se mostra adequada à finalidade da seleção, salvo motivo relevante relacionado ao requisito do emprego ofertado.

5.1.8. Mineração de dados

Uma forma de tratamento de dados é o *profiling* ou *datamining* (mineração de dados), que procura extrair "novas informações, que podem estar ocultas, a partir de banco de dados" para descobrir, entre outras coisas, padrões de comportamento[349], traços da personalidade, tendências futuras, inclinações sexuais, filosóficas, religiosas ou políticas etc.

Para Danilo Doneda[350]:

> Dentre estas técnicas [de utilização de novos métodos de tratamento de dados] está a elaboração de perfis de comportamento de uma pessoa a partir de informações que ela disponibiliza ou que são colhidas. Esta técnica, conhecida como *profiling*, pode ser aplicada a indivíduos bem como estendidas a grupos. Nela os dados pessoais são tratados, com auxílio de métodos estatísticos, técnicas

---
(348) ISTO É DINHEIRO. Empresas miram redes sociais na hora de encontrar talentos. 15 set. 2010.
(349) MARÇULA e BENINI FILHO, *op. cit.*, p. 198.
(350) DONEDA, *op. cit.*, 2006. p. 173.

de inteligência artificial e outros mais, com o fim de obter uma "metainformação", que consistiria numa síntese dos hábitos, preferências pessoais e outros registros da vida dessa pessoa. O resultado pode ser utilizado para traçar um quadro de tendências de futuras decisões, comportamentos e destinos de uma pessoa ou grupo.

A figura a seguir exemplifica como acontece o processo de mineração de dados:

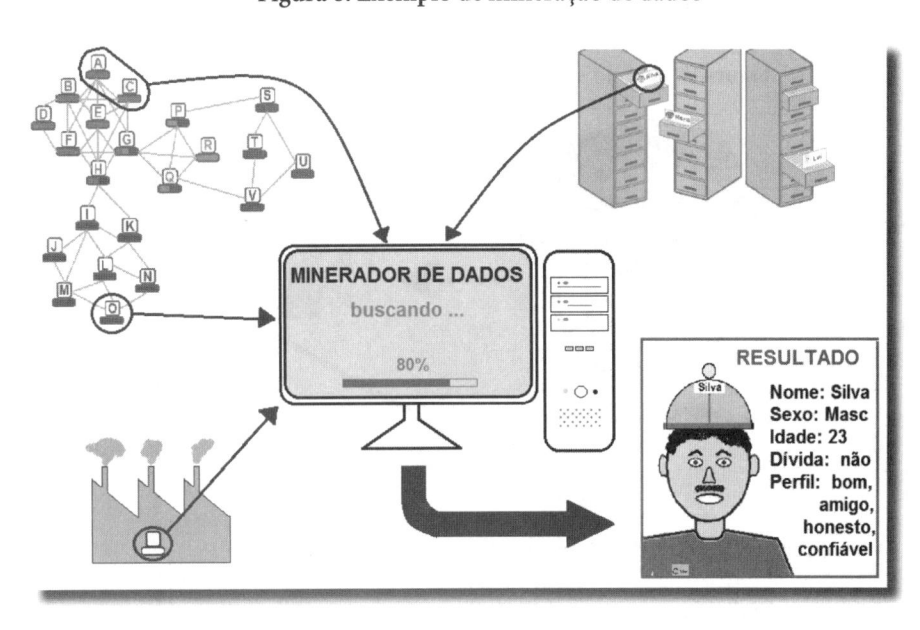

Figura 6: Exemplo de mineração de dados

O XIV Congresso Nacional da Magistratura da Justiça do Trabalho, promovido pela Associação Nacional dos Magistrados da Justiça do Trabalho (Anamatra) e reunido em 2008 em Manaus-AM, aprovou o seguinte Enunciado[351]:

> **2. Banco de dados e intimidade informática no trabalho.** Os bancos informatizados de dados permitem traçar o perfil ideológico, racial, sexual ou psicológico do trabalhador, podendo vulnerar o direito à intimidade ou ensejar práticas discriminatórias na empresa. O direito à intimidade informática do trabalhador está fundado nos princípios da finalidade e autodeterminação informativa. O primeiro impõe a conexão entre a informação cadastrada e um interesse empresarial legítimo, e o segundo pressupõe o consentimento inequívoco do trabalhador e a possibilidade de vindicar a alteração de dados, quando errôneos ou desatualizados.

Os dados pessoais obtidos mediante perfis ou banco de dados de terceiros "não se relacionam com a prestação laboral e são usados para discriminar o trabalhador"[352]. Essa forma de tratamento de dados pessoais do empregado ou candidato ao emprego viola os princípios da lealdade e da boa-fé[353], do consentimento, da adequação, da finalidade e da transparência.

---

(351) ASSOCIAÇÃO NACIONAL DOS MAGISTRADOS DA JUSTIÇA DO TRABALHO. XIV Conamat. Teses aprovadas. Manaus--AM, maio 2008. In: CONSULTOR JURÍDICO. Disponível em: <http://www.conjur.com.br/2008-mai-31/anamatra_aprova_47_teses_justica_trabalho?pagina=2 >. Acesso em: 12 set. 2013.
(352) DINIZ, Ana Paola; *op. cit.*, p. 53.
(353) VIEIRA, *op. cit.*, p. 283.

A elaboração de perfil psicológico do candidato ao emprego com base na mineração de dados pode ensejar danos também a sua honra na medida em que pode distorcer a realidade, atribuindo-lhe uma pecha, uma marca em seu bom nome[354].

5.1.9. Reconhecimento facial

O reconhecimento facial é a técnica pela qual se busca a identidade de uma pessoa por meio de sua fotografia ou imagem digitalizada mediante operações matemáticas realizadas por um *software* que mapeia o rosto da pessoa e procura localizar, em um banco de dados, a identificação da pessoa.

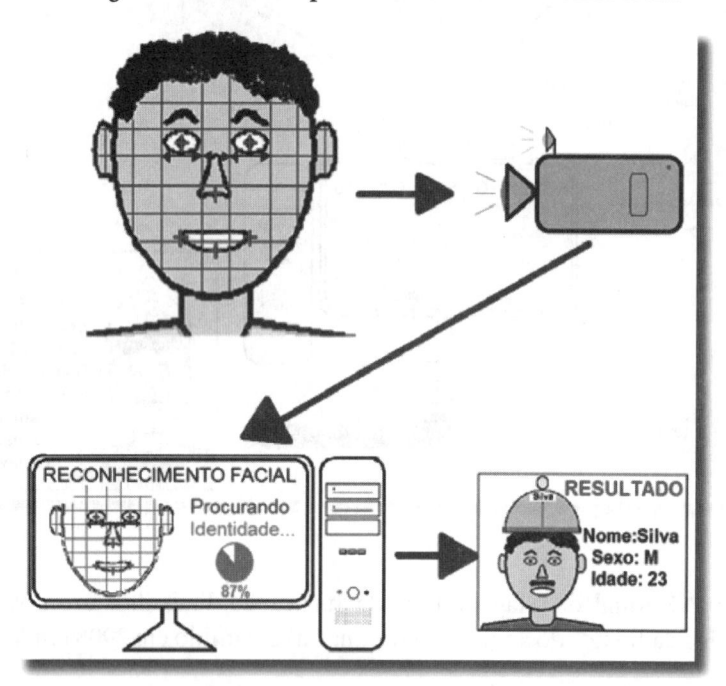

Figura 7: modelo simplificado de reconhecimento facial

O reconhecimento facial, que pode em si gerar ofensa ao direito de imagem, ocasionará lesão à privacidade quando a imagem captada recebe tratamento de dados para buscar em um banco de dados ou na Internet a identidade física da pessoa e seus dados pessoais, sem o seu consentimento ou em desvio dos princípios da finalidade e da adequação descritos anteriormente.

A intromissão na privacidade aumenta quando o reconhecimento facial é associado com a mineração de dados acima exposta. Nesse caso, antes mesmo da entrevista de emprego, a imagem do candidato pode ser captada em vídeo ou pelo uso de foto no seu currículo, e uma vez processada e minerada pode traçar um perfil daquela pessoa.

Além disso, o reconhecimento facial permite a "identificação dos dados afetivos" como ensina Magda Bercht[355]:

> A observação das emoções ocorre no mundo físico através dos sentidos, de gestos, posturas, palavras e sons emitidos, dos olhares que depositamos em alguém ou em algo e dos comportamentos.

---

(354) Em sentido contrário, no particular: DE LA CUEVA, 1993. p. 28.
(355) BERCHT, Magda. Computação afetiva: vínculos com a psicologia e aplicações na educação. In: CONSELHO REGIONAL DE PSICOLOGIA DE SÃO PAULO. *Psicologia & Informática: produções do III Psicoinfo e II Jornada NPPI.* São Paulo: CRP/SP, 2006. p. 112, *sic.*

No caso específico de comportamentos, pode-se encontrar padrões de informação, associá-los a estados afetivos e representá-los em computador. Atualmente o reconhecimento é realizado por: a) expressões faciais, b) sinais fisiológicos, c) comportamento observável, d) voz.

O reconhecimento facial é realizado por vídeo e um programa que analisa o comportamento facial do indivíduo. Um dos primeiros trabalhos importantes foram realizados por Wehrle e Kaiser em suas pesquisas sobre expressões faciais de usuários enquanto interagindo com jogos utilizando o programa FEAT (Wehrle,2000).

Nesse contexto, o uso do reconhecimento facial aliado à técnica de mineração de dados viola diversos princípios referentes aos dados pessoais.

5.1.10. Uso de perfis em redes sociais

Nas redes sociais, tudo é compartilhado: fotografias, festas, bebedeiras, trabalho e carreira, vídeos de amigos e da família, detalhes íntimos e abrangentes da vida, relacionamentos e interesses pessoais etc.[356]. A partir do que é postado nessas redes sociais, é possível a extração de dados e de perfis de candidatos ao emprego.

Existem empresas especializadas em compilar perfis por meio do Monitoramento das Mídias Sociais (*Social Media Monitoring*— SMM) e da Gestão de Reputação (*Reputation Management*) mediante pesquisas nas páginas das diversas redes sociais na *web*[357].

Michael Rustad[358] destaca que potenciais empregadores estão bisbilhotando a presença online do candidato ao emprego. Assinala que, no monitoramento das redes sociais, a intenção é traçar um gráfico social da pessoa, por meio da coleta de informações nas várias páginas das redes sociais dela, tais como atualizações, mensagens no *Twitter*, comunidades de que participa, *links* de *sites*, comentários postados. O resultado do gráfico social, continua Rustad, revela padrões de comportamento, gostos, desejos e desgostos que "may be weighed by employers"[359] ao considerar uma pessoa para o emprego.

Kirkpatrick[360] relata que:

> A 2009 poll of U.S. employers found that 35 percent of companies had rejected applicants because of information they found on social networks. The number one reason people weren't hired: posting "provocative or inappropriate photographs or information."[361]

As redes sociais permitem a seleção de candidato ao emprego que apresente certo perfil (como identidade religiosa ou filosófica com o empregador) ou a sua exclusão (em razão de aparência ou fotos, informações e, até, comentários postados nas redes sociais).

Pode-se indagar que os dados pessoais contidos nas redes sociais foram, em princípio, postados com o consentimento de seu titular que, de forma espontânea, criou a conta, aceitou a política de privacidade do *site*, forneceu seus dados pessoais e se relacionou com os seus amigos e comunidades virtuais. Todavia, há evidente desvio dos princípios da finalidade, da adequação, da transparência e da boa-fé e lealdade. Além

---

(356) RUSTAD, *op. cit.*, p. 209; KIRKPATRICK, *op. cit.*, p. 200-201.
(357) DARRELL, *op. cit.*, p. 237 e 247.
(358) RUSTAD, *op. cit.*, p. 247.
(359) Tradução livre: podem ser pesados pelo empregador.
(360) KIRKPATRICK, *op. cit.*, p. 204-205.
(361) Tradução livre: Uma pesquisa de emprego nos Estados Unidos em 2009 descobriu que 35% das empresas havia rejeitado candidatos por causa de informações que encontraram nas redes sociais. A primeira razão para essas pessoas não serem contratadas: postaram "fotografias ou informações provocativas ou inadequadas".

disso, muitos desses dados podem ter sido obtidos por quebra do princípio da confidencialidade, pois vazaram dos círculos que compõem as comunidades virtuais.

Como se não bastasse, Jannette Bernhard Debatin, M. Ann-Kathrin Horn e Brittany Hughes[362], citando diversos estudos, ao pesquisarem certa rede social, constataram que os dados pessoais estão divididos em duas partes: uma visível ao inocente olhar de seus usuários, que contém os dados pessoais e as mensagens trocadas, e a invisível, oculta dos usuários, onde são agregadas, filtradas e reorganizadas, por meio de mineração de dados, para fins, entre outros, de marketing.

Diante disso, eles propõem o Modelo do Iceberg[363], em que apenas 1/8 do conteúdo dos dados pessoais são visíveis para seus usuários e 7/8 são oriundos do tratamento dos dados da mídia social por meio da mineração de dados.

A figura a seguir mostra o Modelo do Iceberg:

Figura 8: modelo do Iceberg de certa rede social segundo Debatin, Horn e Hughes

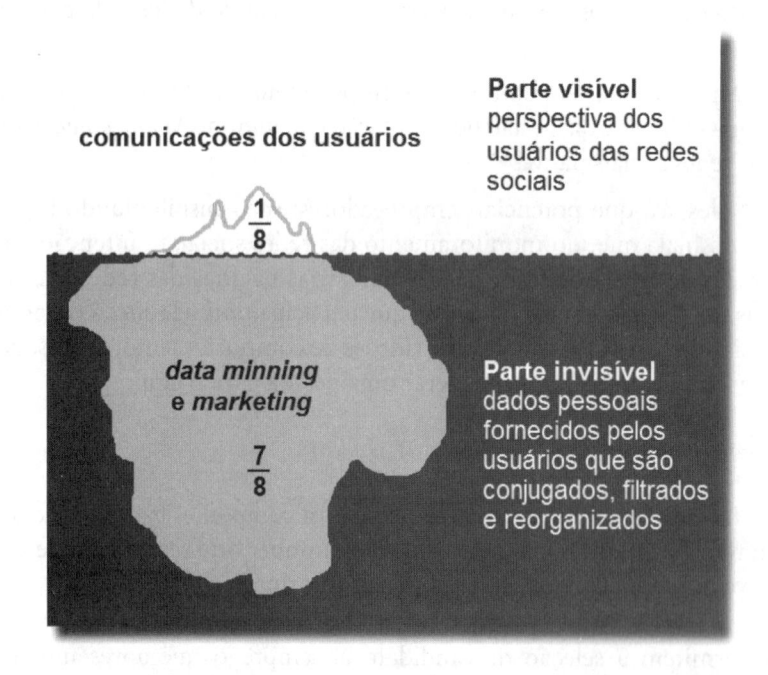

Referido tratamento de dados constitui grave ofensa a diversos princípios dos dados pessoais e violação ao direito fundamental à privacidade.

5.1.11. Detector de mentiras

O detector de mentiras, denominado de polígrafo, foi utilizado nos Estados Unidos, mas, diante de protestos, foi aprovada uma lei em 1988 que tornou ilegal seu uso para fins de emprego e que reduziu em 85% seu uso por empresas privadas[364].

---

(362) DEBATIN, Jannette Bernhard; HORN, M. Ann-Kathrin; HUGHES, Brittany. Facebook and online privacy: attitudes, behaviors, and unintended consequences. *Journal of Computer-Mediated Communication*. International Communication Association, n. 15, 2009. p. 88.
(363) Sigmund Freud utilizou o iceberg para, fazendo uma metáfora, expor sobre a consciência (a parte visível) e o inconsciente (a parte oculta) de uma pessoa. Os autores do artigo utilizam a mesma linha de raciocínio.
(364) BARROS, *op. cit.*, p. 65.

A coleta de informações pelo uso dessa tecnologia, além de afrontar o princípio do consentimento, fere de morte o princípio da boa-fé e da lealdade. Além disso, seu uso no momento da seleção ao emprego não se mostra adequado. Há, ainda, grave risco de discriminação, especialmente pela falta de cientificidade quanto à precisão dos resultados, considerando as múltiplas reações que os indivíduos apresentam especialmente quando expostos à ansiedade natural de uma entrevista de emprego.

A intrusão da privacidade será ainda maior se os dados obtidos forem objeto de mineração de dados para fins de levantamento de perfil psicológico, de tendência e/ou inclinações.

O TST[365] tem a seguinte decisão acerca do tema:

> AGRAVO DE INSTRUMENTO. RECURSO DE REVISTA. DANO MORAL DECORRENTE DE SUBMISSÃO DE EMPREGADA A TESTES DE POLÍGRAFO (DETECTOR DE MENTIRAS). Demonstrado no agravo de instrumento que o recurso de revista preenchia os requisitos do art. 896 da CLT, quanto ao tema relativo ao "dano moral decorrente de submissão da empregada a testes de polígrafo", ante a constatação de violação, em tese, do art. 5º, X, da CF. Agravo de instrumento provido. RECURSO DE REVISTA. DANO MORAL DECORRENTE DE SUBMISSÃO DE EMPREGADA A TESTES DE POLÍGRAFO (DETECTOR DE MENTIRAS). A submissão de empregados a testes de polígrafo viola sua intimidade e sua vida privada, causando danos à sua honra e à sua imagem, uma vez que a utilização do polígrafo (detector de mentiras) extrapola o exercício do poder diretivo do empregador, por não ser reconhecido pelo ordenamento jurídico brasileiro o mencionado sistema. Assim, *in casu*, compreende-se que o uso do polígrafo não é indispensável à segurança da atividade aeroportuária, haja vista existirem outros meios, inclusive mais eficazes, de combate ao contrabando, ao terrorismo e à corrupção, não podendo o teste de polígrafo ser usado camufladamente sob o pretexto de realização de "teste admissional" rotineiro e adequado. Além disso, o uso do sistema de polígrafo assemelha-se aos métodos de investigação de crimes, que só poderiam ser usados pela polícia competente, uma vez que, no Brasil, o legítimo detentor do Poder de Polícia é unicamente o Estado. Recurso de revista conhecido e parcialmente provido.

Em sentido contrário, Alice Monteiro de Barros[366] consigna julgado do TRT da 3ª Região.

5.1.12. Bisbilhotagem do empregador

É possível, embora pouco provável, que o candidato ao emprego, para obter dados que lhe favoreçam no processo de seleção, invada a privacidade do empregador, de seus prepostos ou de outros empregados com o uso da Internet ou das novas tecnologias. São meios para esse fim *sites* de buscas, informações das redes sociais, *blog*s e *home pages* (inclusive pessoais) e invasão de computadores, redes e e-mails da empresa, gestores e outros empregados.

Especialistas na área de recursos humanos recomendam que os candidatos ao emprego conheçam a empresa. A busca desse conhecimento pode, em alguns casos, adentrar no campo da vida privada do empregador, sócio, administrador, colega de trabalho etc. Informações sobre particularidades e detalhes do cotidiano da empresa, hábitos e, até, religião ou filosofia de vida de seus gestores podem ser alvos dessa intromissão, especialmente se o cargo postulado for de gerência, supervisão ou de alta especialização.

Dificilmente, porém, esses casos chegarão à Justiça do Trabalho, pois grande parte das políticas de segurança da informação das empresas não identifica o agressor externo (*hacker*) ou o visitante das páginas mantidas na *web*. Mesmo que a invasão chegue ao conhecimento do empregador, ele provavelmente não selecionará o candidato ao emprego que atacou o sistema de informação ou, se o contratou e descobriu depois a intromissão indevida, irá dispensá-lo.

---

(365) BRASIL. Tribunal Superior do Trabalho. Recurso de Revista n. 28.140-17.2004.5.03.0092. Relator Ministro: Mauricio Godinho Delgado. Publicado no DEJT de 7.5.2010.
(366) BARROS, *op. cit.*, p. 66-67.

5.1.13. Manutenção de dados de candidatos não selecionados

Pelo princípio da provisoriedade, os dados pessoais apresentados pelos candidatos ao emprego não selecionados, quando não estiverem em meio físico, devem, em princípio, ser eliminados. Passado o processo seletivo, não se mostra mais adequada sua manutenção.

Em face da rotatividade da mão de obra ou da possibilidade de surgirem novas vagas em um curto espaço de tempo, admite-se, excepcionalmente, que esses dados e cópias de documentos pessoais possam ser mantidos pelo empregador até o fim do processo seletivo seguinte.

Havendo consentimento do titular, é possível a manutenção do dado pessoal após a seleção frustrada, especialmente por empresas especializadas em recursos humanos, por exemplo.

5.2. IDENTIFICAÇÃO ELETRÔNICA

Com o desenvolvimento das novas tecnologias de informação, surgiram métodos e recursos técnicos que permitem ao empregador a identificação e fiscalização eletrônica do empregado com base no seu poder de fiscalização.

O art. 74, § 2º, da CLT estabelece a obrigatoriedade do registro de horários para empresas com mais de 10 empregados, o qual pode ser manual (com a coleta de assinatura ou digital do empregado em folha de ponto, por exemplo), mecânica (como nos tradicionais relógios de ponto) e eletrônica (usando a tecnologia), esta mediante instruções expedidas pelo Ministério do Trabalho e Emprego. Tal obrigação, a rigor, suplanta a manifestação de vontade (consentimento) do empregado e confere ao empregador a faculdade de escolher o modo desse registro, observadas as normas da autoridade pública competente.

A Portaria n. 1.510/2009 do Ministério do Trabalho e Emprego[367] disciplinou o Sistema de Registro de Ponto Eletrônico, conjunto de equipamentos e programas informatizados destinados à anotação do horário do empregado (art. 1º), restringiu o tratamento de dados (art. 12, parágrafo único), autorizou a coleta do "nome, PIS e demais dados necessários à identificação do empregado pelo equipamento" (art. 5º, inc. II) e definiu os requisitos técnicos desse registro (art. 4º). Nada tratou, porém, dos métodos para a identificação do empregado, apenas vedou a utilização de outro equipamento especificamente para esse fim (art. 7º, inc. I, *a*, *in fine*).

Acontece, porém, que existem métodos mais intrusivos da privacidade do que outros. Por isso, sendo omissa a legislação sobre o tema, deve o intérprete examinar a existência de intromissão indevida à luz do princípio da adequação. A proporcionalidade e a razoabilidade entre a finalidade do uso desses meios e o nível de segurança exigido pela identificação são as balizas do uso abusivo ou adequado do método utilizado.

Para um pequeno comércio ou fazenda, administrado pelo próprio proprietário, que conhece cada um de seus empregados, meios mais intrusivos de identificação não se justificam. Nesses casos, o método mais simples e eficaz é o reconhecimento visual do empregado pelas pessoas que trabalham com ele[368], inclusive o empregador. Para empregados que, por exemplo, trabalham em áreas de fabricação de papel moeda, em segurança de presídios ou grandes empresas com alta circulação de pessoas ou que exijam maiores níveis de segurança, medidas complementares de identificação podem se mostrar adequadas, ainda que mais agressivas.

Estabelecidas as premissas para aferição da invasão da privacidade, incumbe conhecer os principais métodos eletrônicos hoje disponíveis para fins de identificação dos empregados.

---

(367) BRASIL. Ministério do Trabalho e Emprego. Portaria n. 1.510, de 21 de agosto de 2009. Disponível em: <http://portal.mte.gov.br/data/files/8A7C816A350AC8820135685CC74E1DCE/Portaria%201510%202009%20consolidada.pdf>. Acesso em: 12 out. 2013.
(368) LANE, *op. cit.*, p. 51.

5.2.1. Cartões magnéticos ou digitais

Um método bastante difundido é o uso de cartões digitais que contêm informações do empregado armazenadas magneticamente ou um *chip*, reconhecidas quando o empregado passa o cartão pelos equipamentos de detecção instalados em catracas eletrônicas, portarias etc. Às vezes o próprio crachá de identificação do empregado congrega esses dados ou até mesmo o seu uniforme, pulseiras e tornozeleiras.

Trata-se de um método pouco intrusivo, no qual o maior problema relacionado à privacidade está no extravio do cartão, na sua clonagem ou na violação dos dados pessoais nele gravados. Para diminuir parte dos riscos, diversos fatores de segurança podem ser agregados ao cartão, como hologramas, imagem de fundo, marcas sensíveis à luz ultravioleta etc.[369].

5.2.2. Login e senha

Também é um método pouco intrusivo e muito difundido. A identificação do empregado nesse caso é feita pela digitação em um equipamento de informática do *login*, que é uma sequência pessoal de números e/ou textos (nome, e-mail, matrícula etc.), e de uma senha, pessoal, intransferível e é uma combinação composta por números e/ou textos necessária ao acesso, constituindo um dado sensível.

Esse método apresenta riscos elevados de sua utilização por terceiros, inclusive por colegas de trabalho ou ex-empregados que têm ciência do *login* e da senha. Algumas empresas usam esse método para controle de acesso às informações privilegiadas ou protegidas por segredo empresarial.

5.2.3. Certificado digital

O certificado digital procura congregar elementos dos dois métodos anteriores, o cartão e a senha, e constitui-se na identificação virtual ou eletrônica da pessoa, que, ao utilizá-lo, confere autenticidade, integridade e validade jurídica aos atos praticados em meio eletrônico.

Para garantir esses atributos e a efetiva identidade da pessoa que detém o cartão (ou um dispositivo chamado de *token*) foi instituído, pela Medida Provisória n. 2.200-2/2001, a Infra-Estrutura de Chaves Públicas Brasileira (ICP-Brasil), que regulamenta a cadeia de certificação, responsável pela emissão e a pela correta identificação do titular da identidade digital.

Como documento eletrônico assinado por certificado digital tem valor jurídico semelhante ao assinado em meio físico, há risco à privacidade tanto do empregado como do empregador de sua utilização por terceiro que está de posse do dispositivo (cartão ou *token*) e conheça a senha.

5.2.4. Leitor biométrico de digitais ou de medidas corporais

Como os dispositivos anteriores podem ser perdidos e alguns deles clonados, tem havido um crescimento da demanda por tecnologias que permitam identificar os empregados pelas suas características físicas distintivas. Cada pessoa possui várias características físicas que a tornam única, por isso as empresas implementam tecnologias cada vez mais poderosas (e intrusivas) para medir e gravar nossas características únicas. A biometria, ciência de medição e distinção dos indivíduos a partir de suas características, ganha impulso nesse cenário[370].

Um dos métodos que a biometria utiliza é baseado nas medições da pessoa. Frederick Lane[371] assevera que no final de 1800, Alphonse Bertillon, antropólogo francês, criou um sistema de sinais antropológicos

---

(369) LANE, *op. cit.*, p. 57.
(370) *Ibid.*, p. 63-64.
(371) *Ibid.*, p. 64.

que permite registrar as medidas de onze características específicas do corpo de uma pessoa e que passou a ser utilizado na identificação de criminosos. Desde então esse sistema tem sido aprimorado.

Outro método biométrico é baseado na impressão digital de dedos. O uso das digitais, utilizadas pela primeira vez nos Estados Unidos em 1882 pelo geólogo Gilbert Thompson em seus contracheques, está se tornando cada vez mais comum no Brasil. Vários órgãos públicos, inclusive Tribunais, têm usado o leitor biométrico de digitais para registrar o horário de seus servidores públicos. A Justiça Eleitoral está fazendo o cadastramento biométrico das digitais dos eleitores para dar maior segurança sobre a identidade de quem vota.

A leitura das impressões digitais da pessoa pode ser feita por dois tipos de leitores principais: escâner ótico, que tira foto dos dedos, e semicondutor gerado por um campo elétrico, que faz a imagem do dedo. Em ambos os casos, a qualidade do uso dessa técnica pode ficar comprometida se há lesão ou desgaste no dedo ou nas impressões ou por fatores externos, como umidade. Frederick Lane[372] destaca que alguns fabricantes estão incorporando sensores de temperatura, pulso, fluxo sanguíneo, condutividade da pele etc. para detectar se o dedo pressionado contra o scanner está realmente vivo e impedir o uso de moldes de látex ou do dedo de uma pessoa falecida.

5.2.5. Reconhecimento de voz ou imagem

O reconhecimento de voz para identificação de uma pessoa é outro método da biometria. Estudos revelaram que cada pessoa tem uma voz única, constituída por frequências e padrões do som distintos, cujos tons dominantes são identificados, plotados em uma tabela de valores e armazenados em um código binário único, utilizado na comparação e na identificação dessa voz[373]. O ideal é que o sistema de autenticação de voz seja bastante sensível para gravar com precisão e criar uma "impressão de voz" que permanece igual, ainda que alguma condição médica, como uma gripe, possa alterar o som da pronúncia. No entanto, é difícil eliminar o ruído de fundo dificultando o sucesso da correspondência.

A intromissão na privacidade do empregado pelo uso de sistemas de autenticação de voz é menor, pois a voz já é utilizada comumente para o reconhecimento da pessoa. Normalmente esses sistemas de identificação são constituídos para descartar as palavras pronunciadas pela pessoa quando ocorre a verificação com o padrão armazenado, mas é fácil alterar o sistema para gravar essas palavras, ainda que traga pouca utilidade prática[374].

O reconhecimento de imagem é feito mediante a identificação das características da face e já foi objeto de exame anteriormente, por ocasião de sua aplicação na seleção de emprego. Para o empregado contratado, a intromissão à privacidade pelo mero reconhecimento facial é mínima, pois o rosto já é utilizado para identificação de uma pessoa. Todavia, a conjugação dessa técnica com outras pode trazer ameaças mais graves, como na referida identificação dos dados afetivos. Além disso, é possível, em tese, após uma longa série de imagens faciais, identificarem alterações nas condições físicas ou mentais do empregado, como adverte Frederick Lane[375].

5.2.6. Escaneamento dos olhos

O escaneamento dos olhos, por meio da íris ou da retina, também utiliza um processo da biometria.

Segundo Frederick Lane[376], a íris é a parte colorida do olho em torno da pupila que, embora possa apresentar vários tons no decorrer do dia — até em face da intensidade da luz —, possui um padrão único

---

(372) LANE, op. cit., p. 66
(373) Ibid., p. 68.
(374) Ibid., op. cit., p. 69-70.
(375) Ibid., op. cit., p. 76.
(376) Ibid., op. cit., p. 70-71.

em suas regiões claras e escuras. A íris possui um tecido denominado de malha trabecular, que lhe dá a aparência de ser dividida por raios radiais e que possui uma variedade única de "anéis, sulcos, sardas e corona".

As características da íris não se alteram durante a vida da pessoa, salvo se houver algum acidente ou cirurgia. John D. Daugman desenvolveu na década de 1990 um *software* que faz a varredura de íris convertendo essa informação, pelo uso de algoritmos, em um código chamado *Iris Code*. Trata-se de uma representação matemática do padrão da íris que agilizou e facilitou o reconhecimento destas, inclusive por computadores de menor porte[377].

A retina, por outro lado, é uma fina membrana localizada no fundo do olho, na qual a imagem é formada e transmitida ao cérebro para a interpretação, sendo composta de um complexo sistema de minúsculos vasos sanguíneos, que formam um padrão único para cada pessoa[378]. A retina está sujeita aos efeitos do envelhecimento e doenças, que podem alterar o padrão de vascularização sanguíneo, prejudicando a capacidade do sistema eletrônico em verificar a identidade da pessoa.

A tecnologia atual para a varredura da retina é consideravelmente mais intrusiva do que o escaneamento da íris, pois o indivíduo deve ficar parado segurando seu olho imóvel a um centímetro do dispositivo de digitalização para que as cinco sucessivas varreduras da retina possam ser realizadas[379].

5.3. VIGILÂNCIA CIBERNÉTICA

Em 1785, Jeremy Bentham elaborou um modelo de uma penitenciária ideal, denominado de panóptico (formado pela conjunção das palavras gregas *pan*, que significa tudo, e *optiké*, que é relativo à visão). Ele é disposto, na periferia, de um anel onde ficam as celas dos detentos e, ao centro, de uma torre em que é possível observar todas as celas dispostas em sua volta, sem que das celas se vejam a presença ou ausência do vigia da torre. Segundo Michel Foucault[380]:

> o efeito mais importante do Panóptico: induzir no detento um estado consciente e permanente de visibilidade que assegure o funcionamento automático do poder. Fazer com que a vigilância seja permanente em seus efeitos, mesmo se é descontínua em sua ação; [...] que esse aparelho arquitetural seja uma máquina de criar e sustentar uma relação de poder independentemente daquele que o exerce: enfim, que os detentos se encontrem presos numa situação de poder de que eles mesmos são portadores [...], pois o essencial é que ele se saiba vigiado [...] [ainda que] não tenha necessidade de sê-lo efetivamente. Por isso Bentham colocou o princípio de que o poder devia ser visível e inverificável. Visível: sem cessar o detento terá diante dos olhos a alta silhueta da torre central de onde é espionado. Inverificável: o detento nunca deve saber se está sendo observado; mas deve ter certeza de que sempre pode sê-lo.

William Herbert e Amelia Tuminaro[381] assinalam que "advanced technologies have the real potential of transforming modern workplaces into a twenty-first century rendition of Bentham's Panopticon"[382], pois os empregados, ofendidos em sua dignidade, são tratados como prisioneiros desse presídio descrito por Bentham[383].

---

(377) LANE, *op. cit.*, p. 71.
(378) *Ibid.*, *op. cit.*, p. 72.
(379) *Ibid.*, *loc. cit.*
(380) FOUCAULT, *op. cit.*, p. 190.
(381) HERBERT e TUMINARO, *op. cit.*, p. 391.
(382) Tradução livre: avançadas tecnologias têm o potencial de transformar os locais de trabalho modernos em uma versão do século XXI do cárcere Panóptico de Bentham.
(383) ROSEN, Jeffrey. *The unwanted gaze:* the destruction of privacy in America. New York: Random House, 2000. p. 214.

Há muitas formas de controle e vigilância disponíveis no mercado tecnológico. Há inúmeros meios de monitoramento visual, auditivo, eletrônico, em rede etc. O poder de fiscalização, como exposto, é inerente ao contrato de trabalho e a preocupação com a segurança é importante. Todavia, ambos têm seus limites e não podem invadir a privacidade do empregado, nem ofender os princípios inerentes aos dados pessoais e/ou sensíveis. A fiscalização e a segurança não são desculpas para transformar o empregado em um prisioneiro ou refém da penitenciária panóptica de Bentham. A vigilância não pode se tornar um câncer constitucional[384].

5.3.1. Revista pessoal eletrônica

Revista é uma inspeção, um exame detido de uma coisa, lugar ou pessoa. A revista será pessoal quando realizada em um indivíduo e/ou seus objetos pessoais. Será superficial se o exame se atém ao aspecto externo, e detalhada se a procura é mais profunda. A revista é feita por um ou mais modos, entre os quais por meios: visual, pelo uso da visão; pelo odor, pela exalação de cheiros (normalmente essa espécie é realizada por animais treinados); físico, mediante contato físico ou táctil com o objeto, pessoa ou lugar revistado; e eletrônico, mediante uso de equipamentos e dispositivos eletrônicos e/ou magnéticos.

No ambiente de trabalho, algumas empresas realizam revista em seus empregados e/ou em seus objetos pessoais, geralmente na saída do expediente de trabalho, com o fim de prevenir ou reprimir a subtração de bens e produtos.

A doutrina e a jurisprudência trabalhista são divididas quanto ao tratamento jurídico da revista pessoal do empregado. Alice Monteiro de Barros[385] sustenta que existem autores que entendem que ela é admissível; os que julgam ser possível quando moderada, respeitosa e suficiente aos objetivos que se propõe; e aqueles que não a admitem em hipótese alguma. Uns socorrem-se na preponderância, no particular, do direito fundamental à autonomia de vontade e/ou à propriedade do empregador em detrimento da privacidade do empregado, outros examinam a questão à luz do poder de direção e fiscalização do empregador e de suas limitações e os últimos defendem a maior incidência da privacidade/intimidade sobre a propriedade.

O art. 373-A, inc. VI, da CLT proíbe a realização de revistas íntimas nas empregadas mulheres, disposição também estendida aos empregados do sexo masculino em face do princípio da isonomia[386] e por não haver, no particular, nenhum fator que justifique tratamento diferenciado. Existem entendimentos que consideram íntima toda revista pessoal[387] e os que sustentam apenas configurar íntima a revista em que houver contato corporal ou exposição de parte do corpo[388].

Alice Monteiro de Barros[389] entende que será possível a realização de revista pessoal desde que: a) justificada como último recurso do empregador; b) existam circunstâncias concretas que justifiquem a revista; c) haja bens de valor econômico na empresa suscetíveis de subtração e ocultação; d) exista utilização da tecnologia para evitar ou reduzir os efeitos da revista; e) tenha caráter geral e impessoal, isto é, deve ser feita de forma objetiva (como mediante sorteio ou outro procedimento aleatório); f) exista prévio ajuste com o sindicato profissional ou que seja feita com o máximo respeito aos direitos da personalidade; g) feita no âmbito da empresa; h) realizada em geral na saída do trabalho e apenas excepcionalmente na entrada ou durante a execução do serviço; e i) não viole a intimidade do revistado.

---

(384) RUBENFELD, Jed. The end of privacy. *Stanford Law Review.* v. 61, n. 10, Stanford, out. 2008. p. 161.
(385) BARROS, *op. cit.*, p. 73-74.
(386) BRASIL. Tribunal Superior do Trabalho. Recurso de Revista n. 1.498-41.2010.5.09.0670. 3ª Turma. Relator Ministro Alberto Luiz Bresciani de Fontan Pereira. Publicado no DEJT de 14.6.2013.
(387) BRASIL. Tribunal Regional do Trabalho da 2ª Região. Recurso Ordinário n. 216800-69.2009.5.02.0052. 12ª Turma. Relatora Desembargadora Iara Ramires da Silva de Castro. Publicado no DOESP de 14.10.2011.
(388) Id. Tribunal Regional do Trabalho da 10ª Região. Recurso Ordinário n. 338-11.2012.5.10.0014. 3ª Turma. Relator Desembargador José Leone Cordeiro Leite. Publicado no DEJT de 10.5.2013.
(389) BARROS, *op. cit.*, p. 76 e 78.

No TST existem diversos entendimentos. Há quem considere abusiva toda revista pessoal, ainda que não seja íntima[390], e há aqueles que admitem a revista pessoal, desde que não seja íntima e que seja razoável em face de uns ou alguns dos parâmetros acima descritos[391].

A revista pessoal eletrônica é feita por meio do uso da tecnologia e pode ser mais intrusiva ou menos invasiva. Há como utilizar *scanner* e aparelhos de raios X de alta definição ou simples chip ou etiqueta magnética em produtos e bens. A. Michel Froomkin[392] detaca que um aparelho denominado *Body Search* fornece imagem do contorno do corpo humano que inclui até os órgãos genitais da pessoa, o que, evidentemente, agride a privacidade.

Admitida a revista pessoal do empregado, a utilização de meio eletrônico de coleta de dados deve observar os princípios que lhe são próprios, entre os quais adequação, finalidade, transparência, confidencialidade e segurança.

A revista pessoal feita por meio eletrônico apresenta um risco a mais em relação àquelas feitas manualmente: o tratamento de dados. Produzida uma imagem em uma revista pessoal, ainda que não seja considerada íntima, não pode haver tratamento, como gravação, cópia ou transmissão. Pelos princípios da provisoriedade, da adequação e da lealdade e boa-fé, a imagem deve ser descartada imediatamente após a realização da revista, pois cessada sua finalidade.

5.3.2. Captação audiovisual

Em 1948, George Orwell discorreu sobre um futuro então hipotético no ano de 1984, no qual o Estado, o Grande Irmão (*Big Brother*), é onipresente. Seu principal personagem, Winston Smith, trabalha no Ministério da Verdade, encarregado de reescrever e alterar dados segundo a vontade do Partido que governa o Grande Irmão. Os cidadãos são vigiados o dia inteiro por *teletelas*, inclusive em suas casas. Ideias novas ou destoantes à dominante são reprimidas pela Polícia do Pensamento[393].

A *videovigilância* imaginada por George Orwell está presente em nosso cotidiano, em que filmadoras e câmeras de vídeo imperam[394], inclusive em alguns locais de trabalho. Uma pesquisa da Associação Americana de Gestão (*American Management Association*) em 2007 mostrou que 47% dos empregadores admitiram que monitoram seus empregados por vídeo[395]. Para Michel Foucault[396], vigiar é parte integrante do processo de produção, a "vigilância se torna um operador econômico decisivo, na medida em que é ao mesmo tempo uma peça interna no aparelho de produção e uma engrenagem específica do poder disciplinar" exercido pelo empregador.

Sandra Lia Simón destaca que é uma prática comum entre as empresas brasileiras a instalação de equipamentos audiovisuais[397], com a finalidade, em geral, de fiscalização e/ou de segurança.

A captação audiovisual tem como alvo potenciais ambientes públicos (como estacionamento e calçadas da área externa da empresa), de acesso público (hall de entrada do estabelecimento, área de atendimento a clientes etc.), privado (os setores e os departamentos da empresa em geral), restrito (departamento de

---

(390) BRASIL. Tribunal Superior do Trabalho. Agravo em Agravo de Instrumento em Recurso de Revista n. 1.145-59.2010.5.09.0004. 7ª Turma. Relator Ministro Cláudio Mascarenhas Brandão. Publicado no DEJT de 11.10.2013.
(391) Id. Recurso de Revista n. 1.498-41.2010.5.09.0670, *op. cit.*; Id. Recurso de Revista n. 37.540-43.2007.5.03.0062. 6ª Turma. Relator Ministro Aloysio Corrêa da Veiga. Publicado no DEJT de 5.12.2008.
(392) FROOMKIN, A. Michael. Death of privacy? *Stanford Law Review*, vol. 52, n. 5, maio 2000. p. 1500.
(393) ORWELL, George. *1984*. São Paulo: Companhia das Letras, 2009.
(394) VIERIA, *op. cit.*, p. 205-208.
(395) CIOCCHETTI, Corey A. The eavesdropping employer: a twenty-first century framework for employee monitoring. *American Business Law Journal*. Hartford-CT, v. 28, n. 2, 2011. p. 322.
(396) FOUCAULT, *op. cit.*, p. 168-169.
(397) SIMÓN, *op. cit.*, p. 151.

contabilidade, estoque de lojas etc.) ou íntimo (banheiro, vestiário, área de repouso). O risco de intromissão da privacidade será maior quanto mais recluso for o ambiente em que a vigilância é feita.

Em face do poder de fiscalização do empregador, a doutrina e a jurisprudência dominante admitem o registro audiovisual pelo empregador, por qualquer meio (*web* câmera, vídeos, circuito interno de televisão etc.), nas áreas públicas, de acesso público, privada e restrita, mas tem repelido sua captação em espaços íntimos, inclusive de imagens acidentalmente gravadas que devem ser imediatamente destruídas[398].

Sandra Lia Simón[399] adverte que não se pode utilizar esse meio para espionar o empregado[400] e que o registro não pode ser sorrateiro. A jurisprudência, porém, tem admitido gravações feitas de forma clandestina por um dos seus interlocutores quando são destinadas a repelir conduta ilícita da outra parte[401].

A imagem e/ou som captados por meio da eletrônica são dados que, para serem coletados, devem observar os princípios que lhe dizem respeito, especialmente: finalidade, adequação, transparência, lealdade e boa-fé e confidencialidade. Como o poder de fiscalização é inerente ao contrato de emprego, é razoável a tese que, em caso de captação de audiovisual, desnecessária seria a expressa concordância da outra parte, mas a espionagem não se mostra adequada. A ausência da transparência encontra justificativa (adequação) quando a gravação clandestina é feita por um de seus interlocutores e se destina a repelir conduta ilícita, como vem entendendo a jurisprudência atual.

5.3.3. Controle eletrônico de atividades

Atividades laborais exercidas em equipamentos de informática são facilmente auditáveis pelo empregador. É tecnicamente possível verificar se o empregado que trabalha em um computador, por exemplo, acessou a Internet, quais *sites* visitou e por quanto tempo, os e-mails que enviou e recebeu, os arquivos que transferiu etc.

O computador e o acesso à Internet, quando fornecidos pelo empregador, são ferramentas de trabalho e, por isso, estão sujeitos, em princípio, a certas limitações e regras impostas pelo empregador, como tempo de acesso, bloqueio para acesso de determinadas páginas, restrição de *download* de arquivos. Nesse sentido, já decidiu o STJ[402] em relação a servidor público, mas plenamente aplicável às relações de emprego:

> ADMINISTRATIVO. BLOQUEIO DE ACESSO A SÍTIO NA INTERNET POR MEIO DA REDE INTERNA DO ÓRGÃO PÚBLICO. POSSIBILIDADE. AUSÊNCIA DE OFENSA AO DIREITO À INFORMAÇÃO OU À LIVRE MANIFESTAÇÃO DE PENSAMENTO. 1. O acesso à Internet, no ambiente de trabalho e por meio dos computadores do órgão público, deve estar relacionado ao exercício das atividades profissionais. Além disso, para a própria segurança de sua rede interna, a Administração deve bloquear o acesso a sítios ou arquivos que possam danificá-la ou comprometer sua égide. 2. São legítimas as restrições administrativas que autorizam o órgão público a monitorar o uso da Internet disponibilizada, bloqueando, se necessário, o acesso a arquivos ou sítios que comprometam o uso da rede ou perturbem as atividades profissionais. 3. O bloqueio do acesso a determinado sítio na Internet por meio da rede interna da Administração não prejudica o direito à informação ou à livre manifestação de pensamento, já que qualquer servidor, fora do ambiente de trabalho, pode ter acesso ao conteúdo da página bloqueada. 4. Recurso Ordinário não provido.

---

(398) LIMBERGER, *op. cit.*, 2007. p. 173. BRASIL. Tribunal Superior do Trabalho. Agravo de Instrumento em Recurso de Revista n. 10.600-97.2009.5.05.0132. 3ª Turma. Relator Ministro Maurício Godinho Delgado. Publicado no DEJT de 30.8.2013.
(399) *Ibid.*, p. 152.
(400) Em sentido diverso: RIBEIRO, *op. cit.*, p. 60.
(401) BRASIL. Supremo Tribunal Federal. Agravo Regimental no Recurso Extraordinário n. 402.035/SP. 2ª Turma. Relatora Ministra Ellen Gracie. Publicado no DJU de 6.2.2004; Id. Superior Tribunal de Justiça. Agravo Regimental no Agravo de Instrumento n. 962.257/MG. 4ª Turma. Relator Ministro Aldir Passarinho Junior. Publicado no DJe de 30.6.2008; Id. Tribunal Superior do Trabalho. Agravo de Instrumento em Recurso de Revista n. 164.040-86.2003.5.01.0051. 1ª Turma. Relator Ministro Luiz Philippe Vieira de Mello Filho. Publicado no DEJT de 24.10.2008.
(402) BRASIL. Superior Tribunal de Justiça. Recurso Ordinário em Mandado de Segurança n. 32.313/MG. 2ª Turma. Relator Ministro Herman Benjamin. Publicado no DJe de 16.3.2011.

A princípio, "se o empregador permite que seus empregados utilizem da Internet para assuntos particulares, [...] deverá respeitar a intimidade e a vida privada"[403]. Todavia, se houver excesso na utilização desse instrumento e prejuízo ao serviço ou risco do nome da empresa, o empregador pode exercer um controle mais direto. Trata-se de medida que melhor equaciona privacidade com propriedade e com os princípios insertos aos dados pessoais.

A mesma regra deve ser utilizada para o uso de outros instrumentos da tecnologia da informação, como telefones celulares, *tablets*, *notebooks* fornecidos pelo empregador para o trabalho (como ferramentas de trabalho).

5.3.4. Acesso ao e-mail

É grande o número de ações judiciais que debatem a possibilidade de o empregador acessar o e-mail do seu empregado. A discussão envolve não apenas privacidade, propriedade e autonomia de vontade, mas também o sigilo de dados estabelecido no art. 5º, XII, da Constituição da República.

Ainda que se adote o entendimento do STF que restringe o sigilo de dados apenas à transmissão[404], ainda que o e-mail seja corporativo e a conta tenha sido fornecida pelo empregador, incide o direito fundamental ao sigilo de dados e, portanto, não pode ser objeto de intromissão alheia, salvo se houver indícios da prática de ilícito criminal.

É possível que dentre as mensagens de e-mail existam algumas que contenham dados sensíveis, como sobre a saúde do empregado, cujo acesso de terceiros sem o consentimento do titular é, em regra, proibido. Somente mediante razoável justificativa deve ser admitida a violação do e-mail do empregado, ainda que corporativo.

Christine Howard[405] sustenta que nos Estados Unidos o *Electronic Communications Privacy Act* de 1986 proibiu a intercepção intencional, o uso e a divulgação de "comunicação eletrônica" e, por isso, os empregadores raramente violam os e-mails de seus empregados. Corey A. Ciocchetti[406], ao contrário, sustenta que 40% dos empregadores americanos monitoram parte dos e-mails de seus empregados.

Todavia, não foi esse o entendimento que prevaleceu no TST. Consolidou a orientação de que o empregador pode acessar o e-mail corporativo do seu empregado sem qualquer restrição e sem que isso constitua invasão ilícita da privacidade[407]. Eis a ementa do *lead case*[408]:

PROVA ILÍCITA. "E-MAIL" CORPORATIVO. JUSTA CAUSA. DIVULGAÇÃO DE MATERIAL PORNOGRÁFICO. 1. Os sacrossantos direitos do cidadão à privacidade e ao sigilo de correspondência, constitucionalmente assegurados, concernem à comunicação estritamente pessoal, ainda que virtual ("e-mail" particular). Assim, apenas o e-mail pessoal ou particular do empregado, socorrendo-se de provedor próprio, desfruta da proteção constitucional e legal de inviolabilidade. 2. Solução diversa impõe-se em se tratando do chamado "e-mail" corporativo, instrumento de comunicação virtual mediante o qual o empregado louva-se de terminal de computador e de provedor da empresa, bem assim do próprio endereço eletrônico que lhe é disponibilizado igualmente pela empresa. Destina-se este a que nele trafeguem mensagens de cunho estritamente profissional. Em princípio, é de uso corporativo, salvo consentimento do empregador. Ostenta, pois,

---

(403) SIMÓN, *op. cit.*, p. 157.
(404) BRASIL. Supremo Tribunal Federal. Recurso Extraordinário n. 418.416/SC, *op. cit.*
(405) HOWARD, Christine E. Invasion of privacy liability in the electronic workplace: a lawyer's perspective. *Hofstra labor & employment law journal*. Hempstead-NY, v. 25, n. 2, 2008. p. 515.
(406) CIOCCHETTI, *op. cit.*, p. 307-308.
(407) BRASIL. Tribunal Superior do Trabalho. Agravo de Instrumento em Recurso de Revista n. 164.040-86.2003.5.01.0051, *op. cit.*
(408) Id. Tribunal Superior do Trabalho. Recurso de Revista n. 613/2000-013-10-00. 1ª Turma. Relator Ministro João Oreste Dalazen. Publicado no DJU 10.6.2005.

natureza jurídica equivalente à de uma ferramenta de trabalho proporcionada pelo empregador ao empregado para a consecução do serviço. 3. A estreita e cada vez mais intensa vinculação que passou a existir, de uns tempos a esta parte, entre Internet e/ou correspondência eletrônica e justa causa e/ou crime exige muita parcimônia dos órgãos jurisdicionais na qualificação da ilicitude da prova referente ao desvio de finalidade na utilização dessa tecnologia, tomando-se em conta, inclusive, o princípio da proporcionalidade e, pois, os diversos valores jurídicos tutelados pela lei e pela Constituição Federal. A experiência subministrada ao magistrado pela observação do que ordinariamente acontece revela que, notadamente, o "e-mail" corporativo não raro sofre acentuado desvio de finalidade, mediante a utilização abusiva ou ilegal, de que é exemplo o envio de fotos pornográficas. Constitui, assim, em última análise, expediente pelo qual o empregado pode provocar expressivo prejuízo ao empregador. 4. Se se cuida de "e-mail" corporativo, declaradamente destinado somente para assuntos e matérias afetas ao serviço, o que está em jogo, antes de tudo, é o exercício do direito de propriedade do empregador sobre o computador capaz de acessar à INTERNET e sobre o próprio provedor. Insta ter presente também a responsabilidade do empregador, perante terceiros, pelos atos de seus empregados em serviço (Código Civil, art. 932, inc. III), bem como que está em xeque o direito à imagem do empregador, igualmente merecedor de tutela constitucional. Sobretudo, imperativo considerar que o empregado, ao receber uma caixa de "e-mail" de seu empregador para uso corporativo, mediante ciência prévia de que nele somente podem transitar mensagens profissionais, não tem razoável expectativa de privacidade quanto a esta, como se vem entendendo no Direito Comparado (EUA e Reino Unido). 5. Pode o empregador monitorar e rastrear a atividade do empregado no ambiente de trabalho, em "e-mail" corporativo, isto é, checar suas mensagens, tanto do ponto de vista formal quanto sob o ângulo material ou de conteúdo. Não é ilícita a prova assim obtida, visando a demonstrar justa causa para a despedida decorrente do envio de material pornográfico a colega de trabalho. Inexistência de afronta ao art. 5º, incisos X, XII e LVI, da Constituição Federal. 6. Agravo de Instrumento do Reclamante a que se nega provimento.

Questão ainda não resolvida pela jurisprudência do TST é sobre o acesso do e-mail particular em computador e/ou acesso de Internet fornecido pelo empregador. Corey A. Ciocchetti[409] destaca que há programas sofisticados que permitem rastrear contas pessoais de e-mails de empregados hospedada externamente. Nesse caso, a conta é particular, mas o IP que está sendo utilizado é corporativo.

Seguindo a linha dos precedentes atuais, se o empregado utiliza equipamento ou o IP do empregador, então ele poderia checar as mensagens (formal e materialmente) que são enviadas e recebidas pela ferramenta de trabalho que forneceu, contudo não aquelas que estariam gravadas nas caixas de entrada e saída das contas pessoal e particular do empregado. Todavia, mesmo esse entendimento não encontra suporte nos princípios afetos aos dados pessoais. Tal fato configura grave risco à privacidade e possibilita discriminação e julgamentos arbitrários, unilaterais e descontextualizados.

5.3.5. *Hiperconexão*

Outra forma de vigilância eletrônica é por meio da *hiperconexão* que acontece quando o indivíduo é "obrigado a interagir cada vez mais com redes e instrumentos de comunicação digitais"[410] que, segundo André Lemos[411], pode transformá-lo em cidadão-ciborgue[412].

Na *hiperconexão* no ambiente do trabalho, há uma permanente, ininterrupta ou prolongada interação com as novas tecnologias da informação em razão do trabalho por meio de uma conexão, rede ou Internet ou por aplicativos como os de conversação online. Referido excesso pode ocasionar diversos distúrbios psicológicos, entre os quais o denominado por *iDisorder*[413].

---

(409) CIOCCHETTI, *op. cit.*, p. 308.
(410) LEMOS, André. Cidade-ciborgue: a cidade na cibercultura. *Galáxia*. São Paulo, v. 4, n. 8, out. 2004. p. 143.
(411) *Ibid., loc. cit.*
(412) Ciborgue é um organismo que possui partes orgânicas e outras cibernéticas.
(413) ROSEN, Larry. *IDisorder:* understanding our obsession with technology and overcoming its hold on us. New York: Palgrave Macmillan, 2012. p. 1-5.

O empregado submetido à *hiperconexão* é obrigado a estar conectado ou ligado, devendo responder de imediato às instruções ou determinações de seus superiores. Algumas vezes, além de estar conectado, ele é acompanhado também por *web*câmeras ou minicâmeras[414], mesmo quando está em sua residência ou fora do estabelecimento empresarial. Essa conexão pode ocorrer por meio de diversos equipamentos de informáticas, redes ou Internet.

Figura 9: exemplo de *hiperconexão*

Diversos aplicativos também podem levar à *hiperconexão*. Ferramentas como as de conversação online viabilizam também essa espécie de monitoramento eletrônico. Nesse caso, *Pandion*, *GTalk*, *Skype*, *Facetime*, MSN ou outros, bastante utilizados atualmente, são impostos ao empregado para que ele esteja em permanente prontidão para responder imediatamente a qualquer mensagem, diretriz ou pergunta (ainda que não tenha correlação com o trabalho). Qualquer demora em responder ao chamado efetuado poderá acarretar problemas.

São vítimas potenciais da *hiperconexão* empregados que não estão submetidos a controle de horários (empregados com cargos de chefias e trabalhadores externos, na forma do art. 62 da CLT), os que trabalham com excesso de horas extras ou no regime de *teletrabalho*. Jorge Luiz Souto Maior[415] destaca que há casos de chefes e gerentes que estão conectados 24 horas por dia nos 7 dias da semana por meio da tecnologia e defende o direito ao não trabalho, à desconexão do trabalho para que o empregado possa manter "o direito à intimidade de sua vida privada mesmo no local de trabalho".

5.3.6. Espionagem eletrônica

Espionagem eletrônica (*cyber snooping*) é o procedimento ilícito e oculto de coleta de informação de uma pessoa física, jurídica ou de Governos mediante o uso da tecnologia e de métodos de interceptação da comunicação e/ou de dados.

---

(414) LANE, *op. cit.*, p. 147.
(415) SOUTO MAIOR, Jorge Luiz. Do Direito à desconexão do trabalho. *Revista do Tribunal Regional do Trabalho da 15ª Região* n. 23, Campinas, 2008. Disponível em: <http://www.trt15.jus.br/escola_da_magistratura/Rev23Art17.pdf>. Acesso em: 13 out. 2013.

No ambiente de trabalho, são basicamente três as principais razões que os empregadores utilizam para justificar o monitoramento eletrônico do empregado: segurança, eficiência e gestão do trabalho. Corey A. Ciocchetti[416] destaca que os empregadores têm a filosofia de que: a) os postos de trabalho existem para se trabalhar (gestão do trabalho); b) a tecnologia é fornecida e os salários são pagos em troca de desempenho (eficiência); e c) problemas de responsabilidade superam os interesses de privacidade do empregado (segurança).

São amplas as possibilidade de o empregador utilizar a tecnologia para espionar seus empregados: acesso ao *log file* e aos cachês de navegação; violação de senhas de acesso a arquivos, programas e aplicativos pessoais; varredura de computadores, memórias e dispositivos de armazenamento; reprodução não autorizada de cópias; uso de programas espiões de monitoramento online ou offline; instalação de aplicativos de controle em celulares e outros dispositivos móveis; uso de equipamentos especiais; implantação de relatórios eletrônicos de gestão baseados no resultado da mineração de dados das operações feitas pelo empregado em meio informático etc.

Corey A. Ciocchetti[417] assinala diversas possibilidades de monitoramento, entre as quais se destacam:

a) painéis de acesso, programados para controlar a entrada em uma porta, escada, elevador, garagem, ou outra área restrita, onde o empregado deve digitar uma senha, fornecer a impressão digital ou a íris ou passar um cartão de identificação. As credenciais autorizadas são registradas no sistema e o painel eletronicamente desbloqueia a passagem.

b) atendimento e acompanhamento, para cronometrar a perda de tempo, inclusive por ausências do empregado, equipes e departamentos. Essa espécie é mais eficaz quando o monitoramento é realizado por um *software* que emite alerta ao empregador sobre as entradas e as saídas do empregado.

c) programas de monitoramento de computador, que são utilizados para gravar cada comando e cada operação realizada no computador do usuário, transformar esses sinais em dados e transmitir remotamente essa informação para o empregador. Eles podem ser instalados fisicamente ou remotamente por meio de um cavalo de Troia. Podem gravar e copiar, em tempo real, as atividades que ocorrem no computador do empregado como aplicativos abertos e por quanto tempo, a ordem em que os mesmos são utilizados, os *logins* e senhas utilizadas, as imagens (*screenshots*) de todas as janelas que foram abertas naquela máquina.

Frederick Lane[418] adverte que há um pequeno equipamento, de rápida instalação, com cerca de 5 cm de comprimento e quase 4 cm de diâmetro, que contém um microprocessador e uma memória, utilizados para o monitoramento. Corey A. Ciocchetti[419] assevera que, por meio de um dispositivo de *hardware* conectado ao computador, programas permitem registrar as atividades dos empregados, determinam sua produtividade e sua eficácia.

Constitui ofensa ao princípio da transparência a coleta oculta e não autorizada de dados pessoais por meio de *cookies*, *spywares* e outros dispositivos tecnológicos utilizados para o monitoramento eletrônico dos usuários[420]. Além disso, também há violação dos princípios do consentimento, da confidencialidade e da lealdade e boa-fé.

---

(416) CIOCCHETTI, *op. cit.*, p. 290.
(417) *Ibid.*, p. 302, 305 e 307.
(418) LANE, *op. cit.*, p. 147.
(419) CIOCCHETTI, *op. cit.*, p. 315.
(420) VIEIRA, *op. cit.*, p. 285.

Cabe assinalar, ainda, que o empregador também é passível de ser vítima de espionagem eletrônica feita pelo empregado, especialmente por meios de *softwares*, *hardwares*, aplicativos, microcâmeras ocultas, entre outros, instalados em equipamentos e ambientes de sócios, gerentes ou administradores da empresa.

5.3.7. Monitoramento de redes sociais

O monitoramento de redes (*social media monitoring* ou *network monitoring*) é a mais nova estrela da vigilância cibernética do empregado e tem ganhado impulso no mundo do trabalho. O empregador apenas precisa de tempo, acesso à Internet, um navegador (*browser*) e conhecimentos básicos de como operar o programa[421].

Conforme exposto anteriormente, empregadores e empresas especializadas estão utilizando as redes sociais para monitoramento, não apenas de candidatos a empregos, mas também de empregados (efetivos e terceirizados).

Também aqui há desvio dos princípios da finalidade, da adequação, da transparência. Ocorrerá ofensa ao princípio da confidencialidade se os dados obtidos tiverem vazados de círculos fechados de uma comunidade virtual. O dano aumenta se esse monitoramento for conjugado com a mineração de dados, conforme Modelo do Iceberg anteriormente apresentado.

5.3.8. Elaboração de perfis

Além do uso de perfis para a seleção de emprego, é tecnicamente possível a utilização da informática para a elaboração de perfis dos empregados já contratados e monitorados em suas atividades.

O empregador, nesse contexto, utiliza-se da prática de elaboração de *online profiling* para identificar em seu empregado qualquer padrão de comportamento ou de personalidade considerado indesejável, inoportuno ou inconveniente. Também há o risco de utilização da mineração de dados após a contratação.

As preocupações com segurança da informação; vazamento de segredo profissional; desvios de ativos financeiros, de bens ou de recursos; práticas laborais abomináveis; e atividades sindicais indesejáveis são alguns dos ingredientes para a uma "investigação" eletrônica, feita no ambiente de trabalho ou nos momentos de descanso do empregado, mediante *online profiling* ou qualquer outra espécie de mineração de dados e rastreamento de atividades em computadores, aplicativos e na Internet.

Como já exposto, qualquer forma de elaboração de perfis informatizados, sem o consentimento do titular dos dados pessoais pesquisados e com desvio de quaisquer princípios (como finalidade, adequação e lealdade e boa-fé) constitui grave ofensa à privacidade.

5.3.9. Localização e rastreamento geográfico

Uma pesquisa realizada em 2005 pela Associação Americana de Gestão (*American Management Association*) e do Instituto e-Polícia (*ePolicy Institute*) revelou que 5% dos empregadores entrevistados usaram GPS para rastrear funcionários pelo uso de telefones celulares e 8% para monitorar veículos[422].

Inicialmente, o GPS na relação de emprego foi utilizado em veículos, por meio do qual o empregador poderia acompanhar os deslocamentos e as paradas realizadas. Com o tempo, tem se multiplicado o uso do GPS para rastrear diretamente a localização do empregado[423]. William Herbert e Amelia Tuminaro[424] destacam que a introdução da tecnologia GPS para monitorar empregado em tempo real representa um

---

(421) CIOCCHETTI, *op. cit.*, p. 319-320.
(422) HERBERT e TUMINARO, *op. cit.*, p. 373.
(423) LANE, *op. cit.*, p. 203.
(424) HERBERT e TUMINARO, *op. cit.*, p. 373-320.

importante passo para a criação de um panóptico tecnológico e constitui um importante indicador de controle do empregador. Além do GPS, também há os *microchips* de radio-frequência que contêm uma identificação digital que também serve para localizar empregado[425] e que podem ser instalados em peças do vestuário etc.

Os dispositivos de localização geográfica foram incorporados a telefones celulares (*smarthphones*) e outros dispositivos móveis, congregando e interagindo com redes de acesso sem fio à Internet (Wi-Fi) e as estações radiobases que emitem o sinal da telefonia móvel. Com isso, alguns aparelhos de telefonia dispõem de um serviço de localização, que identifica o local exato em que está o telefone (e, via de regra, seu usuário), permitindo seu rastreamento.

O risco à privacidade desse monitoramento espacial do empregado é elevado. Com ele, o empregador tem condições de, em tempo real, saber se seu empregado está em casa descansando ou se está envolvido em outras atividades durante seu período de folga, especialmente quando é obrigado a trabalhar em casa após a jornada de oito horas[426].

5.3.10. Interceptação de comunicações e de dados

A interceptação telefônica de comunicação e de dados é um grave ilícito, com repercussões penais, conforme a tipificação da conduta do agente. Constitui grave ofensa ao direito fundamental à privacidade e/ou à intimidade.

Corey A. Ciocchetti[427] assinala que preocupações com violação de segredos e informações sigilosas, violências entre colegas de trabalho ou entre empregado e cliente, sabotagem e questões de controle de qualidade e de eficiência podem levar alguns empregadores ao monitoramento de telefone e de mensagens de voz. Por meio dele, há como rastrear a quantidade de tempo gasto em chamadas de telefone, números de telefone discados, pausas entre o recebimento de chamadas, mensagens de voz arquivadas, mensagens de texto e assim por diante.

Esses motivos não justificam a violação do sigilo de dados, que, segundo o STF, conforme já referido, está adstrito à sua transmissão.

Sobre essa questão o TST[428] entendeu:

> RECURSO DE REVISTA. INTERCEPTAÇÃO TELEFÔNICA. RESIDÊNCIA DO EMPREGADO. — GRAMPO —. ATO ILÍCITO. OFENSA AOS DIREITOS DE PRIVACIDADE, DE INTIMIDADE E DE SIGILO DAS COMUNICAÇÕES TELEFÔNICAS. GARANTIAS CONSTITUCIONAIS. DANO MORAL. INDENIZAÇÃO. RESPONSABILIDADE CIVIL DA RECLAMADA. A Constituição Federal consagra, em seu art. 5º, incisos X e XII, o direito à intimidade, à vida privada, à honra e à imagem das pessoas, bem como à inviolabilidade do sigilo das comunicações telefônicas, assegurando o direito à indenização pelo dano material ou moral decorrente de sua agressão. Tratando-se o dano moral de lesão a direito da personalidade e da dignidade da pessoa humana, prescinde de prova para sua caracterização, já que dor, sofrimento, angústia, tristeza e abalo psíquico na vítima não são passíveis de serem demonstrados, bastando, assim, a prática do fato lesivo (doloso ou culposo) para que se exija a indenização correspondente, sendo irrelevante ter havido ou não publicidade do que foi apurado pelo agressor. Na hipótese, segundo o Regional, ficou evidenciada a interceptação telefônica, conhecida como — grampo —, no aparelho de telefone da residência do autor, sem que tivesse havido permissão legal e conhecimento das pessoas alvo da escuta, que foi praticado por ordem de empregado graduado da empresa reclamada. Portanto, tendo ocorrido o dano a direito personalíssimo do reclamante, a conduta ilícita do empregado da empresa reclamada, sobre a qual recai a responsabilidade

---

(425) HERBERT e TUMINARO, *op. cit.*, p. 381.
(426) *Ibid.*, *op. cit.*, p. 378.
(427) CIOCCHETTI, *op. cit.*, p. 320-321.
(428) BRASIL. Tribunal Superior do Trabalho. Recurso de Revista n. 111.500-10.1999.5.17.0131. 2ª Turma. Relator Ministro José Roberto Freire Pimenta. Publicado no DEJT de 25.3.2011, erro material corrigido.

civil pela reparação da lesão, e o nexo de causalidade entre eles, é evidente o dano moral sofrido pelo autor e o seu direito à percepção da indenização garantida no art. 5º, inciso X, da Constituição Federal, dispositivo literalmente violado pelo Regional. Assim, quanto ao valor atribuído à indenização, merecem ser restabelecidos os parâmetros fixados pelo Juízo de primeiro grau, que se mostraram bastante razoáveis para a hipótese em discussão, eis que consideradas as peculiaridades do caso, a gravidade de lesão sofrida pelo empregado, a natureza do direito jurídico lesado e o salário a que o reclamante tinha direito, bem como a capacidade econômica da empresa, tudo conforme preconiza o ordenamento jurídico pátrio, em especial o teor do art. 5º, inciso V, da Constituição Federal de 1988. Recurso de revista conhecido e provido.

Também há precedentes do TST no mesmo sentido em relação ao sigilo de dados[429]. Até mesmo os bancos não podem acessar a movimentação bancária de seus empregados, sem o devido consentimento ou ordem judicial[430].

5.4. SEGURANÇA DA INFORMAÇÃO

As novas tecnologias da informação multiplicaram as possibilidades de invasão à privacidade de dados pessoais e sensíveis.

A Associação Brasileira de Normas Técnicas (ABNT) elaborou diversas normas sobre o Sistema de Gestão de Segurança da Informação, como a ABNT NBR ISO/IEC n. 17.799/2005 e a ABNT NBR ISO/IEC n. 27.001/2006, as quais estão sendo aprimoradas nos últimos anos. São diretrizes de adoção facultativa pelas empresas privadas e públicas, que se baseiam nos requisitos de disponibilidade, confidencialidade, integridade e conformidade.

Há diretrizes sobre, por exemplo, manutenção de cópias de segurança das informações e *softwares*, gerenciamento da segurança de redes, manuseio das mídias, trocas de informações e controle de acesso (itens A.10.5 a A.10.5.8, A.11 da NBR ISO n. 27.001/2006)[431], bem como de "proteção de dados e privacidade de informação pessoal" (item 10.15.1.4)[432], inclusive contra invasão de terceiros.

Ainda que não se adotem referidas normas de proteção, em face do princípio da segurança e por assumir os riscos de negócio (art. 2º, § 2º, da CLT), o empregador tem a obrigação de manter proteção contra vazamentos e invasões que possam comprometer dados pessoais e sensíveis de seus empregados. O empregado também está sujeito a guardar o segredo empresarial, em decorrência das normas contratuais.

Existem diversos riscos associados à segurança da informação.

5.4.1. Dados arquivados dos empregados

O empregador é diretamente responsável pela segurança dos dados pessoais e sensíveis arquivados ou obtidos de seus empregados em meio físico ou eletrônico, a teor dos arts. 627 e seguintes do Código Civil.

Quando os dados forem recebidos em meios físicos, o princípio da segurança impõe ao empregador zelo, devendo guardá-los em local apropriado, seguro e livre de risco de dano, perda ou deteriorização, sob pena de responder pela culpa *in vigilando*. Nesse sentido, a propósito, já decidiu o Tribunal Regional do Trabalho da 10ª Região[433] por ocasião do extravio de uma CTPS.

---

(429) Id. Recurso de Revista n. 29.900-73.2007.5.03.0131. 3ª Turma. Relator Ministro Alberto Luiz Bresciani de Fontan Pereira. Publicado no DEJT de 13.11.2009; Id., Agravo de Instrumento em Recurso de Revista n. 3.039-82.2010.5.09.0000. 2ª Turma. Relatora Desembargadora Convocada Maria das Graças Laranjeira. Publicado no DEJT de 26.3.2013.
(430) Id. Recurso de Revista n. 113.900-77.2009.5.03.0020. 5ª Turma. Relator Ministro João Batista Brito Pereira. Publicado no DEJT de 3.8.2012.
(431) ASSOCIAÇÃO BRASILEIRA DE NORMAS TÉCNICAS. *ABNT NBR ISO/IEC n. 27.001:2006*. Rio de Janeiro: ABNT, 2006, *passim*.
(432) *Ibid*, p. 29.
(433) BRASIL. Tribunal Regional do Trabalho da 10ª Região. Recurso Ordinário n. 556/2009-851-10-00. 1ª Turma. Relator Juiz Convocado Paulo Henrique Blair. Publicado no DEJT de 13.8.2010.

Também os dados pessoais e sensíveis arquivados em meio eletrônico devem ser gravados em ambiente seguro, isto é, livre da ação de *hackers* ou de invasão. Além disso, não pode haver tratamento sem a observância dos princípios inerentes aos dados, especialmente o consentimento, a finalidade e a adequação. Incorrendo em culpa na vigilância, o empregador poderá ser responsabilizado pelos danos causados.

5.4.2. Riscos da Cloud computing

Algumas empresas utilizam o armazenamento de arquivos e documentos na computação de nuvem (*cloud computing*) para gravar dados em servidor remoto hospedado na *web*. Também seus empregados, nesse caso, fazem uso desse recurso tecnológico quando estão no ambiente de trabalho. Porém, mesmo com senhas, os arquivos pessoais do empregado e os sigilosos do empregador correm riscos de serem acessados externamente[434].

Pesquisas feitas em 2008 revelaram que 69% dos usuários de Internet nos Estados Unidos armazenam dados ou utilizam aplicações baseadas em *cloud computing* (computação de nuvem)[435].

A Agência Europeia de Segurança de Redes e da Informação (Enisa)[436] avaliou os benefícios e os riscos da computação em nuvem, inclusive referente à proteção de dados, considerados altos. Concluiu que há risco de tratamento indevido de dados pessoais no isolamento do armazenamento dos arquivos e na segurança da informação, inclusive por malícia. A Enisa[437] classificou o nível de risco para cada um dos 35 critérios examinado segundo o tipo de dado. O resultado está apresentado na tabela a seguir:

Tabela 4: quantidade de critérios por nível de risco e segundo o tipo de dados em *cloud computing*

Tipos de dados	Qtde. de critérios por nível de risco avaliados			
	Alto	Médio	Baixo ou Leve	Nenhum
Dados pessoais	7	12	5	11
Dados sensíveis	7	11	5	12
Sigilo empresarial	1	5	1	28
Renome da empresa	8	14	3	10

Fonte: Enisa, 2009

Como se vê, mais da metade dos critérios avaliados apresenta risco médio ou alto de exposição dos dados pessoais e sensíveis dos empregados armazenados em *cloud computing*.

A computação em nuvem também aumenta a ameaça de o empregador vigiar os arquivos pessoais de seu empregado, pois o acesso a eles é mais fácil.

5.4.3. Transmissão de mensagens e dados pessoais em redes

A transmissão de mensagens e dados pessoais em rede de computadores e de telefonia também traz riscos à privacidade de empregados e de empregadores.

---

(434) RUSTAD, *op. cit.*, p. 204.
(435) MIRALLES, Ramón. Cloud computing y protección de datos. *IDP — Revista D'Internet, Dret y Política*. n. 11, Barcelona, 2010. p. 17.
(436) UNIÃO EUROPEIA. Agencia Europea de Seguridad de las Redes y de la Información. *Computación en nube: Beneficios, riesgos y recomendaciones para la seguridad de la información*. Heraklion: 2009. p. 9-11 e 49.
(437) *Ibid*, p. 27-35.

Qualquer tipo de meio eletrônico ou dado pessoal está sujeito à divulgação e circulação em outros ambientes virtuais, de forma acidental ou não. Um e-mail do empregado de cunho pessoal ou uma foto constrangedora, por exemplo, é passível de ser divulgado na lista de e-mails ou na intranet da empresa. Trata-se, também, de uma espécie de invasão de privacidade dentro das relações de trabalho. Constitui *outing* (do inglês passeio, excursão) a divulgação não autorizada de dados pessoais ou de outros dados que a vítima deseja manter em sigilo[438].

A Internet e as redes sociais estão especialmente vulneráveis aos mais diversos tipos de vazamento e divulgação de dados pessoais ou sensíveis do empregado ou do empregador, especialmente quando não adotadas medidas defensivas em sistemas de informática, como antivírus, *antispam* etc. Já ocorreu em determinado órgão público federal brasileiro[439], que estava preocupado em dar transparência às suas ações, divulgar ato concessivo de afastamento de certo servidor, com a identificação do CID (Código Internacional de Doenças) próprio de doença mental.

5.4.4. Pirataria digital

Outra ameaça à segurança da informação, e talvez a mais usual, é a ação intrusiva de terceiros, também conhecida como pirataria digital, capitaneada por *hackers*.

Hackers são usuários que invadem sistemas de informática de terceiros. Em uma atitude ética, tentam "invadir os sistemas das companhias com o objetivo de detectar os pontos vulneráveis às ações de outros *hackers*"[440]. Há, contudo, os "não éticos", chamado de *crackers*, que são invasores destrutivos.

Os *crackers* têm em suas mãos um arsenal de meios para a pirataria digital: programas espiões; conhecimento para quebrar senhas e sistema de segurança; intensão em invadir arquivos, furtar informações, sobrecarregar ou bloquear os sistemas etc.

Se o acesso ou o vazamento de dados pessoais ou sensíveis do empregado por *hacker* tiver sido facilitado pelo descuido e pela deficiência de segurança da informação dos computadores, sistemas e redes do empregador, o empregador poderá responder em juízo pelos danos causados ao empregado. Da mesma forma, se o empregado for responsável pela quebra da segurança (da confiança, da boa-fé e da lealdade), como desinstalar ou inabilitar *software antivírus*, terá responsabilidade pelos dados causados ao empregador e/ou a outros colegas.

5.4.5. Violação de segredo empresarial

Um dos grandes temores dos empregadores quanto ao uso da tecnologia da informação por seus empregados é que um deles acesse, copie, transmita, danifique ou destrua informação de caráter confidencial ou afeta ao sigilo empresarial, como os segredos industriais ou comerciais.

A empresa americana Proofopoint[441], em pesquisa realizada entre junho e julho de 2010, revelou que aproximadamente metade das empresas consultadas nos Estados Unidos estão bastante preocupadas com o risco de vazamento de suas informações confidenciais, privadas ou sensíveis pelas diversas mídias eletrônicas. Mostrou, ainda, que entre 17 a 25% delas, dependendo da mídia considerada, já fizeram investigações para saberem se sofreram, de fato, violação de dados.

---

(438) FIORILLO, Celso Antonio P. e CONTE, Christiany P. *Crimes no meio ambiente digital*. São Paulo: Saraiva, 2013. p. 215.
(439) O nome do órgão e a fonte foram propositadamente suprimidos a fim de se preservar a identidade do servidor de buscas na internet.
(440) PAESANI, Liliana Minardi. *Direito e internet*: liberdade de informação, privacidade e responsabilidade civil. 3. ed. São Paulo: Atlas, 2006. p. 38.
(441) PROOFPOINT. *Outbound email and data loss prevention in today's enterprise, 2010*. Sunnyvale: Proofpoint, 2010. p. 2-7. Disponível em: <http://www.gmarks.org/outbound_email_and_data_loss_prevention_in_todays_enterprise_2010.pdf>. Acesso em: 6 out. 2013.

Roberto Lattanzi[442] diz que há "un denominatore comune ad entrambi: protezione dei dati personali e diritti di proprietà intellettuale sono infatti egualmente suescettibili di essere messi in pericolo nel mondo digitale"[443].

Algumas empresas chegam a proibir o uso de *pen drive* ou têm normas bastante restritivas quanto ao uso e à segurança de seus sistemas de informática. Agindo o empregado com dolo ou culpa grave, poderá ser responsabilizado na Justiça do Trabalho pelos danos causados ao empregador, pela violação de segredo empresarial ou protegido por sigilo.

5.4.6. Sabotagem eletrônica

Sabotagem eletrônica ou informática é a ação de introduzir, alterar, apagar ou suprimir dados ou programas de informática ou, por qualquer outra forma, interferir em um sistema informático[444]. Seu objetivo é travá-lo ou perturbar seu funcionamento.

Também a sabotagem eletrônica, isto é, a prática dolosa que visa prejudicar a atividade empresarial constitui ameaça à privacidade de empregadores, pois atenta contra dados referentes ao segredo empresarial. Trata-se de ilícito grave, também passível de reparação quando o empregado ou o ex-empregado concorrem para isso.

5.4.7. Tratamento por terceiros

Muitos empregadores utilizam terceiros para recolher ou tratar informações pessoais, especialmente financeiras, de seus empregados. Nesse caso, o empregador deve zelar para que sejam tomadas medidas razoáveis para proteger esses dados contra o acesso ou tratamento não autorizado[445].

A maior parte das legislações pesquisadas imputa a toda espécie de terceiros que tenha posse de dados pessoais ou os trate, ainda que por subcontratação (terceirização), o dever de observar as diretrizes e os princípios de proteção à privacidade desses dados pessoais. No Brasil, há responsabilidade solidária por comunhão de vontades entre empregador ou empresa ou pessoa que colha, trate, subcontrate, receba os dados tratados ou tenha acesso a eles, ainda que na qualidade de terceiros.

Mesmo que assim não fosse, aquele que pratica ato ilícito está sujeito à responsabilidade extracontratual na medida da sua participação. Se o recolhimento, tratamento ou transmissão de dados pessoais não observar os princípios, a pessoa que praticou essas ações ou deixou de adotar as medidas protetivas necessárias responde civilmente pelos danos que causou.

5.5. INTRUSÃO OFENSIVA POR MEIO ELETRÔNICO

A tecnologia da informação oferece muitos riscos de intrusão ofensiva da privacidade. A intromissão pode ter repercussões mais nefastas dependendo do meio utilizado. Em alguns casos, possui a capacidade de congregar outras pessoas na conduta lesiva e, o pior, perpetuar a exposição da pessoa e de seus dados no tempo e no espaço.

Ambição, impulso, reação, recalque, rebeldia, frustração, decepção (inclusive amorosa), grande emoção, deboche, sarcasmo, descontentamento, ira, inveja, ciúme, crueldade, vingança, paranoia, exibicionismo,

---

(442) LATTANZI, Roberto. Protezione dei dati personali e diritti di proprietà intellettuale: alla ricerca di un difficile equilibrio. *Rivista di scienze giuridiche*. Milano: a. 52, n. 1-2, jan./ago. 2005. p. 248.
(443) Tradução livre: um denominador comum para ambos: proteção de dados pessoais e os direitos de propriedade intelectual são igualmente suscetíveis para serem colocados em perigo no mundo digital.
(444) ASCENSÃO, José de Oliveira. *Direito da internet e da sociedade da informação*: estudos. Rio de Janeiro: Forense, 2002. p. 276.
(445) HOWARD, *op. cit.*, p. 520.

escárnio, perversidade, desvios comportamentais e psíquicos podem ser alguns dos combustíveis para, pelos novos meios de comunicação, destruir a honra e a imagem ou expor a privacidade de empregado, empregador, sócio ou administrador. Sua origem pode decorrer também do que se convencionou chamar de banalização do mal[446], que, segundo Christophe Dejours, "começa pela manipulação política da ameaça de precarização [no emprego] e exclusão social [...] por sujeitos que procuram lutar contra [...] o medo que sentem, sob o efeito dessa ameaça"[447].

Vídeos, mensagens, fotos, arquivos, dados pessoais, informações falsas, ofensas e agressões, quando divulgados na Internet, são de difícil erradicação, ainda que haja ordem judicial nesse sentido. O efeito multiplicador desse material na *web* é devastador. O tempo para a adoção de medidas protetivas é crucial para a minimização dos efeitos danosos do ato ilícito (há grande *periculum in mora*). São diversas as formas de intrusão ofensiva da privacidade em meio eletrônico.

5.5.1. Provocação online

Provocação online (difamação cibernética, intimidação online ou *flaming*) consiste no comportamento hostil e/ou difamatório de uma pessoa com o intuito de provocar danos a outrem por meio de mensagens eletrônicas (*flames* ou labaredas) no uso da tecnologia da informação[448].

O *flaming* compreende comentário desabonador, provocação, constrangimento, fofocas, boatos, hostilidade, ofensa pessoal, intimidação, difamação, injúria, difamação, calúnia, extorsão etc. Nessa intimidação online, as moléstias ou agressões são eventuais, não têm caráter repetitivo nem há uso de violência[449] e podem ser feitas por qualquer meio tecnológico, mas seu alcance será muito maior quando o recurso informático utilizado é de massa ou coletivo, como postagens em *sites*, *blogs*, redes sociais, lista de e-mails.

As redes sociais, nesse contexto, têm sido muito utilizadas para divulgação dos diversos conteúdos invasivos. A intranet e a lista de e-mails das empresas ou de empregados são ambientes virtuais favoráveis às mensagens depreciativas, provocativas ou de intimidação.

Além da lesão à honra e/ou à imagem, há a afronta à privacidade na medida em que a difamação cibernética põe a vítima "sob uma falsa luz" aos olhos do público, afrontando o estágio da privacidade referente ao anonimato.

5.5.2. Divulgação de dados falsos

A Internet, intranet, *blogs*, lista de e-mails, redes sociais, *chats* e outras ferramentas são, lamentavelmente, grandes e eficazes instrumentos para a divulgação de dados ou perfis falsos.

Nas redes sociais, há perfis falsos (*fake*), que utilizam dados não verdadeiros, normalmente para criar um personagem na rede[450], ou para expor alguém em sua privacidade e/ou honra. Nesses casos, alguém utiliza a identidade da vítima (seu nome e/ou outros dados pessoais), cria o perfil, convida "amigos" (usuários da rede social), apresenta-se como sendo a vítima e envia mensagens em nome dela.

Em relação a esse tema, o Tribunal de Justiça do Distrito Federal e Territórios[451] proferiu o entendimento que reconhece o dever do *site* de relacionamento em, sabendo da falsidade do perfil, eliminá-lo.

---

(446) ARENDT, Hannah. *Eichmann em Jerusalém*: um relato sobre a banalidade do mal. São Paulo: Companhia das Letras, 1999.
(447) DEJOURS, Christophe. *A banalização da injustiça social*. 7. ed. Rio de Janeiro: FGV, 2006. p. 119.
(448) SOLIVA, Marina P. *Ciber acoso*: un tema de reflexión. p. 1. Disponível em: <www.*acoso*moral.org/pdf/*ciberacoso*.PDF>. Acesso em: 11 out. 2013.
(449) ALIANZA POR LA SEGURIDAD EN INTERNET. *Guía A.S.I. para prevención del ciber-bullyng*. México: ASI, 2012. p. 6.
(450) MARRA E ROSA e SANTOS, *op. cit.*, p. 118.
(451) BRASIL. Tribunal de Justiça do Distrito Federal e Territórios. Apelação Cível do Juizado Especial n. 199259-84.2012.8.07.0001. Relator Juiz Antônio Fernandes da Luz. 2ª Turma Recursal dos Juizados Especiais Cíveis e Criminais do Distrito Federal. Publicado no DJe de 16.8.2013.

5.5.3. Intimidação sexual eletrônica

A tecnologia da informação permitiu o surgimento de novas formas de se molestar sexualmente uma pessoa, que resiste, fica incomodada ou é perseguida com as insinuações ou intimidações de um ou mais agressores.

A primeira e mais simples forma de agressão sexual eletrônica é por meio do *sexting*. Formada pela junção das palavras inglesas *sex* e *texting*, que significa sexo e mensagem de texto, respectivamente, *sexting* é o envio de mensagens com conteúdo sexual por meio de telefones celulares[452], via SMS ou MMS, isto é, textos, fotos, vídeos ou áudios. Celso Fiorelli e Christhiany Conte relatam casos de suicídios em face de *sexting* da vítima nua ou mantendo relações sexuais e de ocorrências em escolas públicas brasileiras[453].

Há, ainda, o s*excasting*, que é a gravação de conteúdos sexuais em vídeo, normalmente por *web* câmera, e sua difusão por e-mail, redes sociais ou qualquer outro meio tecnológico[454]. Algumas dessas mensagens podem possuir conteúdo sexista, trazendo ideias que privilegiam um sexo ou orientação sexual em detrimento de outro gênero, ensejarendo discriminação.

Caso essas mensagens de conteúdo sexual tenham o consentimento de quem recebe, não há de se falar em invasão de privacidade, muito menos em vítima. Da mesma forma, as "cantadas" por meio eletrônico, que são uma mera e respeitosa manifestação amorosa de um sentimento sem ofensa à liberdade sexual da outra pessoa, também não são intrusivas. Haverá intromissão quando essas mensagens ultrapassam os limites do razoável e adentram nas esferas da privacidade do receptor da mensagem, afetando suas crenças morais, sociais e/ou religiosas ou seu desejo de ser deixado só.

Outro fenômeno é a *sextorção* (junção de sexo com extorsão) em que é feita uma chantagem em face da ameaça de publicar ou enviar imagens em que a vítima está em atitude erótica, pornográfica ou mantendo relações sexuais[455]. Há ofensa à privacidade quanto ao estágio do anonimato e do segredo. Além de criminosa, essa conduta afronta diversos princípios relativos ao tratamento de dados pessoais, da qual essa imagem compõe.

A informática é ambiente propício para o surgimento do assédio sexual. Há semelhanças com as espécies de assédio moral em meio eletrônico individual e no ciberespaço apresentadas a seguir, em que pese serem fenômenos distintos. O assédio moral tem como objetivo aniquilar a vítima pelo terror e pela perseguição. No assédio sexual, o agressor procura dominar sexualmente a vítima, por meio de chantagem[456] e/ou de intimidação. É necessário conhecer as formas de assédio moral pelo uso da tecnologia.

5.5.4. Offline mobbing

Offline *mobbing* (ou assédio moral em meio eletrônico individual)[457] é a forma de assédio moral que se utiliza de tecnologia da informação de recepção individual (isto é, pessoa a pessoa), por meio de e-mail, telefone celular, *chat*, mensagem instantânea de texto e/ou de voz, entre outros[458].

---

(452) REYES, Luz María Velázquez. Sexting, sexcasting, sextorsión, gromming y cyberbullyng: el lado oscuro de las TICs. *XI Congreso Nacional de Investigación Educativa*. México: Unam, nov. 2011. p. 2. Disponível em: <http://www.comie.org.mx/congreso/memoriaelectronica/v11/docs/area_17/0121.pdf>. Acesso em: 20 out. 2013.
(453) FIORILLO e CONTE, *op. cit.*, p. 216-218.
(454) REYES, *op. cit.*, p. 2-3.
(455) *Ibid.*, p. 3.
(456) GUEDES, Márcia Novaes. *Terror psicológico no trabalho*. 3. ed. São Paulo: LTr, 2008. p. 43.
(457) Há muitas divergências quanto às denominações e aos tipos de assédio moral pelo uso da tecnologia. *Cyberstalking*, ciber-rintimidação, *cyberbullyng, network mobbing*, entre outros, são usados para definir o mesmo fenômeno ou outra figura próxima. Uns usam *bullyng* quando a vítima é criança ou adolescente e *mobbing* para adultos. Adotaram-se aqui denominações capazes de diferenciar os diversos fenômenos de acordo com o grau de ameaça à privacidade em face dos meios tecnológicos utilizados.
(458) SOLIVA, *op. cit.*, acesso em: 11 out. 2013.

O termo *mobbing*, do inglês *to mob*, significa assediar[459]. Assédio, do latim *obsidiu*, é cerco, sítio, perseguição[460], é um "agir de forma reiterada e sistemática, com a finalidade de constranger alguém"[461]. Assédio moral é "toda e qualquer conduta abusiva manifestada, sobretudo, por comportamento, palavras, atos, gestos ou escritos que possa trazer dano à personalidade, à dignidade ou à integridade física ou psíquica de uma pessoa [...]"[462].

O assédio moral decorre de uma violência pessoal, moral e psicológica[463], caracterizada pela prática reiterada e sucessiva de atos comissivos ou omissivos que "traduzem uma atitude de contínua e ostensiva perseguição"[464]. Pode ocorrer em diversos ambientes, inclusive no trabalho. O assédio moral é um ato ilícito que ofende diversos direitos da personalidade, entre os quais a privacidade no âmbito dos estágios da solidão ou da intimidade, em que o indivíduo deseja não ser importunado.

Classifica-se o assédio moral em vertical (ascendente ou descendente) ou horizontal, conforme a origem da agressão[465]. No âmbito das relações de trabalho, o assédio vertical descendente é o praticado pelo empregador, gerente ou administrador em face de seu subordinado; no vertical ascendente, ocorre o contrário, é o subordinado quem assedia seu chefe; no horizontal, a perseguição ocorre entre colegas de trabalho.

O uso de meios de transmissão pessoal não traz, em geral, diferenças jurídicas em relação ao assédio moral realizado por outros meios. O telefone, o e-mail, o *chat* apenas foram o meio utilizado pelo agressor em seu intento ilícito. Nesses casos, cada ato de agressão que, no seu conjunto, constitui o assédio, pode ser individualizado. Cada mensagem ameaçadora tem seu início (com o seu envio) e um fim (com seu recebimento). Todavia, esses meios permitem uma maior circulação da agressão eletrônica (transmissão de cópias), mas nada comparado aos efeitos arrasadores do *cyberbullying* ou *network mobbing*.

No campo da relação de trabalho, tanto o empregado, como o empregador ou o colega de trabalho podem ser alvo ou autores dessa perseguição eletrônica.

5.5.5. Cyberbullying

O *cyberbullying* ou *network mobbing* (ou assédio moral no ciberespaço) acontece quando a perseguição, o assédio, é feito pelas redes de computadores, especialmente na Internet[466].

O *cyberbullying* pode ser considerado um fenômeno distinto do assédio moral em geral, ou, pelo menos, uma subespécie do assédio moral com uso da tecnologia da informação[467] em face das suas peculiares características. Nessa modalidade, os insultos, as ameaças, a perseguição são coletivizados e a vítima fica exposta ao linchamento público e perene. Essa exposição ocorre especialmente em redes sociais, *sites*, *blog*s, entre outros meios coletivos de informática.

O termo *bully*, usado no inglês para referir-se a pessoa cruel, tem origem holandesa (*boe*) e alemã (*buhle*) e significa "amante, protetor e bom amigo", e com o tempo foi utilizado para designar rufião,

---

(459) GUEDES, *op. cit.*, 2008. p. 33.
(460) FERREIRA, *op. cit.*, p. 71; NUNES, Pedro dos Reis. *Dicionário de Tecnologia Jurídica*. 12. ed. Rio de Janeiro: Freitas Bastos, 1990. p. 95.
(461) BELMONTE, Alexandre Agra. O assédio moral nas relações de trabalho — uma tentativa de sistematização. v. 72, n. 11, *Revista LTr*. São Paulo, nov. 2008. p. 1.329.
(462) HIRIGOYEN, Marie-France. *Assédio moral:* a violência perversa do cotidiano. 2. ed. Rio de Janeiro: Bertrand Brasil, 2001. p. 65.
(463) PEDUZZI, Maria Cristina I. Assédio moral. *Revista do TST*. v. 73, n. 2, Brasília, abr./jun. 2007. p. 31.
(464) GUEDES, *op. cit.*, p. 33.
(465) HIRIGOYEN, *op. cit.*, p. 114.
(466) SOLIVA, *op. cit.*, acesso em: 11 out. 2013. p. 2.
(467) GRADINGER, Petra; STROHMEIER, Dagmar e SPIEL, Christiane. Definition and Measurement of Cyberbullying. *Cyberpsychology:* Journal of Psychosocial Research on Cyberspace. v. 4, n. 2, 2010. Disponível em: <http://www.cyberpsychology.eu/view.php?cisloclanku=2010112301&article=1>. Acesso em: 19 out. 2013.

protetor de prostitutas, visto como uma pessoa mal encarada e geralmente agressiva[468]. Para Petra Gradinger, Dagmar Strohmeier, Christiane Spiel[469], *cyberbullying* é o assédio moral realizado pelo uso de dispositivos tecnológicos modernos que se destina a machucar psicologicamente a vítima, por meio de um conjunto repetitivo de ações danosas executadas em relação na qual há um desequilíbrio de poder.

São algumas características do *network mobbing*[470]: a) o agressor não é obrigado a ver o dano que causa à vítima, pois a agressão é feita em rede de computador; b) ele pode ficar anônimo, utilizar um pseudônimo ou criar falsas identidades[471] (p. ex., um perfil falso em uma rede social); c) a agressão é quase sempre multimídia, por vídeos, mensagens, fotos etc.; d) qualquer usuário da rede pode se converter em observador e até ajudar a aumentar a agressão; e) se o agressor postar um conteúdo na Internet, torna-se o seu proprietário e só ele pode deletar, salvo ordem judicial ou de autoridade pública dirigida ao provedor do serviço ou retirada espontânea pelo provedor (normalmente por violação de suas políticas); f) na Internet o assédio pode ocorrer 24h por dia, em todos os dias da semana e em qualquer lugar do mundo; g) desinibição provocada na rede aumenta, em geral, a intensidade da agressão e a adesão de outras pessoas; h) ubiquidade ou onipresença da agressão, pois a vítima, em qualquer lugar que esteja, inclusive em seu lar, tem acesso à ofensa e/ou sente seus efeitos (quando sua imagem se torna pública); i) eternização indefinida da agressão, enquanto o conteúdo assediador estiver na rede, a perseguição projeta seus efeitos no tempo (por meses e até anos) e prolonga o sofrimento da vítima[472]; j) a agressão pode ressuscitar tempos depois da retirada ou do isolamento do conteúdo agressivo, por meio de uma "metástase" cibernética, em que uma nova lesão é formada, a partir das primeiras agressões, mas sem continuidade entre elas; l) o agressor não precisa ser maior, mais forte ou exercer um poder sobre a vítima[473].

São condutas que podem acontecer no *cyberbullying* de forma conjugada ou não: acusação falsa; publicação de informação inverídica; criação de páginas da *web*, comunidades em redes sociais, *blog*s etc. falsas ou específicas para atacar a vítima; recolhimento de informações da vítima (em redes sociais, mineração de dados[474] etc.), monitoramento das atividades da vítima, rastreamento do IP da vítima; envio de e-mails difamatórios para pessoas próximas à vítima a fim de manipulá-las; busca e manipulação de terceiros para apoiar e/ou também perseguir a vítima; publicação de insultos e ameaças na Internet; divulgação da identidade e dados pessoais da vítima em determinados foros (*blog*s, redes sociais, *web sites* etc.); falsa vitimização pelo acusador; ataques a dados e equipamentos de informática (pirataria digital); falta de um motivo claro para o assédio; repetição pela conjugação de ações de ataque[475]; manipulação das ferramentas de busca na Internet para que os *sites* em que há o conteúdo assediante apareçam entre os primeiros resultados[476].

Nessa modalidade de assédio, o expectador desempenha uma função muito importante. Sua atitude pode contribuir para reforçá-lo ou perpetuá-lo[477]. Determinados ambientes virtuais (*blog*s, *sites*, redes sociais etc.) facilitam que um terceiro estranho, que às vezes nem conhece a vítima, possa também aderir à agressão[478]. Por isso, no *cyberbullying* é comum aparecerem vários atores, além da vítima e do agressor

---

(468) ALIANZA POR LA SEGURIDAD EN INTERNET, *op. cit.*, p. 3.
(469) GRADINGER, STROHMEIER e SPIEL, *op. cit.*, acesso em: 19 out. 2013.
(470) ALIANZA POR LA SEGURIDAD EN INTERNET, *op. cit.*, p.10-12.
(471) WALLACE, Patricia. *The psychology of the internet*. Cambridge: Cambridge University Press, 1999. p. 131.
(472) SOLIVA, *op. cit.*, acesso em: 11 out. 2013. p. 2.
(473) FIORILLO e CONTE, *op. cit.*, p. 208.
(474) UNIÃO EUROPEIA. Agencia Europea de Seguridad de las Redes y de la Información. *Cyber-bullying and online grooming*: helping to protect against the risks: a scenario on data mining / profiling of data available on the internet. Heraklion: 2011. p. 22-24.
(475) DÍAZ, Viviana Laura. *El ciber-acoso laboral, y no solo.* p. 1-2. Disponível em: <http://www.adapt.it/boletinespanol/fadocs/NL_3_4.pdf>. Acesso em: 19 out. 2013.
(476) CITRON, Danielle Keats. Cyber civil rights. *Boston University Law Review*. Boston, v. 89, 2009. p. 66-67.
(477) ALIANZA POR LA SEGURIDAD EN INTERNET, *op. cit.*, p. 9.
(478) SOLIVA, *op. cit.*, acesso em: 11 out. 2013. p. 2.

(assediador), que assumem diversos papéis diante do assédio online: a) seguidores, que são usuários favoráveis à agressão e que passam a tomar parte dela (com comentários, divulgação etc.), embora não a tenham iniciado; b) partidários, que olham a agressão e a apoiam, ainda que dela não participem ativamente, e curtidores, que gostam da agressão, visitam regularmente o ambiente virtual em que ela ocorre, mas não se manifestam; c) desinteressados (ou indiferentes), que conhecem a agressão, mas não se manifestam nem são contra ou a favor dela; d) incomodados, que não gostam da agressão, deixam de visitar o lugar onde ela ocorre, pensam em defender a vítima, mas nada fazem; e) defensores, que não concordam com as agressões e defendem a vítima (por comentários, apoiando, sugerindo defesas etc.).

Trata-se do modelo do Círculo do *Bullying* de Dan Olweus[479], aplicado também ao *cyberbullying*[480], que pode ser representado pela figura abaixo:

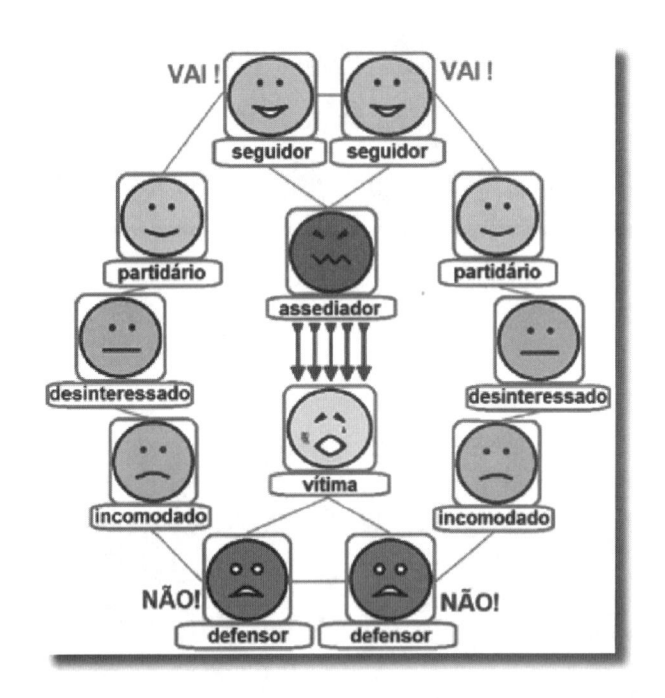

Figura 10: círculo de papéis do *cyberbullying* (em seu estágio 1)

O *cyberbullying* é praticado em rede, especialmente na Internet. Infelizmente, seu efeito multiplicador é devastador, como revelam as figuras a seguir, que apresentam um exemplo hipotético de propagação:

---

(479) OLWEUS, Dan. *Recognizing the Many Faces of Bullying*. 2007. p. 15. Disponível em: <http://fea.njpsa.org/documents/bullying/01_recog_many_faces.pdf>. Acesso em: 19 out. 2013.
(480) Cf. ALIANZA POR LA SEGURIDAD EN INTERNET, *op. cit.*, p. 9-10.

Figuras 11 e 12: exemplo de simulação de propagação do *cyberbullying*

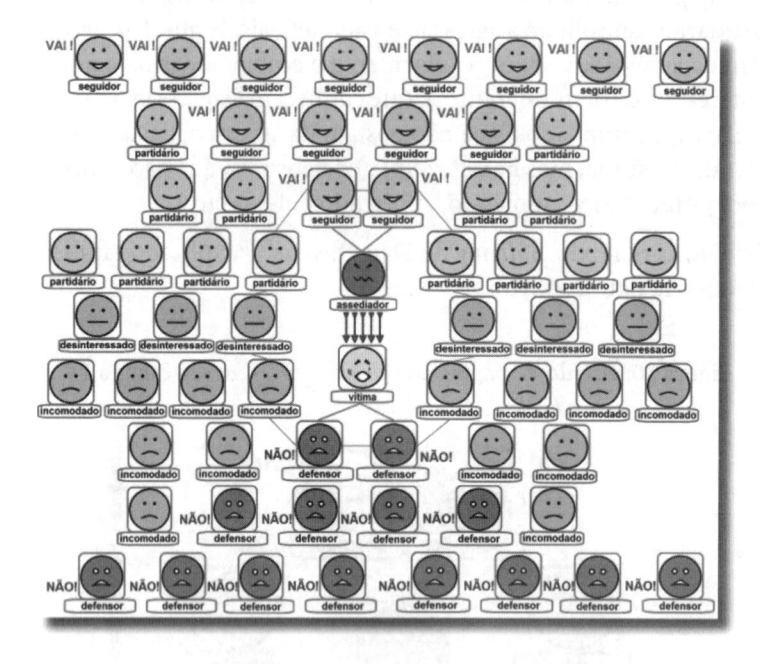

(estágio 3)

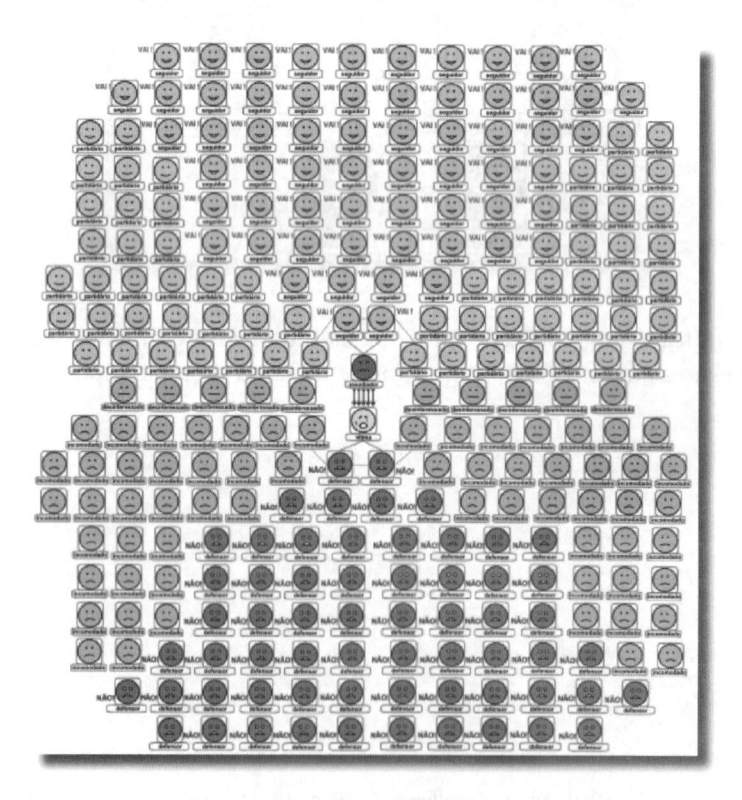

(estágio 5)

As características da Internet, já expostas, atraem usuários predispostos a terem um comportamento mais agressivo[481]. Michael Rustad[482] apresenta os dados de uma pesquisa realizada nos Estados Unidos em 2009 que revelou serem homens 45% dos agressores entrevistados, 35% mulheres e 20% não responderam a essa pergunta. Com relação às vítimas, os principais resultados estão na tabela a seguir:

Tabela 5: estatística de vítimas de *cyberbullying* nos Estados Unidos

Características	Vítimas
Eram homens	21%
Eram mulheres	78%
Tinham de 18 a 30 anos	33%
Tinham de 31 a 40 anos	30%
Tinham mais de 41 anos	32%
Eram solteiros	27%
Conheciam o agressor antes	61%
Conheceram na rede	22%
Tiveram relacionamento íntimo antes	43%
O agressor é da família	14%
Eram amigos do agressor	7,5%
Eram colegas de trabalho	8%
Eram colegas de escola	4%
Agressões eram feitas por e-mail	34%
Agressões eram por mensagens de texto	13%
Agressões ocorreram em *sites* de redes sociais	11%
Agressões eram em *sites* de discussões online	8,5%
Agressões eram de salas de *chat*	6%
Agressões eram de *web sites*	7%

Fonte: Michael Rustad, 2009

Dentre as principais consequências para as vítimas do *cyberbullying* destacam-se: suicídio, problemas de saúde, depressão, distúrbios psicológicos, baixa autoestima, aumento do consumo de álcool, absenteísmo e agressividade que pode transformar a vítima em assediador[483].

Além das diversas lesões a direitos fundamentais decorrentes do *cyberbullying* há grave ofensa à privacidade, onde as três esferas são invadidas. Postar dados com conteúdo falso afronta o princípio da veracidade. Seu uso para fins de *bullying* viola os princípios da finalidade, boa-fé e lealdade, transparência, confidencialidade, segurança e adequação. Perpetuar esses conteúdos viola a provisoriedade e o livre acesso.

---
(481) WALLACE, *op. cit.*, p. 132.
(482) RUSTAD, *op. cit.*, p. 146.
(483) ALIANZA POR LA SEGURIDAD EN INTERNET, *op. cit.*, p. 12.

No campo das relações de trabalho, podem ser vítimas e/ou assediadores o empregador, o empregado ou seu colega de trabalho. Daniella Citron[484] relata que tem acontecido de assediadores enviarem aos empregadores conteúdos prejudiciais às vítimas de *cyberbullying*, manipularem as ferramentas de busca da Internet e prejudicarem a busca de emprego por causa dos danos provocados pelo material postado na Internet. Michael Rustad[485] relata que muitas vezes empregados de alto escalão, com raiva, praticam "*corporate cyberstalking*" (assédio moral corporativo no ciberespaço), embora qualquer empregado também tenha condições de praticá-lo.

5.6. PUNIÇÃO E DISPENSA PELA EXPOSIÇÃO TECNOLÓGICA

Omar Toledo Toribio[486] narra que uma jovem inglesa foi dispensada do emprego por ter comentado em seu *Facebook*, por três vezes na sua primeira semana de trabalho, que seu trabalho era chato. Seu chefe teria lhe dito que "he visto tus comentarios en facebook [...] no quiero que mi compañía aparezca en las noticias"[487].

Nos Estados Unidos, uma pesquisa realizada pela empresa Proofopoint[488] em 2010 revelou que as atividades desenvolvidas por empregados na mídia eletrônica podem ensejar penalidades ou dispensa, com percentuais variáveis de acordo com a mídia eletrônica acessada. A tabela a seguir sintetiza os resultados dessa pesquisa.

Tabela 6: empregados punidos ou dispensados pela exposição na Internet (em %)

Tipos de Mídia	Punidos	Demitidos
E-mail	50%	20%
Redes sociais	20%	7%
*Blog*s e assemelhados	24%	11%
Sites de compartilhamento de vídeo ou áudio	21%	9%

Fonte: Proofpoint, 2009.

No Brasil, em 2009, "uma professora de ensino fundamental, de 28 anos, foi demitida após um vídeo em que ela aparece dançando sensualmente ao lado de um grupo de pagode, em Salvador, cair na Internet"[489]. Esses são dois exemplos de que a exposição da vida privada de empregados na Internet já está tendo influência direta no término da relação de emprego.

Seis comportamentos são apontados como prejudiciais ao perfil online do empregado: a) postar comentários negativos sobre o trabalho e pessoas, b) defender o empregador em uma discussão online, c) comentar assuntos privados ou sigilosos das empresas em fóruns públicos, d) fingir ser outra pessoa, e) fornecer muitas informações sobre a vida pessoal e de lazer e f) publicar foto de gosto duvidoso[490].

---

(484) CITRON, *op. cit.*, p. 71 e 80.
(485) RUSTAD, *op. cit.*, p. 146.
(486) TORIBIO, Omar Toledo. El facebook y el derecho laboral (límites de la libertad de expresión en la relación laboral). *El peruano*. Jurídica. , a. 6, Lima, 19 mar. 2009. p. 4.
(487) Tradução livre: tenho visto seus comentários no facebook e não quero que minha empresa apareça nas notícias.
(488) PROOFPOINT, *op. cit.*, p. i.
(489) Notícia publicada no portal g1.globo.com em 28.8.2009, cujo *link* e cuja referência não são citados para preservação dos direitos fundamentais da pessoa humana.
(490) INTERCENTER. Empresas consultam redes sociais antes de contratar. 17 fev. 2011. Disponível em: <http://www.intercenter.com.br/blog.php?d=7>. Acesso em: 6 out. 2013.

MEDIDAS DE PROTEÇÃO DA PRIVACIDADE DOS DADOS PESSOAIS

A tutela de proteção aos dados pessoais na relação de emprego pelo uso da informática possui diversas medidas defensivas, proibitivas, inclusive com sanções pelo seu não cumprimento, reparações e complementares[491], aplicáveis também às comunicações eletrônicas, inclusive por meio da Internet[492]. Também é possível obter a responsabilização de terceiros.

6.1. DIREITOS DE DEFESA

As primeiras medidas à disposição da vítima dizem respeito aos direitos de defesa para assegurar os princípios inerentes aos dados pessoais.

6.1.1. Direito de acesso

O direito de acesso é a faculdade que possui o titular dos dados pessoais para solicitar e obter do responsável de um cadastro informações sobre os mesmos dados que estão em seus arquivos[493]. É a primeira medida de defesa e que decorre diretamente do princípio do livre acesso aos dados pessoais pelo seu titular (arts. 5º, inc. LXXII, *a*, da Constituição Federal, 43, *caput*, do CDC e 7º, inc. I, da Lei n. 9.507/1997 e 5º, inc. II, da Lei n. 12.414/2011).

Ao titular da foto, imagem, texto, comentário, e-mail etc., é assegurado o direito material de acesso às informações sobre o tratamento dos dados pessoais que lhe digam respeito, desde a coleta até a transmissão. Tal direito é plenamente exercível pelo titular do dado pessoal no juízo competente. Em caso de falecimento

---

(491) DE LA CUEVA, *op. cit.*, 1993. p. 32 e 75.
(492) UNIÃO EUROPEIA. Directiva n. 2002/58/CE, de 12 de junho de 2012. Disponível em: <http://eur-lex.europa.eu/LexUriServ/LexUriServ.do?uri=CELEX:32002L0058:PT:HTML>. Acesso em: 2 nov. 2013, art. 15, n. 2.
(493) DE LA CUEVA, *op. cit.*, 1993. p. 75.

ou sucessão provisória (ausência), esse direito pode ser exercido pelos sucessores, pelo inventariante do espólio ou pelo representante ou procurador do ausente.

Para a Oficina Internacional do Trabalho[494]:

> 11.1. Los trabajadores deberían tener el derecho a ser informados con regularidad sobre los datos personales que les conciernen y sobre el tratamiento de éstos.
>
> 11.2. Los trabajadores deberían tener acceso a todos sus datos personales, independientemente de que sean objeto de un tratamiento automático o de que se conserven en un expediente manual o en cualquier otro fichero que comprenda datos personales suyos[495].

O direito de acesso, segundo o art. 12, *a*, da Diretiva n. 95/46 da Comunidade Europeia[496], compreende: a) a confirmação de terem ou não sido tratados dados que lhe digam respeito e informações sobre, pelo menos, os fins a que se destinam esse tratamento, as categorias de dados acessados e os destinatários a quem serão enviados os dados; b) a comunicação inteligível dos dados que estão sujeitos a tratamento e as informações disponíveis sobre a origem dos dados; c) o conhecimento da lógica inerente ao tratamento informatizado dos dados.

Em alguns países, o direito de acesso é subdividido em dois direitos distintos: o direito de acesso ao dado *stricto sensu* e o direito de informações, que compreende a ciência dos aspectos acima mencionados.

6.1.2. Direito à retificação

Em decorrência do princípio da veracidade, o titular do dado tem o direito de retificá-lo ou torná-lo exato. O direito à retificação compreende a faculdade que esse titular tem para obter a correção ou complementação dos dados pessoais que se encontram inexatos ou incompletos em um banco de dados[497]. A exatidão da informação compreende também a sua clareza e sua objetividade.

Nos termos do art. 4º da Lei n. 9.507/1997, art. 5º, inc. III, da Lei n. 12.414/2011 e o art. 43, § 3º, do CDC e/ou 5º, inc. LXXII, *b* da Constituição Federal e do princípio da veracidade, o titular do dado pode exigir diretamente ou judicialmente do responsável pelo armazenamento, tratamento ou transmissão seus subcontratos e terceiros que estão de posse dos dados pessoais, à retificação de qualquer informação equivocada em seus bancos de dados, sejam de caráter público ou privado.

6.1.3. Direito de vinculação à finalidade

O direito de uso conforme o fim (ou de vinculação à finalidade) é a faculdade do titular em exigir que o dado pessoal seja destinado aos objetivos para os quais foi fornecido[498].

Trata-se aqui de uma modalidade de defesa em que é possível restringir o tratamento, em qualquer de suas etapas, apenas a determinado fim específico, impondo uma obrigação de fazer, ou que pode também vedar certo uso do dado pessoal (obrigação de não fazer).

O dado ou a informação pessoal constante em banco de dados, entre os quais os ambientes de rede e da informação (como e-mails, intranet, redes sociais), devem preservar os princípios da adequação e da

---

(494) ORGANIZAÇÃO INTERNACIONAL DO TRABALHO, *op. cit.*, 1997. p. 12.
(495) Tradução livre: 11.1. Os trabalhadores deveriam ter o direito a ser informados com regularidade sobre os dados pessoais que lhes digam respeito e sobre o tratamento deles. 11.2. Os trabalhadores deveriam ter acesso a todos os seus dados pessoais, independentemente de que sejam objeto de um tratamento automático ou de que sejam conservados em um expediente manual ou em qualquer outro arquivo que compreenda dados pessoais seus.
(496) UNIÃO EUROPEIA. Directiva n. 95/46-CE, *op. cit.*, 1995. p. 42.
(497) DE LA CUEVA, *op. cit.*, 1993. p. 77.
(498) VALDÉS, *op. cit.*, p. 71.

finalidade, de modo que, a princípio, não podem ser utilizados para fins diversos daqueles que motivaram o seu armazenamento, sem o consentimento do seu titular. É justamente essa tutela que esse direito de defesa visa resguardar.

É possível que esse direito seja utilizado na preservação da confidencialidade. A Oficina Internacional do Trabalho recomenda que todas as pessoas que tenham acesso a dados pessoais de empregados (empregadores, trabalhadores, agências de emprego, sindicalistas) preservem a sua confidencialidade[499]. Um e-mail dirigido a um colega de trabalho que relate, por exemplo, questões afetas a sua intimidade (como relacionamentos amorosos) não pode, sem o consentimento dele, ser encaminhado para outros colegas, para o chefe ou para a lista de e-mails da empresa. A quebra da confidencialidade, nesse caso, evidencia um desvio de finalidade, com prejuízo inerente à esfera do segredo.

Pelo direito de vinculação à finalidade, o titular do dado pessoal pode requerer, em juízo ou fora dele, a limitação do seu uso ou de sua circulação apenas para os fins a que se destina.

6.1.4. Direito ao cancelamento

O direito ao cancelamento ou à eliminação tem como fim destruir a informação pessoal ou sensível em razão da inobservância de princípios afetos aos dados pessoais. O objetivo do direito ao cancelamento é eliminar do cadastro tais dados, isso porque nunca deveriam ser registrados em tais bancos, ou porque, mesmo tendo sido recolhido legalmente, existem causas que exigem sua supressão[500].

Pablo de La Cueva[501] destaca que, mediante uma causa justificada, o consentimento pode ser revogado, ainda que sem efeitos retroativos. O art. 5º, inc. I, da Lei n. 12.414/2011 prevê o direito do cancelamento do cadastro positivo pelo titular do dado. O CDC não tem norma no mesmo sentido, pois, à semelhança de outros bancos de dados, os dados contidos são usados a seu desfavor. Todavia, é óbvio que, se o consumidor quitou o débito que o positivou em cadastro de proteção ao crédito, terá o direito de cancelamento do registro desabonador, pois a informação passou a ser inverídica.

Da mesma forma, no âmbito das novas tecnologias, da Internet e de suas aplicações, deve ser garantido ao titular da informação (mensagem, texto, vídeos, fotos etc.) o direito de apagar a informação pessoal que lhe diga respeito e que não corresponde à realidade, ainda que se exija, em alguns casos, motivação. Haverá o direito ao cancelamento quando inobservados os princípios afetos aos dados pessoais.

6.1.5. Direito ao esquecimento

O direito ao esquecimento é a faculdade que o titular de um dado pessoal tem para vê-lo apagado, suprimido ou bloqueado, pelo decurso do tempo, por ter cessado sua finalidade[502] ou por afrontar seus direitos fundamentais. Trata-se de uma espécie de caducidade, em que a informação, pelo decurso do tempo, pela expiração da sua finalidade ou por sua proximidade com os direitos fundamentais afetos à personalidade, perece ou deveria perecer, ainda que por imposição de lei. Trata-se de uma oportunidade para um novo começo de vida.

O tempo causa repercussão no Direito. Ele é capaz de consolidar situações pretéritas, ainda que lesivas ao Direito. A segurança jurídica e a paz social trouxeram ao Direito vários institutos, como prescrição, decadência, anistia, perdão, coisa julgada etc. No bojo de cada um deles, há duas sementes comuns: o esquecimento do passado e a sua superação presente e futura.

---

(499) ORGANIZAÇÃO INTERNACIONAL DO TRABALHO, *op. cit.*, 1997. p. 5.
(500) DE LA CUEVA, *op. cit.*, 1993. p. 79.
(501) *Ibid.*, p. 69.
(502) ROJAS, Sebastián Zárate. La problemática entre el derecho al ovido y la libertad de prensa. *Nueva Época*, n. 13, mar./maio 2013. p. 2. Disponível em: <http://www.derecom.com/numeros/pdf/zarate.pdf>. Acesso em: 11 ago. 2013.

Por isso, ao longo da História do Direito, foram surgindo e evoluindo diversos institutos que trazem em seu bojo a ideia de esquecimento, como elemento de conformação e pacificação social. O arrependimento, a maturidade e a evolução são intrínsecos à raça humana, que, com seus erros, procura corrigi-los e traçar novos rumos para o seu desenvolvimento.

Previsto como um direito autônomo pela primeira vez no *Fair Credit Reporting Act* de 1970 editado nos Estados Unidos[503] (§ 628, *a*, n. 1), o direito ao esquecimento desenvolveu-se no seio da União Europeia a partir da década de 1990[504].

Para Antonio Rulli Júnior e Antonio Rulli Neto[505], o direito ao esquecimento é um direito fundamental associado à dignidade da pessoa humana e à inviolabilidade pessoal (arts. 1º, III, e 5º, X, da Constituição). Negá-lo é admitir pena de caráter perpétuo. O Enunciado n. 531 aprovado na VI Jornada de Direito Civil[506] consigna que "a tutela da dignidade da pessoa humana na sociedade da informação inclui o direito ao esquecimento". Trata-se, na verdade, de mera consequência lógica do direito de estar só (estágio da solidão), no qual a pessoa quer, na verdade, que se esqueçam dela.

O § 5º do art. 43 do CDC prevê o direito ao esquecimento, ao estabelecer que, transcorrido o prazo prescricional da ação de cobrança de débitos do consumidor, não serão fornecidas informações pelos bancos e cadastros de proteção ao consumidor. A Súmula n. 323 do STJ fixou o entendimento, com base na parte final do § 1º do art. 43 do CDC, de que a inscrição do devedor pode ser mantida até no máximo 5 anos. O art. 14 da Lei n. 12.414/2011 prevê o direito ao esquecimento após 15 anos.

A 4ª Turma do STJ, no REsp n. 1.334.097/RJ[507], reconheceu, por unanimidade, o direito ao esquecimento de pessoa que fora acusada e absolvida da participação de um grave crime ocorrido no Rio de Janeiro, confirmando a condenação por dano moral imposta a um veículo de comunicação social.

Também a Corte Europeia de Justiça[508] referiu-se ao direito ao esquecimento em face do resultado de buscas realizadas na internet, o qual envolvia informação pessoal desatualizada de um cidadão espanhol.

O direito ao esquecimento tem particular incidência em relação à história judicial, aos dados pessoais, à circulação de informações na Internet[509] e às sombras do passado. Todos possuem, de algum modo, uma relação com pelo menos uma forma de exposição à privacidade enumerada no capítulo anterior.

Embora o efeito prático da ordem judicial de cancelamento de um dado e de apagá-lo em face do esquecimento seja idêntico, o direito ao esquecimento não se confunde com aquele. O cancelamento não depende do transcurso do tempo ou da caducidade da finalidade. No esquecimento, o dado pessoal foi colhido corretamente e devidamente tratado. Em prol da dignidade da pessoa humana, dos direitos

---

(503) ESTADOS UNIDOS. Federal Trade Commision. *The Fair Credit Reporting Act*. Disponível em: <http://www.ftc.gov/os/statutes/fcradoc.pdf>. Acesso em: 29 jun. 2013.
(504) KOOPS, Bert-Jaap. Forggeting footprints, shunning shadows, a critical analysis of the "right to be forgotten" in big data practice. *Scribted*, v. 8, n. 3, dez. 2011. p. 230. Disponível em: <http://script-ed.org/wp-content/uploads/2011.12.koops.pdf>. Acesso em: 11 ago. 2013.
(505) RULLI JÚNIOR, Antonio; RULLI NETO, Antonio. Direito ao esquecimento e o superinformacionismo: apontamentos no Direito brasileiro dentro do contexto da sociedade da informação. *Revista do Instituto de Direito Brasileiro*. a. 1, n. 1, Lisboa: jan. 2012. p. 425.
(506) BRASIL. Conselho da Justiça Federal. Disponível em: <http://www.jf.jus.br/cjf/CEJ-Coedi/jornadas-cej/VI%20Jornada.pdf/at_download/file>. Acesso em: 29 jun. 2013.
(507) BRASIL. Superior Tribunal de Justiça. Recurso Especial n. 1.334.097/RJ. 4ª Turma. Relator Ministro Luis Felipe Salomão. Publicado no DJe de 10.9.2013.
(508) CORTE EUROPEIA DE JUSTIÇA. Processo n. C-131/12. Google Spain S.L. e Google Inc *versus* Agencia Española de Protección de Datos e Mario Costeja González. 13 maio 2014, n. 18-19. Relator M. Ilesic. Disponível em: <http://curia.europa.eu/juris/document/document.jsf;jsessionid=9ea7d0f130deef035543c386427ca49bc8074cba7492.e34KaxiLc3eQc40LaxqMbN4OaNqSe0?text=&docid=152065&pageIndex=0&doclang=PT&mode=req&dir=&occ=first&part=1&cid=56939>. Acesso: em 1º jun. 2014.
(509) TERWANGNE, Cécile de. Privacidad en internet y al derecho a ser olvidado/derecho al olvido. *IDP — Revista D'Internet, Dret y Política*. n. 13, Barcelona, 2012. p. 55-63.

fundamentais ou da caducidade (decorrente de sua provisoriedade), este dado é esquecido para que o titular do dado possa prosseguir com sua vida.

Algumas situações impedem o exercício do direito ao esquecimento, entre as quais: quando os dados estão relacionados com a história, refiram-se a tema de interesse histórico ou decorram de fatos vinculados ao exercício de uma atividade pública de uma figura pública[510]. Aplicam-se aqui as limitações afetas à privacidade mencionadas no capítulo 3.9.

Configurada a caducidade temporal, a proximidade com os direitos fundamentais ou expirada à finalidade e por não haver uma causa impeditiva, tem o titular do dado pessoal assegurado o direito ao esquecimento.

6.1.6. Direito de não sujeição a decisões individuais automatizadas

O art. 13 da Lei n. 67 de Portugal[511] prevê o direito de não sujeição a decisões individuais automatizadas, cuja regra geral assim dispõe:

Art. 13. Decisões individuais automatizadas

1 — Qualquer pessoa tem o direito de não ficar sujeita a uma decisão que produza efeitos na sua esfera jurídica ou que a afecte de modo significativo, tomada exclusivamente com base num tratamento automatizado de dados destinado a avaliar determinados aspectos da sua personalidade, designadamente a sua capacidade profissional, o seu crédito, a confiança de que é merecedora ou o seu comportamento. [...]

Diversas nações têm disposições semelhantes. Em Macau[512], a norma do art. 13º da Lei n. 8/2005 é similar à portuguesa. Na Espanha[513], o art. 13º da *Ley Orgánica* n. 15/1999 prevê a não submissão à decisão com efeitos jurídicos que lhe digam respeito ou que lhe afete significativamente, com base apenas em um tratamento de dados destinado a avaliar aspectos de sua personalidade.

Trata-se de um remédio contra o tratamento de dados que tem como objetivo traçar um determinado perfil da pessoa. É um antídoto contra a ameaça decorrente das conclusões que podem resultar da inter--relação de dados isolados que, por si só, tal como foram obtidos, não levam a qualquer impressão do indivíduo, mas que, quando passam pelo tratamento automatizado, produzem a definição das características ou da personalidade de uma pessoa em particular[514].

Esse direito é uma proteção absolutamente lógica, que decorre naturalmente dos postulados de Direito Constitucional e Civil, também presentes na ordem jurídica brasileira.

O direito de não sujeição a decisões individuais automatizadas ocorre quando houve desvio da finalidade no tratamento dos dados pessoais; não foi observada a adequação entre dado pessoal e seu tratamento; o consentimento, caso seja necessário, foi viciado; ou quebrou-se a boa-fé, a lealdade e a transparência. Diante disso, o tratamento desses dados gerou um resultado mais intrusivo à privacidade do que os dados originalmente fornecidos (ao revelar, p. ex., um aspecto da personalidade que não constava dos dados antes do tratamento), com repercussões no princípio da igualdade (por apresentar um fator subjetivo de diferenciação). Esse resultado danoso e geralmente discriminante foi o único fundamento de uma decisão que trouxe consequências negativas na esfera jurídica do seu titular ou lhe afetou significativamente. Em outras palavras, houve um ilícito no tratamento de dados (invasão da privacidade) e uma decisão com repercussões jurídicas danosas ao titular de dados, tomadas com base em um fator de discriminação.

---

(510) TERWANGNE, Cécile de. Privacidad en internet y al derecho a ser olvidado/derecho al olvido. *IDP — Revista D'Internet, Dret y Política*. n. 13, Barcelona, 2012. p. 56.
(511) PORTUGAL. Lei n. 67 de 1998, *op. cit.*, acesso em: 13 out. 2013, *sic*.
(512) MACAU, *op. cit.*, acesso em: 7 out. 2013.
(513) ESPANHA. Ley Orgánica n. 15/1999, *op. cit.*, acesso em: 13 out. 2013.
(514) DE LA CUEVA, *op. cit.*, 1993. p. 82.

No campo do Direito Constitucional, a decisão individual automatizada é inconstitucional. Ela viola o direito à privacidade, porque não observados seus postulados; fere a igualdade e causa discriminação, pois se utiliza de um fator injustificado de discrimine.

No campo do Direito Civil, o consentimento dado pelo titular, nos casos em que é exigido, padece de erro ou dolo (arts. 138 e 145 do Código Civil), pois o titular forneceu os dados por ignorar sua real finalidade ou em função do expediente ardiloso utilizado. Houve desvio de finalidade e da adequação e foi quebrada a transparência, a boa-fé e a lealdade, o que torna o ato ilícito (art. 187 do Código Civil).

Viciado o processo que originou a decisão, torna-se passível de anulação ou de nulidade, dependendo do fundamento invocado, com incidência do art. 182 do Código Civil que determina o retorno ao *status quo* anterior ao tratamento do dado. O veneno presente na raiz do tratamento contaminou os resultados intrusivos que ele gerou[515]. Em outras palavras, a decisão automatizada baseada apenas em tratamento de dados, onde houve desvio dos princípios afetos aos dados pessoais, não produz efeitos jurídicos porque, viciada, não está o titular do dado sujeito a ela.

No campo das relações de trabalho, objeto do presente estudo, tem especial aplicação o art. 9º da CLT que considera nulos os atos do empregador que têm o objetivo de desvirtuar a aplicação dos preceitos protetivos da legislação do trabalho. Logo, se um dado pessoal do empregado é coletado e, por desvio de sua finalidade original, tratado para, por exemplo, traçar um perfil da personalidade dele, a decisão de dispensá-lo ou não contratá-lo, com base nesse único critério, é passível de nulidade (ou anulação para alguns doutrinadores).

É verdade que a ordem jurídica trabalhista não tem a tradição de determinar judicialmente a contratação de empregado discriminado em processo de seleção em face da grande interferência na livre-iniciativa do empregador. Nem mesmo a Lei n. 9.029/1995, que tratou de discriminação na seleção de emprego, disciplinou a contratação forçada de empregado discriminado, mas apenas de readmissão se ela originou a dispensa de alguém que já trabalhava antes. Uma saída sempre possível nesses casos é converter a obrigação de fazer (contratar) em pagar (indenizar).

De qualquer sorte, o direito de não sujeição à decisão individual automatizada também se aplica ao direito brasileiro e, em especial, às relações de trabalho.

6.2. PROIBIÇÃO DA CONDUTA

São várias as tutelas próprias para impedir ou limitar a conduta lesiva e ameaçadora da privacidade e da intimidade. Trata-se de um direito de oposição que o titular do dado pessoal possui contra destinatários, responsáveis pelo tratamento, seus representantes e subcontratados e terceiros.

6.2.1. Proibição de acesso de terceiros

Como o consentimento é um princípio que norteia a coleta, o armazenamento, o processamento e a transmissão dos dados pessoais, diversas legislações estrangeiras dispõem sobre a restrição da comunicação deles em relação a terceiros. Normalmente essa cessão depende do consentimento e é destinada ao cumprimento da finalidade aos quais se destinam os dados.

Decorre, como consequência, que o titular do dado pode exigir uma conduta negativa de quem possui a guarda dos dados, como a proibição de acesso de terceiros a seus dados pessoais.

---

(515) A Teoria dos Frutos da Árvore Envenenada (*Fruits of the Poisonous Tree Theory*) foi desenvolvida pela Suprema Corte americana em matéria probatória e também é aplicada no Direito brasileiro, inclusive pelo STF, guardando visível semelhança com o raciocínio exposto.

Além disso, o responsável pelo banco de dados ou pelo tratamento e as pessoas que manuseiam esses dados têm o dever de mantê-los em segredo, em observância ao direito fundamental à privacidade, conforme reza o princípio da confidencialidade e nos termos do art. 630 do Código Civil que comunica ao depositário do dado pessoal a privacidade da qual ele é inerente. Esse dever também impõe uma proibição de acesso a terceiros.

Obviamente que esse direito não é absoluto. Há diversas exceções, quando, por exemplo, a cessão dos dados (o acesso de terceiros) é autorizada por lei, os dados estão em fonte pública, a cessão dos dados relativos à saúde é para solucionar uma urgência médica, ou quando o tratamento decorra da livre e legítima aceitação de uma relação jurídica cujo desenvolvimento, cumprimento e controle tenham necessariamente conexão desse tratamento com arquivos de terceiros. É nessa última ressalva que se enquadram os cadastros negativos ou positivos em geral, como serviços de proteção ao crédito, no qual a aceitação da comercialização de um produto depende do resultado da consulta.

6.2.2. Proibição de tratamento

Em regra, os dados sensíveis não podem ser objetos de tratamento. Também não podem sê-lo aqueles coletados de forma ilícita. A proibição de tratamento alcança também o uso dos dados pessoais para fins diversos para os quais foram coletados ou sem a observância da devida adequação. O titular, nessas situações, possui o direito de impor uma conduta negativa que obste o tratamento não autorizado.

6.2.3. Proibição de armazenamento de dados sensíveis

Os dados sensíveis não podem ser objetos de armazenamento, salvo em situações excepcionais, como o prontuário médico do paciente de um hospital.

Interessante notar a preocupação da Lei n. 12.414/2011 com a discriminação e a ofensa aos direitos fundamentais ao proibir o armazenamento (anotações) de dados sensíveis (art. 3º, § 3º). Isso porque os dados sensíveis, como já expostos, estão bastante relacionados à dignidade da pessoa humana e ao núcleo dos direitos fundamentais concernentes à personalidade.

O direito fundamental da não discriminação na relação de emprego e a aplicação do art. 3º, § 3º, da Lei n. 12.414/2011 e da Lei n. 9.029/1995 podem ser invocados para obstar qualquer etapa do tratamento de dados sensíveis do empregado e do empregador (acesso, cópia, reprodução, circulação etc.) por qualquer meio eletrônico, antes, durante ou após o contrato de trabalho.

6.3. SANÇÃO E MEDIDAS ADICIONAIS

A não observância das obrigações decorrentes dos direitos de defesa e das proibições da conduta e o descumprimento dos princípios afetos aos dados pessoais na relação de trabalho pode ensejar diversas sanções.

6.3.1. Multa astreintes

A multa *astreintes* é uma penalidade fixada para inibir o obrigado a descumprir uma obrigação de fazer ou não fazer e impulsioná-lo a observar a Lei e o Direito. Ela não substitui a obrigação principal, que continua sendo exigível. É apenas um reforço financeiro, de natureza coercitiva, em que se busca alterar a relação custo-benefício entre a observância da lei e seu descumprimento, de modo que cumprir a obrigação é economicamente mais vantajoso do que continuar a desrespeitá-la. O valor a ser fixado deve obedecer à proporcionalidade, sendo suficiente para impelir o obrigado, sem o levar a bancarrota nem ensejar o enriquecimento da outra parte.

A multa *astreintes* não se confunde com outras multas e cláusulas penais decorrentes do inadimplemento da obrigação, cujas finalidades são atenuar para o credor os prejuízos decorrentes da mora de uma obrigação.

Nos termos do art. 461, § 5º, do CPC, a multa *astreintes* é fixada por meio de uma decisão judicial que impõe determinada obrigação de fazer ou não fazer a uma das partes. Também pode ser estabelecida em acordos judiciais ou extrajudiciais, como termo de ajustamento de conduta firmado perante o Ministério Público.

6.3.2. Advertência e Suspensão

O empregado que viole dados pessoais de outro colega de trabalho, exponha o banco de dados do empregador a riscos de segurança, exponha dados de caráter sigiloso ou protegidos pelo segredo empresarial está sujeito às penalidades trabalhistas decorrentes do poder disciplinar do empregador. O empregado pode receber advertência e suspensão, dependendo da gravidade do ato e da continuidade da conduta.

6.3.3. Rescisão por justa causa

O empregador e o empregado estão sujeitos à configuração de justa causa apta a rescindir o contrato de trabalho, pela exposição intrusiva da privacidade e não observância dos princípios afetos aos dados pessoais, nos termos dos arts. 482 e 483 da CLT.

O enquadramento jurídico da motivação para justa causa vai depender do tipo de exposição eletrônica que é feita. Por exemplo, espionar o empregado mediante vigilância cibernética permanente pode configurar tratamento com rigor excessivo (art. 483, *b*, da CLT); praticar difamação cibernética caracteriza ato lesivo da honra e boa fama (art. 483, "e", da CLT).

A aplicação da justa causa para qualquer uma das partes da relação de emprego depende, mesmo em se tratando de novas tecnologias, da satisfação de seus requisitos, conforme apresenta a doutrina, em especial: tipificação, gravidade do ato, nexo de causalidade, proporcionalidade entre o ato faltoso e a punição, imediação, *non bis in idem* e conexão com o serviço.

6.3.4. Medidas adicionais

Sem prejuízo das sanções acima, outras sanções podem ser adotadas no caso de inobservância dos princípios dos dados pessoais, da invasão da privacidade por meio eletrônico e do não cumprimento de obrigação de fazer ou não fazer, a teor do art. 461, § 5º, do CPC.

A plena satisfação dos direitos de defesa e das proibições de conduta está na razão inversa da publicidade do dado pessoal. Quanto maior for sua divulgação pelas novas tecnologias, menor será a eficácia da tutela dos direitos de defesa e das proibições de conduta. Nesses casos, maior serão as necessidades de se adotarem medidas adicionais em favor do titular do dado.

Em se tratando de Internet, uma medida adicional é retirar o conteúdo intrusivo da *web*. Porém, em alguns casos, a completa erradicação do dado é materialmente impossível (como em vídeos copiados na *web* aos milhões). Nessa hipótese, a melhor opção atualmente é atenuar o acesso à informação mediante restrição à consulta pública (bloqueando, por exemplo, *sites* e/ou resultados das buscas). Essas medidas, porém, trazem alguns desafios que serão abordados no próximo capítulo.

Além disso, o próprio art. 461, § 5º, do CPC menciona algumas medidas complementares, tais como busca e apreensão (de computadores, arquivos), remoção de coisas (de *softwares* ou de arquivos usados na armazenagem ou no tratamento de dados), desfazimento de obras (destinadas a captar, por exemplo, dados sensíveis) e impedimento de atividade nociva (com imposição de restrições e embargos judiciais).

6.4. REPARAÇÃO PECUNIÁRIA

Independentemente do exercício *in natura* do direito (pela fruição do próprio direito em si), a violação da privacidade do empregado ou do empregador pelo uso das novas tecnologias não afasta o direito individual à reparação pelos danos causados, na forma estabelecida pelos arts. 5, incs. V e X, da Constituição Federal e 186, 187 e 927 do Código Civil.

A palavra dano, do latim *dammum*, significa mal ou ofensa pessoal. Consiste na "ofensa a interesses ou bens juridicamente tutelados, patrimoniais ou não, provocada por outrem, contra a vontade do lesado, que faz nascer para este a pretensão a uma reparação"[516]. Há várias espécies de dano que podem ensejar distintas reparações.

6.4.1. Dano material

O dano material (ou patrimonial) acontece quando a ofensa tem repercussão meramente econômica. Quando não é exercido *in natura*, sua reparação é feita mediante o pagamento de uma indenização pecuniária ao ofendido. O dano material pode ser de duas espécies: dano emergente, caracterizado pelo efetivo prejuízo financeiro experimentado pelo ofendido que, com isso, teve uma diminuição patrimonial; e lucros cessantes, que constitui naquilo que o ofendido deixou de ganhar com a ofensa.

A utilização indevida ou intrusiva de dados pessoais que enseja dano emergente ou lucro cessante é passível de reparação pecuniária, a teor dos arts. 927 e seguintes do CPC.

6.4.2. Dano moral

Dano moral é o "prejuízo resultante de ofensa à integridade psíquica ou à personalidade moral, com possível ou efetivo prejuízo do patrimônio moral"[517].

As diversas condutas intrusivas examinadas causam dano à integridade psíquica ou moral da vítima exposta em sua privacidade. Referida lesão, apesar de não possuir expressão patrimonial, é passível de reparação, não sendo propriamente uma indenização, pressupondo a eliminação do prejuízo e das suas consequências, mas de uma compensação, que impõe ao ofensor uma obrigação de pagamento de certa quantia em favor do ofendido[518] e que possibilite a este algum conforto.

6.4.3. Dano existencial

A invasão da privacidade pelo uso e tratamento dos dados pessoais pode ensejar, na visão de alguns doutrinadores, dano existencial.

O dano existencial ou à existência da pessoa é a vulneração de qualquer dos direitos fundamentais da pessoa humana que enseja uma alteração lesiva na sua maneira de ser ou nas atividades por ele executadas e que compromete o seu projeto de vida pessoal[519] ou traz uma alteração substancial nas suas relações familiares, sociais, culturais etc.[520].

Para haver o dano existencial, não é necessária a ocorrência de perda financeira ou econômica, porém é preciso que o projeto de vida da pessoa seja possível, razoável e concretizável[521] ou que seu complexo de afazeres fique substancialmente comprometido, ainda que temporariamente.

---

(516) PAROSKI, Mauro Vasni. *Dano moral e sua reparação no Direito do Trabalho*. Curitiba: Juruá, 2006. p. 37.
(517) GONÇALVES, Luiz da Cunha apud PAROSKI, *op. cit.*, p. 42.
(518) CAHALI, Yossef Said. *Dano Moral*. 2. ed. São Paulo: Revista dos Tribunais, 2000. p. 42.
(519) ALMEIDA NETO, Amaro Alves de. Dano existencial: a tutela da dignidade da pessoa humana. *Revista dos Tribunais*. São Paulo, v. 6, n. 24, out./dez. 2005. p. 68.
(520) SOARES, Flaviana Rampazzo. *Responsabilidade civil por dano existencial*. Porto Alegre: Livraria do Advogado, 2009. p. 44.
(521) COLNAGO, Lorena de Mello Rezende. Dano existencial decorrente de violações à jornada de trabalho. *Revista do Tribunal Regional do Trabalho da 18ª Região*. Goiânia, a. 12, 2012. p. 344.

Essa subespécie dos danos imateriais provoca um vazio existencial na pessoa e, quando atinge o seu projeto de vida, provoca um dano injusto; ignora as realizações feitas; frustra, compromete ou aniquila o objetivo razoável em face das limitações que lhe foram impostas[522].

O dano existencial é passível de comprometer as relações interpessoais (vida de relação), impedindo o ser humano de estabelecer sua história vivencial e de se desenvolver ampla e saudavelmente[523]. Ele conduz a uma renúncia involuntária das atividades cotidianas, levando o indivíduo à clausura, ao exílio, a uma menor interação com outras pessoas, coisas e interesses[524].

Em que pesem as discussões doutrinárias acerca da autonomia do dano existencial, o TST[525] já reconheceu que ofensas de direitos fundamentais afetos à personalidade podem ensejar a reparação por dano existencial:

> DANO MORAL. DANO EXISTENCIAL. SUPRESSÃO DE DIREITOS TRABALHISTAS. NÃO CONCESSÃO DE FÉRIAS. DURANTE TODO O PERÍODO LABORAL. DEZ ANOS. DIREITO DA PERSONALIDADE. VIOLAÇÃO. 1. A teor do art. 5º, X, da Constituição Federal, a lesão causada a direito da personalidade, intimidade, vida privada, honra e imagem das pessoas assegura ao titular do direito a indenização pelo dano decorrente de sua violação. 2. O dano existencial, ou o dano à existência da pessoa, "consiste na violação de qualquer um dos direitos fundamentais da pessoa, tutelados pela Constituição Federal, que causa uma alteração danosa no modo de ser do indivíduo ou nas atividades por ele executadas com vistas ao projeto de vida pessoal, prescindindo de qualquer repercussão financeira ou econômica que do fato da lesão possa decorrer." (ALMEIDA NETO, Amaro Alves de. Dano existencial: a tutela da dignidade da pessoa humana. *Revista dos Tribunais*, São Paulo, v. 6, n. 24, mês out/dez, 2005, p. 68.). 3. Constituem elementos do dano existencial, além do ato ilícito, o nexo de causalidade e o efetivo prejuízo, o dano à realização do projeto de vida e o prejuízo à vida de relações. Com efeito, a lesão decorrente da conduta patronal ilícita que impede o empregado de usufruir, ainda que parcialmente, das diversas formas de relações sociais fora do ambiente de trabalho (familiares, atividades recreativas e extralaborais), ou seja que obstrua a integração do trabalhador à sociedade, ao frustrar o projeto de vida do indivíduo, viola o direito da personalidade do trabalhador e constitui o chamado dano existencial. 4. Na hipótese dos autos, a reclamada deixou de conceder férias à reclamante por dez anos. A negligência por parte da reclamada, ante o reiterado descumprimento do dever contratual, ao não conceder férias por dez anos, violou o patrimônio jurídico personalíssimo, por atentar contra a saúde física, mental e a vida privada da reclamante. Assim, face à conclusão do Tribunal de origem de que é indevido o pagamento de indenização, resulta violado o art. 5º, X, da Carta Magna. Recurso de revista conhecido e provido, no tema.

6.5. MEDIDAS PREVENTIVAS

O tratamento de dados pessoais, muitas vezes, reclama medidas de tutela preventiva, especialmente quando o ilícito diz respeito à transmissão de dados em meio informático como a Internet. Normalmente, nesses casos, a tutela que se pretende é preservar a integridade da privacidade mediante a remoção do ilícito, por meio de tutela inibitória, ainda que antecipada.

6.5.1. Tutela inibitória

A tutela inibitória é a tutela judicial específica que objetiva conservar a integridade do direito em face da ameaça da prática de um ilícito que pode ser praticado, prosseguir ou repetir-se[526]. Seu escopo é impedir

---

(522) BEBBER, Júlio César. Danos extrapatrimoniais (estético, biológico e existencial) — breves considerações. v. 73, n. 1, *Revista LTr*. São Paulo, jan. 2009. p. 28-29.
(523) FROTA, Hidemberg Alves da. Noções fundamentais sobre o dano existencial. *Revista do Tribunal Regional do Trabalho da 13ª Região*. João Pessoa, v. 17, n. 1, 2010. p. 204.
(524) SOARES, op. cit., p. 46-47.
(525) BRASIL. Tribunal Superior do Trabalho. Recurso de Revista n. 727-76.2011.5.10.24.0002. 1ª Turma. Relator Ministro Hugo Carlos Scheuermann. Publicado no DEJT de 38.6.2013.
(526) MARINONI, Luiz Guilherme. *Tutela inibitória:* individual e coletiva. 5. ed. São Paulo: Revista dos Tribunais, 2012. p. 33-43.

que o ato ilícito ocorra, continue a ser praticado ou que aconteça de novo. Interessa ao titular a fruição do seu direito *in natura*, seja porque ele não pode ser reparado ou adequadamente ressarcido, seja porque deseja prevenir e não ser ressarcido.

Em se tratando de privacidade, a tutela inibitória tem especial lugar, pois qualquer compensação pecuniária é incapaz de devolver ao espírito a paz de estar só. Sua lesão pode provocar sérios e irreversíveis danos à personalidade, aos relacionamentos sociais e à vida pessoal. Por isso, a teor dos arts. 5º, inc. XXXV, da Constituição e 461 e 461-A do CPC, havendo demonstração da ameaça efetiva pela prática ou continuidade do ilícito e de que o imputado tem o dever de agir em respeito ao interesse do titular[527] do dado pessoal (observando, p. ex., os princípios que lhe são afetos), é possível a concessão de tutela inibitória para resguardar a satisfação *in natura* do direito.

6.5.2. Tutela antecipada

A demora de um provimento judicial, dependendo do meio informático utilizado, pode ensejar nova prática, continuidade ou reiteração do ilícito e, o pior, tornar irreversíveis os danos que ainda podem ser causados à privacidade da vítima a ponto de a decisão tornar-se materialmente inócua. É possível a concessão de tutela inibitória em antecipação de tutela, na forma dos arts. 273 e 461 do CPC.

Um fator que pode ser determinante para a avaliação da ameaça ao direito e do perigo da demora é a capacidade de o dado propagar-se, difundir-se ou ser transmitido para terceiros. Isso está diretamente ligado ao meio em que ele está armazenado.

Quanto à Internet, a velocidade em que uma informação pode ser replicada (copiada) é assustadora. Em um momento, ela está hospedada em *site* de um provedor brasileiro, mas daqui a instantes poderá haver cópias suas em *sites* do Japão, da Austrália, dos Estados Unidos ou de qualquer outra nação conectada à rede mundial de computadores. Nesses casos, se o tratamento (divulgação) não for rapidamente estancado, mais difícil será tomar alguma medida meses ou dias depois. O perigo da demora nessas situações pode ser altíssimo.

A concessão da tutela, nesses casos, justifica-se para: "a) impedir a continuidade do ato ilícito; b) impedir ou minimizar a reprodução das informações danosas em outros *Web sites*; c) dificultar ou inviabilizar a localização futura dessas informações por mecanismos de busca"[528].

Se o dado, porém, está armazenado apenas em computadores de uma empresa e não havendo outros elementos que apontem um risco adicional de transmissão acidental ou intencional, será, em tese, menor o perigo da demora do provimento judicial.

Caso a intrusão da privacidade decorra de meio de transmissão individual instantâneo, como SMS e MMS, não haverá, via de regra, *periculum in mora*, pois o ilícito já ocorreu e os danos já foram produzidos. A tutela de remoção do ilícito (e a tutela inibitória também) não é contra o dano, mas para "remover ou eliminar o próprio ilícito, isto é, a causa do dano; não visa ressarcir o prejudicado pelo dano"[529].

6.5.3. Tutela cautelar

As medidas cautelares, que têm a finalidade de assegurar o resultado útil e eficaz do processo judicial[530], encontram especial campo na defesa judicial dos dados pessoais.

---

(527) SPADONI, Joaquim Felipe. *Ação Inibitória:* a ação preventiva no art. 461 do CPC. São Paulo: Revista dos Tribunais, 2002. p. 46 e 60.
(528) LEONARDI, *op. cit.*, p. 276.
(529) MARINONI, *op. cit.*, p. 131.
(530) SPADONI, *op. cit.*, p. 27.

Como o tratamento dos dados pessoais normalmente é feito à distância dos olhos do seu titular, é possível que, antes ou durante a tramitação de uma ação judicial, seja necessária a adoção de medidas cautelares. Têm especial lugar as medidas de busca e apreensão (de máquinas, equipamentos, fichários, arquivos etc.), produção antecipada de provas (exame pericial em equipamentos, p. ex.), notificação, interpelação e protesto judicial (em face, p. ex., de uma restrição ao tratamento do dado) e exibição (mostrar os dados arquivados).

6.6. RESPONSABILIDADE CIVIL

A responsabilidade civil, decorrente do tratamento intrusivo de dados pessoais, pode atingir, conforme o caso, diversas pessoas, empresas e terceiros.

6.6.1. Responsabilidade solidária de quem trata dado

O art. 23, § 1º, da Diretiva 95/46 da União Europeia prevê o direito da vítima em obter a reparação do prejuízo do responsável pelo tratamento do dado[531]. Trata-se de responsabilidade objetiva que alcança todo aquele que copia, armazena, transmite ou processa o dado. Essa responsabilidade pode ser parcial ou totalmente excluída se o responsável pelo tratamento do dado provar que o fato que causou o dano não lhe é imputável (art. 23, § 2º, Diretiva 95/46). Essas orientações foram incorporadas na legislação de vários países e, salvo melhor juízo, podem ser aplicadas no Brasil.

Se o titular do cadastro utiliza serviço de tratamento de dados de alguém, se existe subcontratação ou se um terceiro, em razão de contrato com eles, tem acesso aos dados pessoais, então haverá uma associação para esse fim, o que atrai a responsabilidade solidária deles, a teor do art. 265 do Código Civil. Mesmo que assim não fosse, como a lesão do direito à privacidade teve mais de um autor, todos os coautores da intromissão indevida respondem solidariamente, conforme disciplina o art. 942, *in fine*, do Código Civil.

Também nos casos de terceirização de mão de obra, em que os empregados de uma empresa prestam serviços para outra (tomadora) e exista um compartilhamento entre ambas dos dados pessoais dos trabalhadores, haverá solidariedade, e não subsidiariedade, se o tratamento dos dados for comum ou a intromissão invasiva ocorrer pela ação conjunta de ambas as empresas. Se apenas uma delas incorreu no vazamento, a outra pode ser responsabilizada solidariamente, ou pelo menos subsidiariamente, pela quebra dos princípios da segurança e da confidencialidade.

6.6.2. Responsabilidade objetiva e subjetiva

O panorama legislativo internacional deixa claro que a responsabilidade decorrente do tratamento dos dados (em qualquer de suas modalidades) é, em regra, objetiva. Nesse sentido, inclusive é clara a dicção do art. 34 da Lei n. 67 de 1998 de Portugal[532]. Quem recebe ou trata o dado pessoal assume o risco inerente à sua guarda e ao bom uso dele. Incide, assim, a regra do parágrafo único do art. 927 do Código Civil que trata da responsabilidade objetiva. Logo, bastará à vítima, em princípio, comprovar o nexo de causalidade e o dano.

Excepcionalmente, haverá responsabilidade subjetiva, em que será necessário ainda perquirir sobre a existência de culpa ou dolo, especialmente quando se pretende alcançar terceiros que nenhuma relação tenha com o tratamento, como provedores e *sites* de buscas.

---

(531) UNIÃO EUROPEIA, Directiva n. 95/46/CE, *op. cit.*, 1995, art. 23, § 1º, p. 45.
(532) PORTUGAL. Lei n. 67 de 1998, *op. cit.*, acesso em: 13 out. 2013.

6.6.3. Responsabilidade de provedores

No que tange à Internet, o provedor da hospedagem ou do conteúdo não tem, em princípio, responsabilidade pelo conteúdo publicado pelo usuário em página da *web*[533]. Todavia, caso seja notificado ou cientificado da lesão a direitos fundamentais e permanecer inerte, poderá ser responsabilizado civilmente[534].

Os tribunais norte-americanos também consideram que o provedor de serviços (de conteúdo ou de hospedagem) tem o dever de remover o conteúdo ofensivo quando recebe a denúncia da vítima, sob pena de ser responsabilizado. Nesse caso, o provedor continua, aparentemente, a manter a difamação que a vítima deseja remover[535].

Os arts. 10, §§ 1º e 2º, e 18 a 21 da Lei n. 12.965/2014, referente ao Marco Civil da Internet, disciplinam no mesmo sentido. Os provedores têm a salvaguarda de não serem responsabilizados civilmente por danos decorrentes de conteúdo gerado por terceiros, mas, se após receberem a ordem judicial específica não tomarem as providências para indisponibilidade do conteúdo, no âmbito e nos limites técnicos de seu serviço, passariam a ser responsabilizados civilmente.

Liliana Paesani[536] adverte que, no direito comparado, hospedeiros de redes sociais estão sendo responsabilizados por vazamento de dados pessoais de usuários contidos em comunidade virtuais fechadas, em face da culpa *in costudiendo*.

6.6.4. Responsabilidade dos sites de buscas

Discute-se, ainda, a responsabilidade civil de *sites* de busca que, depois de notificados, extra ou judicialmente, continuam a mostrar resultados com *hyperlinks* para página, contendo informação lesiva a direito fundamental da pessoa humana.

O STJ, reformando decisão do TJRJ, concluiu que a filtragem da pesquisa não é atividade intrínseca ao *site* de pesquisa, que não pode ser obrigado a eliminar resultados de busca de determinado termo ou expressão, e afastou o reconhecimento pretendido da responsabilidade civil[537]. Em sentido contrário, decidiu a Corte Europeia de Justiça[538].

Os sítios de buscas podem responder civilmente, não pela indevida invasão da privacidade, mas porque, ciente da lesão a direito fundamental pela ordem judicial, passou a concorrer com a divulgação não autorizada da informação pessoal. Incide, no caso, o art. 187 do Código Civil, bem como o art. 21 da Lei n. 12.965/2014, que, salvo melhor juízo, tornou ultrapassada a citada decisão do STJ.

Além disso, a filtragem da pesquisa não exclui da *web* o *site*, nem impede o direito de livre acesso à informação, apenas o dificulta, pois se exclui a apresentação de determinado resultado. A apresentação dos resultados de buscas (ou sua restrição por filtragem) é atividade intrínseca desses *sites* e, por isso, deve responder pelos danos colaterais de sua atividade. Divulgar informação acerca de dado pessoal, ainda que por meio de *hyperlinks*, enquadra-se no conceito de recuperar e mostrar, intrínseco ao tratamento de dados. Nesse contexto, o *site* de buscas também deve observar os princípios afetos ao tratamento de dados pessoais.

---

(533) BRASIL. Tribunal de Justiça do Distrito Federal e Territórios. Apelação Cível do Juizado Especial n. 152998-61.2012.8.07.0001. Relator Juiz Leandro Borges de Figueiredo, 1ª Turma Recursal dos Juizados Especiais Cíveis e Criminais do Distrito Federal. Publicado no DJe de 23.8.2013. Em sentido contrário: PAESANI, *op. cit.*, p. 90.

(534) BRASIL. Tribunal de Justiça do Distrito Federal e Territórios. Apelação Cível do Juizado Especial n. 199259-84.2012.8.07.0001, *op. cit.*; Id. Superior Tribunal de Justiça. Recurso Especial n. 1.186.616/MG. 3ª Turma. Relatora Ministra Nancy Andrighi. Publicado no DJe de 31.8.2011.

(535) RUSTAD, *op. cit.*, p. 183.

(536) PAESANI, *op. cit.*, p. 86.

(537) Cf. BRASIL. Superior Tribunal de Justiça. Recurso Especial n. 1.316.921/RJ. 3ª Turma. Relatora Ministra Nancy Andrighi. Publicado do DJe de 29.6.2012. Em sentido contrário: LEONARDI, *op. cit.*, p. 288.

(538) CORTE EUROPEIA DE JUSTIÇA. Processo n. C-131/12. *op. cit.* Acesso em 1º jun. 2014.

Ainda que não seja perfeita, a restrição dos resultados da pesquisa é útil para minimizar os danos à privacidade[539]. O art. 21, n. 2, da Diretiva n. 2.000/31 da Comunidade Europeia[540] prevê a análise de propostas para responsabilização dos sites de buscas após notificação para filtragem.

6.7. REPARAÇÃO METAINDIVIDUAL

As ameaças aos dados pessoais e o risco de invasão da privacidade na relação de emprego podem configurar lesões a direitos metaindividuais.

Direito ou interesse metaindividual, coletivo *lato sensu* ou transindividual é o gênero do qual são espécies os direitos difusos, coletivos e individuais homogêneos. Havendo lesão de direitos metaindividuais, em qualquer de suas modalidades, será possível a atuação do Ministério Público do Trabalho, seja por meio de inquérito civil público, seja com o ajuizamento de ações coletivas, do sindicato profissional ou de outros legitimados.

6.7.1. Direitos difusos

Para o art. 81, parágrafo único, inc. I, do CDC, interesses ou direitos difusos são "transindividuais, de natureza indivisível, de que sejam titulares pessoas indeterminadas e ligadas por circunstâncias de fato" e são constituídos de dois elementos: um subjetivo, que é a indeterminação dos titulares e a inexistência entre eles de uma relação jurídica base; e um objetivo, caracterizado pela indivisibilidade do bem jurídico.

São características principais dos interesses difusos: a) a indeterminação dos sujeitos, pois não é possível determinar quem são exatamente os possuidores do direito, que pertencem a toda uma coletividade; b) a indivisibilidade do objeto, pois não há como dividir o direito, há uma espécie de comunhão cuja lesão atinge a todos dessa coletividade; c) a intensa litigiosidade interna, porque como são fluidos e estão disseminados na sociedade, normalmente apresentam contraposição no seu aspecto individual; d) a duração efêmera, pois a ligação entre os titulares do direito decorre apenas de uma circunstância de fato, que pode desaparecer[541].

Na lesão a direitos difusos, não há uma relação jurídica base, são as circunstâncias de fato que ligam todas as pessoas difusamente atingidas pela lesão ao causador do dano. São exemplos de ofensa a direito difusos a utilização das práticas de seleção de emprego com base em dados pessoais e sensíveis expostas anteriormente, em que a circunstância de fato que liga a coletividade atingida é a abusividade da conduta do empregador, não havendo como precisar com exatidão os danos e as pessoas efetivamente atingidas.

6.7.2. Direitos coletivos

Pelo art. 81, parágrafo único, inc. II, do CDC, interesses ou direitos coletivos, em sentido estrito, são lesões "transindividuais, de natureza indivisível de que seja titular grupo, categoria ou classe de pessoas ligadas entre si ou com a parte contrária por uma relação jurídica base". O interesse coletivo diz respeito ao homem socialmente organizado, e não ao homem como mero indivíduo[542].

São características desse direito: a) transindividualidade, porque atinge um segmento de uma coletividade; b) indivisibilidade, uma vez que o bem jurídico lesionado não pode ser fracionado e a lesão atinge todos os possíveis titulares; c) titularidade de um segmento social, porque a lesão é comum a um grupo social organizado e juridicamente determinável; d) vínculo específico básico, pois essa titularidade é que une os membros desse grupo.

---

(539) LEONARDI, *op. cit.*, p. 222.,
(540) UNIÃO EUROPEIA. Diretiva n. 2000/31/CE, p. 15. Disponível em: <http://eur-lex.europa.eu/LexUriServ/LexUriServ.do?uri=OJ:L:2000:178:0001:0001:PT:PDF>. Acesso em: 9 nov. 2011.
(541) MELO, Raimundo Simão. *Ação Civil Pública na Justiça do Trabalho*. São Paulo: LTr, 2002. p. 30.
(542) MAIA, Jorge Eduardo de Sousa. Os interesses difusos e a ação civil pública no âmbito das relações laborais. *Revista LTr*. São Paulo, a. 72, n. 8, ago. 1997. p. 1044.

Nos direitos coletivos, os titulares do direito são indeterminados, mas podem ser determinados por pertencerem a uma classe, a um ramo da atividade econômica ou profissional, a uma categoria ou a um grupo. Em todos esses, existe uma relação jurídica que liga os titulares do direito ao ofensor.

As ameaças decorrentes da vigilância eletrônica, por exemplo, podem atingir toda uma categoria de trabalhadores de uma empresa ou apenas um setor ou departamento.

6.7.3. Direitos individuais homogêneos

O CDC (art. 81, parágrafo único, inc. III) define direitos ou interesses individuais homogêneos como aqueles que decorrem de uma origem comum. Trata-se de um conceito amplo e impreciso. Uma concepção melhor é a que considera como interesses individuais, de origem comum, porque oriundos da mesma circunstância de fato, cujo objeto é divisível e cindível, possibilitando a determinação das pessoas atingidas pelo fato gerador da lesão, ainda que não seja único quanto a sua forma de apresentação e de ocorrência.

Suas principais características são: a origem comum da lesão e a divisibilidade do objeto, em que o resultado concreto da ofensa é diverso para cada vítima atingida. O direito individual homogêneo se distingue do individual simples porque aquele tem uma origem comum, um fato gerador que atinge diversas pessoas, e, por ser metaindividual, pode ser exercido judicialmente de maneira coletiva.

O nexo entre as vítimas e o autor da ofensa individual homogênea é uma situação jurídica (fato, ato, negócio etc.) de origem comum. Ela pode ocorrer quando o empregador, por exemplo, instala um aplicativo que divulga dados pessoais de alguns empregados. Nesse caso, a origem foi comum, o aplicativo e a lesão atingiram um número determinados de empregados que tiveram seus dados expostos.

6.7.4. Dano moral coletivo

Segundo Carlos Alberto Bittar Filho[543]:

> O dano moral coletivo é a injusta lesão da esfera moral de uma dada comunidade, ou seja, é a violação antijurídica de um determinado círculo de valores coletivos. Quando se fala em dano moral coletivo, está-se fazendo menção ao fato de que o patrimônio valorativo de uma certa comunidade (maior ou menor), idealmente considerada, foi agredido de uma maneira absolutamente injustificável do ponto de vista jurídico.

O dano moral coletivo, decorrente da lesão a direitos metaindividuais, provoca um sentimento de descrédito, de injustiça, de desesperança e de perda de valores essenciais de toda uma coletividade, e atinge seus valores jurídicos, que repercutem, no plano social, na dignidade de seus membros[544].

Atualmente é ampla a aceitação da reparação por dano moral coletivo na Justiça do Trabalho[545].

6.7.5. Dimensão social da privacidade

Marcel Leonardi[546] sustenta que, além do aspecto eminentemente individual, a privacidade possui uma dimensão social, em que sua perda pode ensejar reflexos para a liberdade, a cultura, a criatividade, a inovação e a vida pública.

---

(543) BITTAR FILHO, Carlos Alberto. Do dano moral coletivo no atual contexto jurídico brasileiro. *Revista de Direito do Consumidor*. n. 12, São Paulo, out./dez. 1994. p. 55.
(544) MEDEIROS NETO, Xisto Tiago. *Dano moral coletivo*. 2. ed. São Paulo: LTr, 2007. p. 296-297.
(545) BRASIL. Tribunal Regional do Trabalho da 15ª Região. Recurso Ordinário n. 626/2000-043-15-83. 4ª Câmara. Relator Desembargador Luís Carlos Cândido Martins Sotero da Silva. Publicado no DOESP de 17.10.2008.
(546) LEONARDI, *op. cit.*, p. 120-121.

É na privacidade que o indivíduo desenvolve sua personalidade e constrói as pontes que o conduzem aos relacionamentos sociais. É nela que ele se forma intelectual, cultural e politicamente. É ali que nasce o cidadão, o artista, o cientista.

A privacidade como valor social "molda as comunidades sociais e fornece a proteção necessária aos indivíduos contra diversos tipos de danos e intromissões, possibilitando que desenvolva sua personalidade e devolvam à sociedade novas contribuições"[547].

6.7.6. Tutela do meio ambiente digital

Celso Antonio P. Fiorillo e Christiany P. Conte[548] sustentam que a sociedade da informação possibilitou a formação de um meio ambiente digital, subespécie do meio ambiente cultural.

Meio ambiente é "a interação do conjunto de elementos naturais, artificiais e culturais que propiciam o desenvolvimento equilibrado da vida humana"[549]; "é o conjunto de condições, leis, influências, e interações de ordem física, química e biológica, que permite, abriga e rege a vida em todas as suas formas" (art. 3º, inc. I, da Lei n. 6.938/1981). O meio ambiente pode ser natural (ou físico), composto pelas formas de vida (fauna, flora, homem) e elementos da natureza (ar, água, solo etc.), ou artificial, decorrente da intervenção do homem nos elementos da natureza (praças, valores artísticos, trabalho etc.). Dentre esses, situa-se o meio ambiente cultural, composto por bens de valor artístico, cultural, estético, histórico, turístico, paisagístico e, pela visão de Celso Fiorillo e Christiany Conte, pelo ciberespaço.

Para Celso Fiorillo e Christiany Conte[550], o meio ambiente digital fixa no direito brasileiro:

> [...] os deveres, direitos, obrigações e regime de responsabilidades inerentes à manifestação de pensamento, criação, expressão e informação realizados pela pessoa humana com a ajuda de computadores (art. 220 da Constituição Federal) dentro do pleno exercício dos direitos culturais assegurados a brasileiros e residentes no País (arts. 215 e 5º da CF) orientado pelos princípios fundamentais da Constituição Federal (arts. 1º a 4º da CF). Trata-se indiscutivelmente no século XXI de um dos mais importantes aspectos do direito ambiental brasileiro destinado às presentes e futuras gerações (art. 225 da CF), verdadeiro objetivo fundamental a ser garantido pela tutela jurídica de nosso meio ambiente cultural (art. 3º da CF) principalmente em face do "abismo digital" que ainda vivemos no Brasil.

O caráter ambiental do ciberespaço, fruto do meio ambiente cultural, concede a sua tutela uma transcendência, atrai a incidência do art. 225 da Constituição e dos princípios de Direito Ambiental, bem como legitima a atuação do Ministério Público para a sua proteção, a teor do art. 129, inc. III, da Constituição, inclusive em relação à defesa da privacidade na Internet[551].

6.8. DANOS TRANSNACIONAIS E LEGISLAÇÃO APLICÁVEL

Caso a invasão da privacidade na relação de emprego com o uso das tecnologias da informação, em qualquer de suas modalidades, ultrapasse os limites da fronteira nacional, aplica-se o art. 198 da Convenção de Direito Internacional Privado (Código Bustamante), celebrada em Havana, em 1928[552], a qual estabelece

---

(547) LEONARDI, *op. cit.*, p. 121.
(548) FIORILLO e CONTE, *op. cit.*, p. 12-19.
(549) DINIZ, Maria Helena. *Dicionário Jurídico*. São Paulo: Saraiva, 1998, v. III, p. 245.
(550) FIORILLO e CONTE, *op. cit.*, p. 17-18.
(551) *Ibid.*, p. 57.
(552) Promulgada pelo Decreto n. 18.871/1929.

ser territorial a legislação em matéria de proteção social do trabalhador. Nesse sentido, é o entendimento consolidado do TST:

> **Súmula 207. CONFLITOS DE LEIS TRABALHISTAS NO ESPAÇO. PRINCÍPIO DA *LEX LOCI EXECUTIONIS*.** A relação jurídica trabalhista é regida pelas leis vigentes no país da prestação de serviço e não por aquelas do local da contratação.

Se o empregado foi contratado no Brasil para prestar serviços no exterior, ou se foi transferido para outro país, o art. 3º, inc. II, da Lei n. 7.064/1982 admite a aplicação da estrangeira, em certos aspectos, quando não for incompatível e for mais favorável, no seu conjunto, ao empregado. A aplicação da norma mais favorável ao empregado no Direito do Trabalho é um subprincípio decorrente do princípio da proteção.

Caso superada a competência da prestação dos serviços ou da celebração do contrato, a regra geral do Direito Internacional Privado é de aplicação da legislação do local em que ocorreu o fato lícito ou ilícito, que, no caso, é onde houve o tratamento do dado. Incide o princípio *lex loci actus*, constantes dos Tratados de Direito Civil Internacional de 1889 e 1940, ambos celebrados em Montevideo[553]. O art. 43 desse último dispõe que "as obrigações que nascem sem convenção, regem-se pela lei do lugar de onde foi produzido o fato lícito ou ilícito de que decorrem e, nesse caso, pela lei que regula as relações jurídicas a que se referem".

A Diretiva n. 95/46 da União Europeia[554] estabelece o direito aplicável em razão do país-membro quando: i) o tratamento do dado foi efetuado no estabelecimento do responsável situado nesse território; ii) a legislação nacional for aplicada por força de norma de Direito Internacional Público; e iii) foi utilizado o território de um Estado-membro para essa tratamento, ainda que não tenha estabelecimento lá, hipótese em que deve designar um representante, salvo se o dado apenas circulou em país da Comunidade Europeia[555] (art. 2º, ns. 1 e 2).

Como se vê, com exceção da hipótese "ii", todas as demais fixam o direito material aplicável em função do lugar do tratamento dos dados, tendo o seu responsável domicílio (estabelecimento) no país ou não. Nesse caso, praticado o uso indevido e invasivo da privacidade no país, será aplicável a legislação material nacional, portanto.

---

(553) BOGGIANO, Antonio. *Curso de Derecho Internacional Privado*: derecho de las relaciones privadas internacionales. 2. ed. Buenos Aires: Abeledo-Pierrot, 2000. p. 756.
(554) UNIÃO EUROPEIA, Directiva n. 95/46/CE, *op. cit.*, 1995.
(555) Se o dado apenas "circulou", então não houve tecnicamente tratamento. Como as conexões da internet são interligadas, é possível que um dado, com origem em um país e destino a outro, ambos não europeus, utilize, na transmissão, a infraestrutura de Estado-membro da União Europeia apenas como caminho, como passagem entre origem e destino. Nesse caso, há a exclusão da jurisdição de país da União Europeia.

7

Desafios para a tutela da privacidade dos dados pessoais

A proteção judicial da invasão da privacidade pelas novas tecnologias traz, em muitos casos, algumas dificuldades e desafios para os operadores do direito e que merecem ser estudados. A efetividade de qualquer medida, ao que tudo indica, está principalmente ligada à capilaridade do banco de dados automatizado e à capacidade de multiplicação dos dados. Quanto maiores forem esses fatores, mas difícil será a adoção de medidas judiciais eficazes.

7.1. DESAFIOS INERENTES AOS BANCOS DE DADOS AUTOMATIZADOS

Em uma relação de emprego, o banco de dados normalmente é mantido pelo empregador pessoa física ou jurídica, por empresas subcontratadas e terceirizadas ou por terceiros. Qualquer um desses também pode tratar os dados pessoais.

Todos eles devem respeitar a privacidade do empregado e do empregador, preservando de qualquer violação os dados pessoais deles. Assim, mesmo que não exista uma relação de emprego entre o empregador e, p. ex., o responsável pelo banco, as diretrizes e os princípios dos dados pessoais também lhe alcançam.

O maior desafio, nesses casos, é o empregado identificar quem é o responsável, o subcontratante ou o terceiro que está de posse ou de guarda de seus dados pessoais, caso não seja o seu próprio empregador. Muitas vezes essa informação depende da colaboração do empregador que, não raramente, recusa-se a revelá-lo por se tratar de informação sigilosa. Essa dificuldade provavelmente trará reflexos na eficácia de ordem judicial destinada a impedir ou restringir o tratamento, ainda que dirigida diretamente ao empregador.

7.2. DESAFIOS PRÓPRIOS DA INTERNET

Os dados pessoais que são publicados ou circulam pela Internet são os que trazem os maiores desafios à tutela protetiva da privacidade. O grande problema é que, como disse o presidente da Google Inc., Eric

Schimidt[556], em uma entrevista: "there´s no delete button on the Internet"[557]. Na verdade, como exposto, a Internet foi criada para assegurar a sobrevivência de uma rede de computadores mesmo em caso de guerra, por isso, sua arquitetura facilita a propagação e a multiplicação da informação em diversos lugares.

Há várias medidas que a técnica jurídica tem utilizado para tentar conter a prática de ilícitos pela Internet. Lamentavelmente, nenhuma delas até agora foi capaz de trazer uma solução perfeita e definitiva para o problema. Fica a pergunta: estará a privacidade ameaçada de morte sem que o aparato judicial existente hoje consiga dar efetividade à tutela protetiva desse direito fundamental? De qualquer sorte, examinam-se, a seguir, os principais métodos hoje utilizados.

7.2.1. Repressão do tratamento a partir de dados extraídos da Internet

Algumas das práticas intrusivas de tratamento de dados descritas anteriormente são de difícil repressão quando dizem respeito a dados disponibilizados na rede mundial de computadores, cujo acesso é público.

Na seleção ao emprego, por exemplo, as buscas online, o uso de perfis em redes sociais e a mineração de dados, entre outras práticas, ocorrem longe da vista dos candidatos a empregos. Eles quase sempre não sabem claramente quais os critérios utilizados na seleção e, muito menos, os meios aplicados para peneirar, ou melhor, minerar os dados que serão utilizados no processo decisório de contratação. Para complicar, alguns parâmetros utilizados podem fazer parte do segredo empresarial quando disserem respeito, ao *modus operandi* do seu processo produtivo, às estratégias comerciais etc.

Mesmo que tais práticas sejam descobertas, são de difícil repressão judicial, ainda que haja comando específico para tal. É fácil proibir, por exemplo, uma empresa de realizar buscas online de dados sensíveis na Internet no momento da seleção no emprego. O difícil é descobrir se a ordem está sendo cumprida, ainda que o Oficial de Justiça compareça à empresa para fins de averiguação, pois essas seleções são feitas de modo reservado e sem qualquer transparência. Além disso, o sócio da empresa tem condições de, na sua casa, realizar tais buscas. O mesmo raciocínio se aplica para outras práticas, como o *cyberbullying*, as violações da segurança da informação, as provocações e intimidações online etc. cuja erradicação do tratamento de dados colhidos da Internet mostra-se, na prática, materialmente problemática.

A tutela judicial, nesses casos, tende a ser mais efetiva quando se combate o mal pela raiz, isto é, pela fonte dos dados que serão tratados, e não o tratamento ilícito em si.

Niilo Jääskinen[558], em seu parecer como Advogado Geral da Corte Europeia de Justiça, relata que em 1998 foram publicados em um jornal de grande circulação na Espanha dois anúncios de hasta pública de imóveis por dívidas ao Seguro Social, depois disponibilizados em versão eletrônica na web. Assevera que em 2009 o proprietário daqueles imóveis reclamou ao jornal que, quando inserido seu nome e sobrenome em um *site* de pesquisas, apareciam referências às páginas da web com os anúncios da hasta pública, apesar de a dívida já estar solvida e que, por isso, careciam de relevância atualmente.

A solução encontrada pela Agência Espanhola de Proteção dos Dados foi a exclusão dos resultados de busca (objeto da queixa do *site* de pesquisas junto àquela Corte Europeia). Aparentemente, a solução mais apropriada, no caso, seria a exclusão da página onde aparecem os anúncios, ainda que exista determinação de autoridade pública em contrário, até em prestígio ao direito ao esquecimento, à sensibilidade afeta a esse dado e aos direitos fundamentais da privacidade e da não descriminação.

---

(556) LIVE MINT. There's no delete button on the internet: Eric Schimidt. Bombaim, 27 abr. 2013. Disponível em: <http://www.livemint.com/Industry/b27xImfIQppfZ5Zb8aneGN/Theres-no-delete-button-on-the-Internet-which-is-scary-Go.html>. Acesso em: 6 out. 2013.
(557) Tradução livre: não há botão de delete na internet.
(558) JÄÄSKINEN, Niilo. Conclusões do Advogado-Geral. Processo n. C-131/12. Google Spain S.L. e Google Inc *versus* Agencia Española de Protección de Datos e Mario Costeja González. 25 jun. 2013, n. 18-19. Disponível em: <http://www.conjur.com.br/dl/parecer-google-direito-esquecimento.pdf>. Acesso em: 20 out. 2013.

Todavia, a Corte Europeia de Justiça[559] ponderou, no caso, que a atividade realizada pelos motores de busca deve ser qualificada como tratamento de dados e, por isso, incide a Diretiva 95/46 da União Europeia. Dessa forma, concluiu que existe o direito de que a informação pessoal deixe de ser associada ao nome por meio de uma lista de resultados da pesquisa efetuada, podendo requerer sua exclusão dos resultados da busca.

7.2.2. Localização da hospedagem e da origem da informação

A identificação da autoria de mensagens na Internet e dos ataques de *hackers* normalmente é feita pela identificação do Protocolo da Internet (IP) do equipamento que originou a ação ilícita. O *site* de hospedagem e o endereço da *home page* (URL) da informação invasiva da privacidade é identificado pelo endereço IP ou pelo nome do domínio.

Existem diversos programas que ajudam a descobrir a origem de conteúdos invasivos de diversos tipos de mensagem eletrônica, como e-mails, o IP e o país de origem de determinado *site* e que fazem um registro completo de mensagens recebidas, *sites* visitados, *chats*, etc[560].

Uma investigação preliminar para identificação da autoria ou rastreamento de informações pode ser demorada e exigir perícia ou atividade da criminalística (se houve prática de ilícito penal). Se ela for necessária para a instrução processual ou para o chamamento na lide trabalhista, pode representar um desafio à celeridade processual.

É possível que o autor use outros mecanismos para dificultar a localização de seu IP, com o intuito de esconder sua origem. Por exemplo, por meio de um caminho indireto, o autor, antes de executar sua ação intrusiva, usa o computador de um terceiro, ainda que por invasão eletrônica. Tais estratégias podem dificultar bastante o trabalho de perícia, principalmente se o computador intermediário não preservar os registros de acesso.

7.2.3. Retificação ou remoção do conteúdo

Uma vez localizada a página da Internet em que está a informação pessoal lesiva à privacidade no emprego, a primeira etapa, normalmente, é exercer *in natura* o direito de defesa, seja pela proibição da conduta ofensiva à privacidade, seja para exigir a retificação ou a remoção do conteúdo lesivo.

A notificação para a alteração do conteúdo é dirigida ao autor do ilícito, aquele que disponibilizou a exposição indevida do dado pessoal, que, em geral, pode retirar ou retificar o conteúdo, cessando a lesão à privacidade.

Todavia, nem sempre isso será possível ou eficaz. Marcel Leonardi[561] destaca que podem ocorrer as diversas dificuldades práticas, entre os quais:

> a) não é possível identificar o autor do ilícito; b) não é possível localizar o autor do ilícito; c) não é possível submeter o autor do ilícito à jurisdição nacional; d) a gravidade do ilícito exige a concessão de tutela de urgência; e) o ato ilícito tem uma pluralidade muito grande de autores, inviabilizando tanto o ajuizamento de ações judiciais contra todos eles quanto o litisconsórcio passivo em um ou mais processos; f) o autor do ilícito oferece resistência ou se recusa a cumprir ordens judiciais, apesar da imposição dos meios coercitivos autorizados pelo sistema jurídico.

---
(559) CORTE EUROPEIA DE JUSTIÇA. Processo n. C-131/12. *op. cit.* Acesso em 1º jun. 2014.
(560) FIORILLO e CONTE, *op. cit.*, p. 221.
(561) LEONARDI, *op. cit.*, p. 264.

Se o autor do ilícito "utiliza os serviços de um provedor nacional de hospedagem ou de conteúdo, é possível determinar diretamente a esses intermediários a remoção das informações danosas"[562]. Frustrada, inútil ou inviável a tentativa de notificar o autor do dano, a notificação pode ser dirigida ao provedor da hospedagem ou do conteúdo ou a qualquer outra pessoa que tenha a capacidade técnica (intermediários) para fazer cessar o dano.

O notificado, com a ordem judicial, passa a ter uma obrigação de fazer ou não fazer (art. 461 do CPC) ou de satisfazer qualquer outra medida, razoável e proporcional, que permita o resultado prático equivalente.

Nem sempre essa medida será efetiva. Em setembro de 2006, o Tribunal de Justiça de São Paulo, concedeu antecipação de tutela para que o Portal IG, o *Youtube* e a Globo.com impedissem o acesso ao filme e às fotografias em que uma pessoa pública namorava em local público, sob pena de multa diária de R$ 250.000,00[563]. A ordem foi cumprida e o vídeo, retirado. Todavia, havendo milhares de cópias do vídeo, a ordem judicial se mostrou, ao final, impotente, como já alertava o *website* Conjur[564]. Pelo menos outra cópia se encontra hospedada hoje no *Youtube*, mesmo após sete anos[565].

O excessivo número de cópias do vídeo comprometeu a eficácia dessa medida, que poderia ser adequada para o caso do anúncio da hasta público do imóvel na Espanha acima relatada. John Gilmore ressalta que "a Internet interpreta a censura com um defeito, e o contorna"[566].

Por outro lado, se os intermediários não são brasileiros nem possuem representação no país onde possam ser notificados, é possível, dependendo do caso, impor a medida para provedores ou pessoas nacionais com capacidade técnicas que, apesar de não ter relação com aqueles, "oferecem meios de acesso às informações ilícitas, tais como provedores de acesso, provedores de infraestrutura e mecanismos de busca"[567].

7.2.4. Exclusão de resultados de buscas

Como já exposto, o *site* de busca não vasculha toda a Internet ao fazer uma pesquisa. Por serem programas de computador, que necessariamente respeitam as instruções para os quais foram feitos, "é possível impedir a indexação de partes ou da íntegra de um *Web site*, por meio de um procedimento técnico simples"[568]. Em cada diretório raiz de um servidor da *web*, há um arquivo que contém as instruções acerca de quais os arquivos ou subdiretórios que devem ou não ser indexados para fins de pesquisa. É a partir de tais informações que as buscas trabalham e podem ser restringidas.

A remoção de resultados não exclui o conteúdo da Internet nem impede o acesso de quem conhece o endereço IP. Ela apenas dificulta a localização da página por meio de sites de pesquisas, conforme o critério ou parâmetro definido pela ordem judicial.

---

(562) LEONARDI, *op. cit.*, p. 275.
(563) BRASIL. Tribunal de Justiça de São Paulo. Agravo de Instrumento n. 472.738-4. 4ª Turma. Relator Desembargador Ênio Santarelli Zuliani. 4ª Câmara de Direito Privado. Disponível em: <http://www.iob.com.br/bibliotecadigitalderevistas/bdr.dll/RDC/3825d/3a31e?f=templates&fn=altmain-nf.htm&2.0>. Acesso em: 23 out. 2013.
(564) CONJUR. Justiça confirma veto ao vídeo de Cicarelli na internet. 28 set. 2006. Disponível em: <http://www.conjur.com.br/2006-set-28/justica_confirma_veto_video_cicarelli_internet>. Acesso em: 23 out. 2013.
(565) YOUTUBE. Cicarelle na _____. Disponível em: <https://www.youtube.com/watch?v=mIwSXPrg___> Acesso em: 23 out. 2013. Foram suprimidos parte do título e do endereço, em respeito à privacidade e à decisão judicial. O nome da pessoa foi alterado por quem postou o vídeo provavelmente para evitar a filtragem. Além disso, ele está postado no protocolo "https" para evitar a identificação do seu conteúdo no processo de transmissão do vídeo até o usuário.
(566) GILMORE, John apud LEONARDI, *op. cit.*, p. 338.
(567) LEONARDI, *op. cit.*, p. 274.
(568) *Ibid.*, p. 289.

Bertel de Groote[569] discorre sobre um julgamento ocorrido na França, no Tribunal de Grande Instância de Paris, em ação movida por entidades judaicas contra *site* de busca, em que um colégio de perito subscreveu a tese do *site* de busca e mostrou-se cético na *"l'existence d'un filtrage technique parfait"*[570]. Apesar disso, o Tribunal confirmou decisão anterior que tornou impossível a consulta de *sites* nazistas a partir da França.

Efetivamente, a exclusão de buscas na Internet não é a solução perfeita. A Microsoft Corporation notificou o Google, nos termos da seção 512 da Lei Direitos Autorais do Milênio Digital dos Estados Unidos (*Digital Millennium Copyright Act*), a retirar dos resultados de busca determinado site que hospeda arquivo que possibilita o funcionamento de cópia pirata do Windows 8.1[571]. O Google cumpriu a notificação e retirou esse resultado das buscas, porém aparecem cerca de 9.600.000 resultados para a pesquisa com as expressões *crack*, *Windows* e 8.1[572].

Bertel Grotte[573] adverte sobre *"l'ineffcacité des mesures techniques ou plus exactement l'inexistence de mesures techniques totalement efficace, contribue"*[574] para a dificuldade em excluir, devidamente, determinada busca dos sítios especializados em localizar outros *sites*.

Todavia, essa tem sido uma medida que pode atenuar, ainda que temporariamente, a continuidade do ilícito. A ordem judicial, que não aponta *sites* ou expressão, poderá trazer dificuldades para sua operacionalização pelos serviços de busca. Caso seja mais específica, com indicação de nomes, termos, expressões e/ou URL, deverá evitar que se restrinjam demais as buscas a ponto de dificultar o acesso a outros *websites* que não têm relação com a prática ilícita, afrontando o princípio da proporcionalidade.

De fato, quanto mais específica for a restrição da pesquisa, menor será a possibilidade de a medida judicial prejudicar terceiros. Porém, muito maior será a possibilidade de ela se tornar ineficaz com a alteração de algum desses parâmetros de busca. Felizmente, a maioria dos *sites* e *blog*s apenas replica textos, isto é, somente os copia *ipsis litteris*, sem alterar uma única palavra.

7.2.5. Bloqueio de endereço IP

Os provedores de acesso e de hospedagem podem ser rapidamente configurados para ignorar a comunicação de dados a um endereço IP específico constante de uma lista de exclusão[575].

Todavia, essa medida torna inacessíveis todos os serviços existentes naquele servidor ou, caso bloqueados apenas certos protocolos (http, ftp etc.), os serviços que estão nesse protocolo[576]. Não existe meio termo. Em outras palavras, caso seja determinada a retirada do ar de um endereço IP de um Portal de Notícias, em face de uma página considerada ilícita, todas as demais notícias e informações disponíveis naquele IP e *websites* ali hospedados estarão indisponíveis para todas as pessoas a partir de um acesso no Brasil.

Uma solução possível, ainda que de difícil implantação, caso a hospedagem esteja em um *website* estrangeiro consiste em solicitar ao provedor de hospedagem que transfira o site que se deseja bloquear para um endereço IP exclusivo onde será possível bloqueá-lo sem prejudicar terceiros[577].

---

(569) GROTTE, Bertel. L'internet et le droit international privé: un mariage boiteux? A propos des affair Yahoo! et Gutnick. *Revue Ubiquité: Droit de technologies de l'information*. n. 16, Bruxelas, set. 2003. p. 63.
(570) Tradução livre: existência de uma técnica de filtragem perfeita.
(571) CHILLING EFFECTS. Disponível em: <https://www.chillingeffects.org/notice.cgi?sID=1184766>. Acesso em: 23 out. 2013.
(572) GOOGLE. Disponível em: <https://www.google.com.br/#psj=1&q=crack+windows+8.1>. Acesso em: 23 out. 2013.
(573) GROTTE, *op. cit.*, p. 63.
(574) Tradução livre: a ineficácia das medidas técnicas ou mais exatamente a inexistência de medidas técnicas totalmente eficazes, contribui.
(575) LEONARDI, *op. cit.*, p. 298.
(576) *Ibid., op. cit.*, p. 298-299.
(577) *Ibid., op. cit.*, p. 300.

Uma *website* bloqueada pode voltar a ficar acessível se, mantendo o mesmo nome de domínio, obtenha um novo endereço IP que seja reconhecido nas tabelas DNS. Nesse caso, é necessária uma nova ordem judicial para esse outro endereço. Apesar disso, a ordem original pode ter eficácia, pois é possível que não haja conveniência, facilidade ou rapidez para que o titular do *site* mude de provedor de hospedagem.

Mesmo bloqueada no Brasil, é possível que um usuário brasileiro, utilizando uma conexão com um servidor localizado em território não alcançado pelo bloqueio, acesse o conteúdo restringido pela ordem judicial[578]. Além disso, grandes sites, como o Google, costumam ter vários endereços de IP espalhados pelo mundo, o que pode dificultar o cumprimento da ordem judicial[579].

7.2.6. Bloqueio de websites por alteração da tabela DNS

O bloqueio de *website* por alteração da tabela DNS (envenenamento de DNS ou *pharming*)[580], em que o computador do usuário não consegue localizar o endereço IP desse sítio, é outra técnica possível de ser utilizada, mas que também bloqueia todo o conteúdo do *site*, inclusive os conteúdos não invasivos da privacidade.

Os nomes de domínio, conforme já exposto, são associados aos endereços IP utilizados pelos servidores que hospedam os sítios e constam da tabela DNS. O Núcleo de Informação e Coordenação do Ponto Br do Comitê Gestor da Internet no Brasil mantém a principal tabela DNS, utilizada por quase todos os provedores de acesso e de hospedagem nacionais, em que constam os nomes de domínio (DNS) banidos. Uma vez banido, o usuário, ao tentar acessar o *site*, não consegue localizar o endereço IP e aparece em seu monitor uma mensagem de erro[581].

O titular do *site*, para fugir do bloqueio, pode, porém, alterar o nome de domínio, sem necessidade de alterar o endereço IP[582]. O usuário, caso descubra o endereço IP, pode, via de regra, acessar a página diretamente digitando esse endereço. Marcel Leonardi[583] destaca que essa solução pode trazer problemas à coletividade que pode ficar sem acesso a conteúdos lícitos do *website*.

7.2.7. Filtro de localização geográfica

O próprio titular do site pode implantar um filtro para bloquear ou modificar as informações que disponibiliza, conforme a localização geográfica que identifique a origem da conexão do usuário. Nesse caso, o endereço IP do usuário é verificado para identificar o seu país de origem, permitindo ou proibindo o acesso ou modificando o conteúdo a ser apresentado, segundo critério do *website*[584]. Às vezes, esse método é conjugado com outro tipo de checagem (como a necessidade de digitar o CEP).

Marcel Leonardi[585] assinala que essa solução tem sido adotada por países, em cumprimento de ordens legais ou judiciais. Na China, prossegue Leonardi, há notícias de que *websites* são bloqueadas ao se utilizar a versão chinesa de certo *site* de busca. Em outras nações (França e Alemanha), conteúdos que fazem apologia ao nazismo ou ao ódio racial não são apresentados nas versões locais de *sites* de buscas.

O usuário, porém, pode utilizar o site de pesquisa de outro país e driblar o bloqueio. Para evitar isso, existem países que usam filtros para bloquear todas as versões de mecanismos de buscas que não sejam as versões locais.

---

(578) LEONARDI, *op. cit.*, p. 300-301.
(579) Cf. <http://74.125.234.50>; <http://74.125.234.52>; <http://74.125.234.242>; entre outros.
(580) Normalmente esse método é usado por *crackers* para direcionar o acesso a uma página falsa (*fake page*).
(581) LEONARDI, *op. cit.*, p. 306-307.
(582) *Ibid.*, p. 309.
(583) *Ibid.*, p. 310-311.
(584) *Ibid.*, p. 321.
(585) *Ibid.*, p. 323.

Além disso, também é possível utilizar o endereço IP de provedor situado no estrangeiro para driblar o filtro geográfico. Outro problema é que esse tipo de técnica, em se tratando de *site* no exterior, depende da boa vontade do *website*, de acordo de cooperação ou de cooperação judicial, uma vez que o Juiz brasileiro carece de competência para emitir ordem diretamente à pessoa situada no exterior.

7.2.8. Cooperação judicial internacional

Em uma sociedade cada vez mais globalizada, inclusive pelos avanços da Internet, a cooperação judicial internacional tem como objetivo dar eficiência e eficácia ao cumprimento extraterritorial de medidas processuais entre os Poderes Judiciários dos diversos países em prol da tutela de direitos[586] que ultrapassam as fronteiras nacionais.

A lei brasileira prevê alguns mecanismos de cooperação judicial internacional, entre elas a carta rogatória (art. 202 do CPC). Observados seus requisitos e realizada a tradução oficial, a carta rogatória é enviada ao país estrangeiro por meio da Divisão de Cooperação Jurídica Internacional do Ministério das Relações Exteriores. Trata-se, porém, de um procedimento lento, custoso e pouco eficaz para a tutela da privacidade em face da Internet.

O maior desafio para a repressão da invasão de privacidade pela tecnologia da informação a nível internacional está na dificuldade de cumprimento de uma decisão judicial nacional em um país estrangeiro. Em face das diferenças entre normas de direito material ou de problemas de outra ordem, inclusive políticos, é comum que "decisões judiciais de uma nação não recebam *exequatur* nos territórios em que deveriam ser cumpridas"[587].

No âmbito do Mercosul, Chile e Bolívia, a cooperação jurisdicional internacional, inclusive em matéria civil e trabalhista, está prevista no Protocolo de Las Leñas, promulgado pelo Decreto n. 6.891/2009, mediante expedição de carta rogatória (arts. 5º a 24) que tenham por objeto diligências de simples trâmites (citações, intimações etc.), instrução probatória e reconhecimento e execução de sentenças. As restrições para o não cumprimento da ordem estão disciplinadas no art. 9º e 20 do Protocolo. As medidas cautelares, inclusive liminares ou ordens provisórias, são reguladas pelo Protocolo de Medidas Cautelares de Ouro Preto, promulgado pelo Decreto n. 2.626/1998, que também regulamentam as cartas rogatórias no âmbito do Mercosul.

No âmbito criminal, o Brasil integra a Rede de Cooperação Jurídica e Judiciária Internacional dos Países de Língua Portuguesa, a Rede Iberoamericana de Cooperação Judiciária e a Rede Hemisférica de Intercâmbio de Informações para o Auxílio Jurídico Mútuo em Matéria Penal e de Extradição da Organização dos Estados Americanos[588].

Em se tratando da prática de crime e se o *site* hospedeiro estiver na Europa, havendo urgência, o Juiz brasileiro poderá requerer diretamente o pedido de "auxílio mútuo" (ou as comunicações que lhes digam respeito) à autoridade central do país europeu designada para enviar e receber expedientes de cooperação, sem prejuízo da posterior expedição da Carta Rogatória, nos termos do art. 27, 9, *a*, da Convenção sobre Cibercrime do Conselho da Europa, inclusive para determinar o recolhimento, em tempo real, de qualquer dado transmitido do seu território por um sistema informático (art. 33, 1, dessa Convenção)[589].

---

(586) ABRUNHOSA, Olívia Waldemburgo de O. e TAVARES, Sérgio Maia. Cooperação interjurisdicional: ferramentas interlocutórias e modalidades na União Europeia. Da cooperação iberoamericana e no Mercosul ao gradual federalismo do espaço judicial europeu. *Revista do Instituto do Direito Brasileiro*. Lisboa, a. 2, n. 12, 2013. p. 13153.
(587) LEONARDI, *op. cit.*, p. 249.
(588) BRASIL. Secretaria Nacional de Justiça. *Manual de cooperação jurídica internacional e recuperação de ativos*: cooperação em matéria penal. Brasília: Ministério da Justiça, 2012. p. 71-72.
(589) UNIÃO EUROPEIA. Convenção Europeia sobre Cibercrime, de 23 de novembro de 2001. Disponível em: <http://www.coe.int/t/dghl/cooperation/economiccrime/cybercrime/Documents/Convention%20and%20protocol/ETS_185_Portugese.pdf>. Acesso em: 23 out. 2013.

7.3. DESAFIOS PROCESSUAIS

A tutela da proteção dos dados pessoais no âmbito da relação de emprego também traz alguns desafios no campo processual.

7.3.1. Competência e conexão

Podem aparecer dificuldades para a fixação da competência internacional, material, territorial e por conexão para as medidas judiciais que se fizerem necessárias à satisfação do direito à privacidade.

Competência internacional

Com o desenvolvimento da tecnologia da informação e da informática, os dados pessoais podem ser transferidos ou copiados para qualquer parte do mundo e, se estiverem na Internet, essa fluidez será ainda maior. Por isso, em algumas situações, a questão da fixação da competência jurisdicional no plano internacional pode ser levantada.

Michael Rustad[590] lembra que a Internet é transnacional e interconectada e desafia a concepção tradicional de soberania baseada em fronteiras geográfica e acrescenta que os países conectados a *web* não aceitam ceder suas soberanias na busca da harmonização das regras *ciberjurisdicionais*. Com a globalização, muitas empresas mantêm banco de dados conectados em distintos países, o que também pode provocar discussões acerca da jurisdição competente.

De acordo com Keith Darrell[591], as leis da União Europeia fundamentam-se no local onde ocorreu o dano e não no Estado em que reside o réu. Acrescenta que, nos Estados Unidos, a preocupação é com o lugar em que o réu pode se defender. São fatores que podem ser considerados nos Estados Unidos: o local da hospedagem do servidor do *site*, o principal lugar de negócios do réu, o Estado em que reside, o foro de eleição e a solicitação do foro estadual feita por residente que representa o réu.

Pontes de Miranda[592] ressalta que, nos países em que a liberdade é assegurada, os juízes gozam de toda a independência "para se oporem às invasões de outros povos no terreno das liberdades individuais". Nesse contexto e considerando o exercício efetivo (e não meramente formal) dos direitos fundamentais de acesso à Justiça e dos princípios da inafastabilidade da jurisdição conjugada com a da aderência, a competência nacional deve ser prestigiada, salvo exceções, para assegurar a tutela judicial dos dados pessoais que transbordaram da fronteira brasileira, ainda que em ambiente virtual.

No Brasil, a regra de competência internacional é fixada pelos arts. 88 a 90 do CPC. A regra geral é que a jurisdição brasileira será competente quando o réu tiver domicílio no Brasil, a obrigação tiver de ser cumprida no Brasil e a ação originar-se de fato ocorrido ou ato praticado no país.

Se o banco de dados ou *site* é mantido por pessoa com domicílio ou representação no país ou a página está localizada em provedor nacional, a questão está resolvida pela competência pátria. Mesmo havendo mais de um *site*, e apenas um ou alguns deles estejam localizados no exterior e sejam mantidos por servidor estrangeiro sem domicílio ou representante no país, permanece a jurisdição nacional em prestígio ao princípio na unidade da jurisdição. Basta, portanto, que um dos réus tenha domicílio ou representante no Brasil ou que os dados estejam hospedados aqui para ser exercida a jurisdição nacional.

Não tendo o réu domicílio ou representante no país, nem estando os dados aqui armazenados, a jurisdição nacional poderá ser exercida se o tratamento dos dados ocorreu no Brasil. Nesse caso, é a origem do fato ocorrido ou do ato praticado que orienta o critério para a fixação da competência, na forma do

---

(590) RUSTAD, *op. cit.*, p. 88.
(591) DARRELL, *op. cit.*, p. 10.
(592) PONTES DE MIRANDA, J. *Comentários ao Código de Processo Civil*. 3. ed., t. II, Rio de Janeiro: Forense, 2000. p. 207.

art. 88, III, do CPC. A jurisdição pátria nesse caso se dará pelo tratamento do dado, em qualquer uma de suas etapas: recolhimento, armazenamento, manipulação ou transmissão.

Marcel Leonardi[593] sustenta que o território físico onde está localizado o provedor de serviços da *web* (ou o banco de dados) nem sempre terá importância para a fixação da competência em um caso concreto.

O STJ[594], em decisão recente, em que havia inclusive foro de eleição, concluiu pela competência nacional estando assim ementada sua decisão:

DIREITO PROCESSUAL CIVIL. RECURSO ESPECIAL. AÇÃO DE INDENIZAÇÃO POR UTILIZAÇÃO INDEVIDA DE IMAGEM EM SÍTIO ELETRÔNICO. PRESTAÇÃO DE SERVIÇO PARA EMPRESA ESPANHOLA. CONTRATO COM CLÁUSULA DE ELEIÇÃO DE FORO NO EXTERIOR. 1. A evolução dos sistemas relacionados à informática proporciona a internacionalização das relações humanas, relativiza as distâncias geográficas e enseja múltiplas e instantâneas interações entre indivíduos. 2. Entretanto, a intangibilidade e mobilidade das informações armazenadas e transmitidas na rede mundial de computadores, a fugacidade e instantaneidade com que as conexões são estabelecidas e encerradas, a possibilidade de não exposição física do usuário, o alcance global da rede, constituem-se em algumas peculiaridades inerentes a esta nova tecnologia, abrindo ensejo à prática de possíveis condutas indevidas. 3. O caso em julgamento traz à baila a controvertida situação do impacto da Internet sobre o direito e as relações jurídico-sociais, em um ambiente até o momento desprovido de regulamentação estatal. A origem da Internet, além de seu posterior desenvolvimento, ocorre em um ambiente com características de auto-regulação, pois os padrões e as regras do sistema não emanam, necessariamente, de órgãos estatais, mas de entidades e usuários que assumem o desafio de expandir a rede globalmente. 4. A questão principal relaciona-se à possibilidade de pessoa física, com domicílio no Brasil, invocar a jurisdição brasileira, em caso envolvendo contrato de prestação de serviço contendo cláusula de foro na Espanha. A autora, percebendo que sua imagem está sendo utilizada indevidamente por intermédio de sítio eletrônico veiculado no exterior, mas acessível pela rede mundial de computadores, ajuíza ação pleiteando ressarcimento por danos material e moral. 5. Os arts. 100, inciso IV, alíneas "b" e "c" c/c art. 12, incisos VII e VIII, ambos do CPC, devem receber interpretação extensiva, pois quando a legislação menciona a perspectiva de citação de pessoa jurídica estabelecida por meio de agência, filial ou sucursal, está se referindo à existência de estabelecimento de pessoa jurídica estrangeira no Brasil, qualquer que seja o nome e a situação jurídica desse estabelecimento. 6. Aplica-se a teoria da aparência para reconhecer a validade de citação via postal com "aviso de recebimento-AR", efetivada no endereço do estabelecimento e recebida por pessoa que, ainda que sem poderes expressos, assina o documento sem fazer qualquer objeção imediata. Precedentes. 7. O exercício da jurisdição, função estatal que busca composição de conflitos de interesse, deve observar certos princípios, decorrentes da própria organização do Estado moderno, que se constituem em elementos essenciais para a concretude do exercício jurisdicional, sendo que dentre eles avultam: inevitabilidade, investidura, indelegabilidade, inércia, unicidade, inafastabilidade e aderência. No tocante ao princípio da aderência, especificamente, este pressupõe que, para que a jurisdição seja exercida, deve haver correlação com um território. Assim, para as lesões a direitos ocorridos no âmbito do território brasileiro, em linha de princípio, a autoridade judiciária nacional detém competência para processar e julgar o litígio. 8. O Art. 88 do CPC, mitigando o princípio da aderência, cuida das hipóteses de jurisdição concorrente (cumulativa), sendo que a jurisdição do Poder Judiciário Brasileiro não exclui a de outro Estado, competente a justiça brasileira apenas por razões de viabilidade e efetividade da prestação jurisdicional, estas corroboradas pelo princípio da inafastabilidade da jurisdição, que imprime ao Estado a obrigação de solucionar as lides que lhe são apresentadas, com vistas à consecução da paz social. 9. A comunicação global via computadores pulverizou as fronteiras territoriais e criou um novo mecanismo de comunicação humana, porém não subverteu a possibilidade e a credibilidade da aplicação da lei baseada nas fronteiras geográficas, motivo pelo qual a inexistência de legislação internacional que regulamente a jurisdição no ciberespaço abre a possibilidade de admissão da jurisdição do domicílio dos usuários da Internet para a análise e processamento de demandas envolvendo eventuais condutas indevidas realizadas no espaço virtual. 10. Com o desenvolvimento da tecnologia, passa a

---

(593) LEONARDI, *op. cit.*, p. 248.
(594) BRASIL. Superior Tribunal de Justiça. Recurso Especial n. 1.168.547/RJ. *op. cit.*

existir um novo conceito de privacidade, sendo o consentimento do interessado o ponto de referência de todo o sistema de tutela da privacidade, direito que toda pessoa tem de dispor com exclusividade sobre as próprias informações, nelas incluindo o direito à imagem. 11. É reiterado o entendimento da preponderância da regra específica do art. 100, inciso V, alínea "a", do CPC sobre as normas genéricas dos arts. 94 e 100, inciso IV, alínea "a" do CPC, permitindo que a ação indenizatória por danos morais e materiais seja promovida no foro do local onde ocorreu o ato ou fato, ainda que a ré seja pessoa jurídica, com sede em outro lugar, pois é na localidade em que reside e trabalha a pessoa prejudicada que o evento negativo terá maior repercussão. Precedentes. 12. A cláusula de eleição de foro existente em contrato de prestação de serviços no exterior, portanto, não afasta a jurisdição brasileira. 13. Ademais, a imputação de utilização indevida da imagem da autora é um "posterius" em relação ao contato de prestação de serviço, ou seja, o direito de resguardo à imagem e à intimidade é autônomo em relação ao pacto firmado, não sendo dele decorrente. A ação de indenização movida pela autora não é baseada, portanto, no contrato em si, mas em fotografias e imagens utilizadas pela ré, sem seu consentimento, razão pela qual não há se falar em foro de eleição contratual. 14. Quando a alegada atividade ilícita tiver sido praticada pela Internet, independentemente de foro previsto no contrato de prestação de serviço, ainda que no exterior, é competente a autoridade judiciária brasileira caso acionada para dirimir o conflito, pois aqui tem domicílio a autora e é o local onde houve acesso ao sítio eletrônico onde a informação foi veiculada, interpretando-se como ato praticado no Brasil, aplicando-se à hipótese o disposto no art. 88, III, do CPC. 15. Recurso especial a que se nega provimento.

Acrescente-se, por fim, que, em se tratando de dano oriundo de contratos de trabalho celebrados ou prestados no Brasil, aplica-se o art. 651 da CLT para fixar a competência da Justiça nacional.

Competência material

Em relação à competência material, o art. 114, incs. I, IV e VI, da Constituição Federal estabelece que a Justiça do Trabalho como a competente para dirimir conflitos decorrentes da relação de trabalho, de *habeas data* envolvendo matéria sujeita à sua jurisdição e de ações de indenização da dano material e moral decorrentes da relação de trabalho. Tal competência, dessa forma, compreende os litígios envolvendo a invasão da privacidade ocorrida em face da relação de trabalho (antes, durante ou após o contrato).

Essa competência permanece mesmo nos conflitos surgidos entre sindicatos e filiados (como no tratamento dos dados pessoais dos filiados), nos termos do inc. III do mesmo art. 114 da CF, e perante contratos firmados entre empregador e agências que tenham por objeto a seleção no emprego, a vigilância de empregados e/ou o tratamento de dados dos trabalhadores.

Competência territorial

Nos termos do art. 651 da CLT, a competência jurisdicional trabalhista em razão do lugar é fixada, como regra geral, pelo local da prestação de serviços (*forum executionis*). Se o empregado, porém, realiza atividades em lugar distinto da celebração do contrato (§ 3º do art. 651), poderá ajuizar a demanda nesta localidade (*forum obligationis*) ou naquela. O empregado viajante ou agente (§ 1º) tem sua competência fixada pelo local onde funciona a agência ou filial a que pertença ou, na sua falta, pelo seu domicílio ou pelo da localidade mais próxima (nesses *forum personae*).

Referida regra permanece válida ainda que: a lesão à privacidade tenha ocorrido em outra localidade ou país; o dado pessoal tenha sido armazenado ou tratado em outro lugar ou se espalhou mundo afora; ou a empresa esteja situada em localidade diversa.

O apego demasiado à fixação da competência pelo local da prestação de serviços, todavia, pode, em algumas situações, conduzir à denegação do direito fundamental de acesso à Justiça, abrigado no art. 5º, inc. XXXV, da Constituição Federal. Nesse caso, se o foro do local da prestação de serviços (competência principal) inviabilizar o efetivo exercício desse direito fundamental, é possível fixar a competência territorial pelo foro da obrigação ou da pessoa, na forma prevista nos §§ 1º e 3º do próprio art. 651 da CLT e descrita acima[595]. Neste sentido, já entendeu o TST[596]:

> AGRAVO DE INSTRUMENTO. RECURSO DE REVISTA. [...] 2. COMPETÊNCIA *RATIONE LOCI*. O critério da fixação da competência em razão do lugar deve prestigiar os princípios protetivos que regem o Direito do Trabalho. Assim, necessário que se assegure ao hipossuficiente a possibilidade de ajuizar ação em local em que terá mais facilidade para exercitar o seu direito, sob pena de inviabilizar a sua garantia constitucional do livre acesso à Justiça [...].

Em se tratando de Ação Civil Pública, a regra é a fixação da competência segundo o local do dano e de sua extensão, conforme dispõem o art. 93 do CDC e a Orientação Jurisprudencial n. 130 da Subseção II de Dissídios Individuais do TST. Se o dano foi localizado em município ou na área adstrita à competência territorial da Vara do Trabalho, será ela a competente; se abranger várias, será de qualquer uma delas. Se alcançar a jurisdição de mais de um Tribunal Regional do Trabalho ou o território nacional, a competência será concorrente de qualquer uma das Varas das sedes desses Tribunais. Estará prevento o juízo em que for distribuída a primeira ação.

Dessa forma, nesses casos, a regra geral não será o local da prestação de serviços, mas onde aconteceu o tratamento indevido dos dados, em qualquer de suas etapas. Sendo distintos os locais da intromissão à privacidade, por exemplo, do recolhimento e da manipulação dos dados pessoais, a competência será concorrente, sendo prevento o juízo que tiver a primeira ação distribuída.

Conexão

Outra dificuldade que pode surgir em termos de competência da Justiça do Trabalho são as situações de conexão, continência ou de corresponsabilidade de terceiro. A conduta ilícita pode decorrer, por exemplo, de ação de vários agentes concomitantemente (além do empregador/empregado). O dado pessoal pode estar sendo captado e divulgado por alguém e utilizado por outra pessoa.

Se o pedido formulado for indivisível em relação às partes da relação de emprego e o terceiro, de modo que não há como separá-lo em duas ações distintas, então a competência da Justiça Especial (do Trabalho) atrai a da Justiça comum. Em sentido parecido, há a Súmula n. 489 do STJ e o precedente cuja ementa[597] está assim redigida:

> PROCESSO CIVIL. CONFLITO DE COMPETÊNCIA. JUSTIÇA COMUM E JUSTIÇA DO TRABALHO. AÇÃO DE INDENIZAÇÃO POR DANOS MATERIAIS, AJUIZADA POR SÓCIOS DE SOCIEDADE DE FATO, EM FACE DE EX-EMPREGADO, VISANDO RECEBER VALORES REFERENTES A CHEQUES SUPOSTAMENTE FURTADOS PELO EX-EMPREGADO E SUA ENTEADA. COMPETÊNCIA DA JUSTIÇA DO TRABALHO. 1. Ação de indenização por danos materiais, ajuizada por ex-empregador, em face de ex-empregado e sua enteada. 2. A competência da Justiça do Trabalho não se restringe apenas às relações de emprego singularmente consideradas, mas também à análise de todos os conflitos derivados do vínculo trabalhista. 3. O suposto furto de cheques pelo réu somente pode ser praticado em função de sua relação de emprego. 4. Com isso, a causa tem como fundamento atos praticados no âmbito da relação de emprego, sendo a competência da Justiça do Trabalho para processar e julgar a ação. 5. Deve ser reconhecida, em relação à ré que não mantinha relação de emprego com os autores, a força atrativa em prol da competência da Justiça do Trabalho, que é absoluta em relação ao outro réu. Haveria, se fosse determinado o desmembramento da ação, prejudicialidade de uma causa em relação a outra. 6. Conflito conhecido para declarar a competência da Justiça do Trabalho.

---

(595) CHEHAB, Gustavo Carvalho. Competência territorial e acesso à justiça. *Revista da Amatra 5: vistos etc.*. Salvador, v. 1, n. 10, 2009. p. 53.
(596) BRASIL. Tribunal Superior do Trabalho. Agravo de Instrumento em Recurso de Revista n. 19/2005-041-14-40.2. 3ª Turma. Relator Desembargador Convocado Ricardo Alencar Machado. Publicado no DJU de 9.3.2007.
(597) BRASIL. Superior Tribunal de Justiça. Conflito de Competência n. 118.842/RS. 2ª Seção. Relatora Ministra Nancy Andrighi. Publicado no DJe 19.6.2013.

7.3.2. Ações cabíveis

Em princípio, a Reclamação Trabalhista é a ação cabível para o trabalhador buscar individualmente seus direitos e/ou reparações decorrentes do acesso, uso ou tratamento indevido de seus dados pessoais.

Sendo o empregador a vítima pela ofensa ou ameaça a seus dados sigilosos, então, poderá propor ação trabalhista contra o empregado, inclusive por Reconvenção.

Por força dos arts. 1º, parágrafo único, e 7º da Lei n. 9.507/1997, 5º, LXXII, e 114, IV, da Constituição Federal, é possível sustentar o cabimento de *Habeas Data* na Justiça do Trabalho quando o banco de dados sobre o empregado é mantido por terceiro alheio à relação de trabalho, mas cujos dados pessoais são utilizados, fornecidos ou tratados em face da relação de trabalho. José Eduardo Matta sustenta que, a princípio, caberia *habeas data* para questionar o registro de informações sensíveis em banco de dados de caráter público ou governamental[598].

Marcel Leonardi[599] defende que a melhor forma de proteger a privacidade de riscos que atingem uma coletividade, como na exposição pela Internet, é pela ação coletiva. A defesa do meio ambiente digital e dos direitos difusos, coletivos e individuais homogêneos e da dimensão social da privacidade justifica a ação civil pública, a tutela das lesões metaindividuais e a proteção da ordem pública e dos direitos fundamentais sociais.

São amplas as possibilidades de ajuizamento de ações cautelares, destinadas a assegurarem o resultado útil do processo, seja em caráter preventivo, seja incidental a uma demanda trabalhista.

7.3.3. Cumulação subjetiva passiva e responsabilidade solidária

Ocorrendo concurso de agentes na manipulação de cadastro relativo a empregados, candidatos ao emprego ou ex-empregados, haverá pertinência subjetiva a justificar a inclusão de todos eles no polo passivo da demanda trabalhista individual ou coletiva, conforme o grau de responsabilidade que possuam, conforme exposto no capítulo 6.6.

Terceiros chamados para cumprirem ordens judiciais, não serão, a rigor, partes, em que pese a possível sujeição às ordens emanadas e ampla possibilidade de, caso queiram, impugná-las na forma da lei.

7.3.4. Prescrição

O prazo prescricional trabalhista é de dois anos após a extinção da relação de emprego, observados os últimos cinco anos do ajuizamento da ação (art. 11 da CLT e 7º, inc. XXIX, da Constituição). Igual prazo incide sobre os direitos relativos à proteção de dados pessoais do empregado, uma vez que a relação jurídica básica é o contrato de trabalho. Todavia, há algumas peculiaridades que merecem atenção.

Pelo princípio da *actio nata*, inserto no art. 189 do Código Civil, somente após a ciência da lesão é que nasce o direito de ação, iniciando a contagem do prazo prescricional. Somente após o empregado ter a ciência do tratamento ou da consulta indevida de seus dados pessoais ou sensíveis em cadastros, começará a fluir a prescrição, ainda que seu contrato tenha se encerrado há mais de dois anos. Em outras palavras, o marco inicial da prescrição não é o dia em que ele foi preterido no processo de seleção ou o de sua rescisão contratual, mas da ciência do ato lesivo.

Algumas condutas relativas ao banco de dados são continuadas (ou permanentes), isto é, repetem-se a cada dia, enquanto perdurar a exposição ilícita. Nesses casos, o prazo prescricional somente tem início a partir do último ato lesivo[600]. A mera manutenção de dados sensíveis em um cadastro, por exemplo, é uma

---

(598) MATTA, José Eduardo N. *Habeas Data*. Rio de Janeiro: Lúmen Juris, 2005. p. 141-142.
(599) LEONARDI, *op. cit.*, p. 232.
(600) PEREIRA, Caio Mário da Silva. *Instituições de Direito Civil*. 18. ed., v. 1. Rio de Janeiro: Forense, 1997. p. 444-445.

conduta permanente, na qual a lesão ao direito renova-se dia a dia. Mesmo que o dado pessoal tenha sido inserido no cadastro há 15, 20, 30 ou 40 anos, a pretensão de seu cancelamento (ou seu esquecimento) não está fulminada pela prescrição, pois ainda hoje a manutenção desse dado viola o direito do titular, segundo as regras hoje vigentes.

7.3.5. Prova diabólica e ônus da prova

A prova da consulta a cadastros ou do uso de dados pessoais do empregado pelo empregador, isto é, da invasão da privacidade ou da discriminação daí decorrente, é, em muitos casos, diabólica, que é "aquela que é impossível, senão muito difícil de ser produzida"[601]. Para José Fernando Arochena[602], as "reglas generales de distribución de la carga de la prueba, aun con la atemperación, se muestran insuficientes cuando se trata de acreditar una discriminación o una lesión de derechos fundamentales"[603].

A Corte Interamericana de Direitos Humanos[604] impôs ao Brasil uma condenação por, em processo judicial, exigir prova direta da discriminação de uma candidata afrodescendente em uma seleção de emprego.

Quando o empregado apresentar elementos de presunção de veracidade, o encargo de provar a inexistência de discriminação fica com os acusados[605]. No mesmo sentido, consta de publicação da OIT[606]:

> Probar en un procedimiento judicial que ha habido discriminación resulta difícil, aunque no se requiera demostrar la intencionalidad del imputado. [...] Así, a fin de ayudar a los demandantes y propiciar la celebración de juicios justos, cada vez son más los países que trasladan al empleador la carga de la prueba en la refutación de los alegatos una vez que el demandante ha manifestado los primeros indicios de discriminación.[607]

Nesses casos de discriminação, é possível a aplicação da teoria dinâmica do ônus da prova[608], segundo a qual, "a prova incumbe a quem tem melhores condições de produzi-la, à luz das circunstâncias do caso concreto. Em outras palavras: prova quem pode"[609].

A teoria dinâmica do ônus da prova fundamenta-se na: a) igualdade (arts. 5º, *caput*, Constituição e 125, inc. I, CPC) — deve haver uma paridade real de armas e não apenas formal; b) lealdade, boa-fé e veracidade (arts. 14, 16 a 18, e 125, inc. III, CPC) — a parte não pode agir ou se omitir de forma ardilosa

---

(601) DIDIER JR., Fredie; BRAGA, Paula Sarno e OLIVEIRA, Rafael. *Curso de Direito Processual Civil*. v. 2. Salvador: Juspodivm, 2007. p. 60.
(602) AROCHENA, José Fernando Lousada. *La prueba de la discriminación y del acoso sexual y moral en el proceso laboral*. Disponível em: <http://www.ccoo.es/comunes/temp/recursos/1/395219.pdf>. Acesso em: 13 ago. 2013.
(603) Tradução livre: as regras gerais de distribuição do ônus da prova, ainda que temperadas, mostram-se insuficientes quando se trata de creditar uma discriminação ou lesão a direitos fundamentais.
(604) CORTE INTERAMERICANA DE DIREITOS HUMANOS. Informe n. 66/2006. Caso n. 12.001. Simone André Diniz vs. Brasil. 21 out. 2006. Disponível em: <http://www.iidh.ed.cr/comunidades/diversidades/docs/div_infinteresante/informe%20n%20 66-06.htm>. Acesso em: 12 ago. 2013.
(605) VASCONCELOS, Elaine Machado. A discriminação nas relações de trabalho: a possibilidade de inversão do ônus da prova como meio eficaz de atingimento dos princípios constitucionais. *Revista do TST*. v. 71, n. 2, Brasília, maio/ago. 2005. p. 104.
(606) ORGANIZAÇÃO INTERNACIONAL DO TRABALHO. *La hora de la igualdad en el trabajo*. § 196, Genebra: Oficina Internacional do Trabalho, 2003. p. 70.
(607) Tradução livre: Provar em um processo judicial que tem havido discriminação é difícil, ainda que não se pretenda demonstrar a intenção do imputado. Na maioria dos casos que versam sobre opções de contratação, demissão, remuneração e promoção, é o empregador que tem a informação pertinente. Nos casos de assédio sexual não costuma haver testemunhas. Assim, a fim de ajudar os demandantes e proporcionar a realização de justo juízo, cada vez são mais os países que transferem ao empregador o ônus da prova para refutar as alegações, uma vez que o demandante apresentou os primeiros indícios de discriminação.
(608) CHEHAB, Gustavo Carvalho. O princípio da não discriminação e o ônus da prova. v. 76, n. 3, *Revista do TST*. Brasília: Lex Magister, jul./set. 2010. p. 52-71; FELICIANO, Guilherme Guimarães. Distribuição dinâmica do ônus da prova no Processo do Trabalho. *Revista do Tribunal Regional do Trabalho da 15ª Região*. Campinas: n. 32, 2008. p. 105-106.
(609) DIDIER JR. et al., *op. cit.*, v. 2. p. 62.

para prejudicar o ex-adverso; c) colaboração com a Justiça (arts. 339, 340, 342, 345 e 355, CPC) — todos têm o dever de ajudar o juiz a descobrir a verdade dos fatos; d) devido processo legal (art. 5º, inc. LIV, Constituição) — o processo devido é que produz resultados justos e equânimes; e) acesso à Justiça (art. 5º, inc. XXXV, Constituição) — a distribuição do ônus da prova não pode ser impossível a uma das partes, sob pena de negar-lhe o acesso a tutela do Estado[610]; f) princípio da aptidão da provas (art. 6º, inc. VIII, CDC) — pela verossimilhança da alegação ou em face da hipossuficiência do autor.

Logo, há dois caminhos possíveis para a questão da prova diabólica decorrente do acesso aos dados pessoais: a) inversão do ônus da prova quando apresentados indícios do tratamento irregular de dados pessoais ou sensíveis; ou b) aplicação da teoria dinâmica do ônus da prova.

7.3.6. Prova online

A publicação de conteúdos invasivos da privacidade em *websites*, acessíveis de qualquer computador ligado na Internet, pode ser objeto de inspeção judicial online, quanto a sua existência, ao teor e/ou autoria, durante, por exemplo, uma audiência em que as partes estão presentes. Nos Estados Unidos, os Tribunais consideram que a publicação de mensagens difamatórias constitui um libelo em desfavor do réu[611].

7.3.7. Perícia de computação forense

Em processo judicial, é possível a elaboração de perícia na área de informática (computação forense) para fins de prova acerca da invasão da privacidade pelo uso da tecnologia de informação.

A computação forense (*computer forensics* ou *cyber forensics*) combina elementos de direito e ciência da computação para coletar e analisar dados de sistemas informáticos, redes, comunicações sem fio e dispositivos de armazenamento para fins de prova em um juízo ou tribunal[612].

Para isso, o perito, profissional da área de informática ou de eletrônica procura localizar, extrair e analisar os diversos tipos de dados dos diferentes equipamentos, tais como documentos eletrônicos, incluindo e-mails, páginas da *web*, arquivos, memórias, discos rígidos, flexíveis e óticos (ex. DVD ou CD)[613].

A investigação forense eletrônica tem as seguintes etapas: a) identificação da evidência eletrônica e da sua origem (de laptops, HDs, Internet etc.), b) extração que reúne fisicamente a evidência eletrônica por meio de *softwares* e *hardwares* que permitem documentar e preservar os dados originais e obter cópias (normalmente três); c) preservação da integridade da evidência original sem qualquer alteração, investigação se a evidência original sofreu danos, destruição ou alteração na sua origem ou, estando inutilizada ou danificada a evidência original, extração de uma cópia a partir da cópia (do *backup*) ainda existente; d) interpretação ou análise das evidências encontradas para embasar a conclusão sobre as provas encontradas; e) comunicação das conclusões[614], mediante um laudo e/ou depoimento em juízo.

Albert Marcella Jr. e Doug Menendez[615] assinalam que é fácil encontrar provas eletrônicas, o difícil é interpretar corretamente os resultados obtidos ou não identificar as provas corretamente para uma análise precisa.

---

[610] DIDIER, JR., *et. al., op. cit.*, v. 2. p. 64.
[611] DARRELL, *op. cit.*, p. 167.
[612] MARCELLA JR., ALBERT J. e MENENDEZ, Doug. *Cyber forensics:* a field manual for collecting, examining, and preserving evidence of computer crimes. 2. ed. New York: Auerbach Publications, 2008. p. 5.
[613] *Ibid., loc. cit.*
[614] *Ibid.*, p. 5-6.
[615] *Ibid*, p. 6.

Conclusão

A Informática e a tecnologia da informação trouxeram riscos à privacidade que não eram imaginados por ocasião das primeiras noções de privacidade. Uma nova teoria aponta que os dados, que não têm relevância e propósito em si mesmo, quando reunidos, formam um mosaico que revelam aspectos da vida privada de uma pessoa.

Atento a essa nova realidade do mundo digital, diversos países, especialmente na Europa, começaram a elaborar normas de proteção aos dados pessoais e extrair os princípios que lhe são afetos. Nasceu um novo direito fundamental relativo à autodeterminação informativa, repelido pelo Supremo Tribunal Federal brasileiro no RE n. 418.416/SC, apesar do que dispõe o art. 5º, incs. X, XII, LXIX, LXXII e LXXVII, da Constituição e da proximidade nuclear da privacidade com a dignidade da pessoa humana.

No campo das relações de emprego, em que o empregado está subordinado ao empregador, que detém diversos poderes em relação a ele, o quadro é bastante grave. Multiplicaram-se as ações invasivas na seleção de emprego, que se tornaram mais intrusivas a ponto de ensejarem ofensas a não discriminação e à isonomia, e, até, na identificação do empregado.

A modernidade permite que a pessoa seja identificada, por reconhecimento facial, tenha seu nome vasculhado na Internet, em tempo real, e sua vida revirada nos *sites* de relacionamento, nas opiniões e comentários que postou e nos demais dados espalhados em redes e banco de dados. Esses dados são reunidos e minerados por sofisticados programas de informática que retratam o empregado, apresentando aspectos de sua personalidade e de seu comportamento, e até traçam possibilidade de suas futuras atitudes. A pessoa passa a ser expectador de sua própria vida, não sendo necessário dizer uma única palavra, apresentar-se ou falar de si mesmo.

A penitenciária panóptica de Jeremy Bentham, que mais parece o delírio de uma sociedade embrutecida pelo medo, está cada vez mais presente no ambiente de trabalho. A fiscalização torna-se vigilância, a vigilância vira espionagem e o íntimo do indivíduo transforma-se em um detalhe de menor relevo em face da livre-iniciativa e da defesa da propriedade privada.

A identidade agora é digital ou será biométrica? A segurança da informação tornou-se agora importante para todos, empregado e empregadores. Também se tornou universal a intrusão ofensiva por meio eletrônico, não apenas mais democrática. Qualquer um pode praticar ofensa no mundo virtual, não importa onde esteja no planeta. Qualquer um pode aderir ao *cyberbullying*, inclusive quem sequer conhece a vítima. Esse fenômeno pode, aliás, tornar, em pouco tempo, uma pessoa mundialmente conhecida. Seu preço para a vítima, porém, é muito alto: sua vida, sua existência, suas relações sociais, sua paz interior.

Parte da doutrina e da jurisprudência nacional ainda não compreendeu a dimensão do problema. A análise de questões como e-mails, dados financeiros, uso de rastreadores de localização geográfica, captação de audiovisual é, em geral, tópica. Procura-se julgar o caso concreto, mas não há reflexão sistêmica dos riscos e dos princípios que estão intimamente ligados à exposição dos dados pessoais. Boa parte da doutrina jurídica nacional desconhece o potencial lesivo da mineração de dados. Também o legislativo ainda está inerte em disciplinar razoavelmente a matéria.

A privacidade, nesse contexto, está sim ameaçada de morte.

Felizmente existem caminhos. Ainda há salvação.

É urgente reconhecer os princípios afetos aos dados pessoais, consolidar o entendimento de que há um direito fundamental à proteção desses dados. Direitos de defesa e proibições de conduta específicas podem e devem ser utilizados pelos operadores de direito. As medidas preventivas têm especial lugar nessa seara. A reparação pecuniária, não apenas de danos materiais e morais, mas também daquele existencial que afeta de maneira substancial a vida da pessoa, tem lugar especial na tutela dos direitos à personalidade.

A responsabilidade civil deve ser a mais ampla possível. Ela é em regra objetiva e alcança todos que, de algum modo, trataram indevidamente dados pessoais. Terceiros também são chamados a colaborar com a tutela da privacidade, ainda que por medidas adicionais, sob pena de também serem responsabilizados civilmente.

A Internet está inserida em um novo campo do Direito Ambiental. É o meio ambiente digital, parte importante do meio ambiente cultural. Sua tutela, bem como dos direitos difusos, coletivos e individuais homogêneos e da dimensão social da privacidade podem e devem ser defendidos coletivamente, inclusive pelo Ministério Público.

Os danos podem ser transnacionais, mas, em regra, o direito aplicado é nacional quando decorrente de prestação de serviços realizados no Brasil. Desafios próprios aparecem no percurso. A lesão ocorrida na Internet ainda carece de uma solução técnica perfeita. A restrição da informação ilícita com a retirada do conteúdo, com a restrição de buscas, bloqueios de IP e da correspondência DNS e filtros de localização, apresenta falhas, mesmo que decorra por ordem judicial.

Também há desafios processuais que essa tutela específica traz em seu bojo, como a questão da competência, inclusive internacional, em que se deve dar interpretação mais afeta ao acesso à Justiça e à defesa dos direitos fundamentais.

A privacidade é a última fronteira entre o público e o privado. É nela que o cidadão é formado, com suas crenças, opiniões, subjetividades, esperanças, frustrações, pensamentos. É a partir dela que brota a diversidade cultural, étnica, religiosa, filosófica, sexual, artística, científica, que nos faz diferente de qualquer outra espécie animal ou vegetal. Preservar a privacidade na sociedade da informação não é um luxo ou um capricho, mas uma necessidade. É no silêncio da alma e do espírito que nasce a verdadeira sociedade, formada não por máquinas, equipamentos ou sistemas, mas por homens livres, que se respeitam um ao outro, e juntos transformam o mundo.

REFERÊNCIAS BIBLIOGRÁFICAS

ABRUNHOSA, Olívia Waldemburgo de O.; TAVARES, Sérgio Maia. Cooperação interjurisdicional: ferramentas interlocutórias e modalidades na União Europeia. Da cooperação iberoamericana e no Mercosul ao gradual federalismo do espaço judicial europeu. *Revista do Instituto do Direito Brasileiro*. Lisboa, a. 2, n. 12, 2013.

ACKERMAN, Mario E. El trabajo, los trabajadores e el derecho del trabajo. *Revista do TST*. Brasília, v. 73, n. 3, jul./set. 2007.

AGUIAR JÚNIOR, Ruy Rosado de. Cláusulas abusivas no código de defesa do consumidor. In MARQUES, Cláudia Lima (Coord.). *Estudos sobre a proteção do consumidor no Brasil e no Mercosul*. Porto Alegre: Livraria do Advogado, 1994.

ALEMANHA. *Der Bundesbeauftragte fur den Datenschutz und die Informationsfreiheit. Eingriffe in das Recht auf informationelle Selbstbestimmung nur auf der Grundlage eines Gesetzes, das auch dem Datenschutz Rechnung trägt (Volkszählungsurteil) (BVerfG)*. Disponível em: <http://www.bfdi.bund.de/DE/GesetzeUndRechtsprechung/Rechtsprechung/BDSGDatenschutzAllgemein/Artikel/151283_VolkszaehlungsUrteil.html;jsessionid=28FC7B50A880972DCCFD1EA0CD0D04A0.1_cid136?nn=1236576>. Acesso em: 6 out. 2013.

ALEXY, Robert. *Teoria de los Derechos Fundamentales*. Madrid: Centro de Estudios Constitucionales, 1993.

ALIANZA POR LA SEGURIDAD EN INTERNET. *Guía A.S.I. para prevención del ciber-bullyng*. México: ASI, 2012.

ALLEN, Anita L. Genetic privacy: emerging concepts and values, in genetic secrets: protecting privacy and confidentiality in the genetic era. In: ANDREWS, Lori B.; MEHLMAN, Maxwell J.; ROTHSTEIN, Mark A. *Genetics*: ethics, law and policy. 2. ed. St. Paul-MN: Thomson West, 2006.

ALMEIDA FILHO, José Carlos de Araújo e CASTRO, Aldemario Araújo. *Manual de informática jurídica e Direito da Informática*. Rio de Janeiro: Forense, 2005.

ALMEIDA NETO, Amaro Alves de. Dano existencial: a tutela da dignidade da pessoa humana. *Revista dos Tribunais*. São Paulo, v. 6, n. 24, out./dez. 2005.

ANDRADE, José Carlos Vieira de. Os direitos, liberdades e garantias no âmbito das relações entre particulares. In: SARLET, Ingo W. (org). *Constituição, direitos fundamentais e direito privado*. Porto Alegre: Livraria do Advogado, 2003.

ANTUNES, Ricardo. *Adeus ao trabalho? Ensaio sobre as metamorfoses e a centralidade no mundo do trabalho*. 15. ed. São Paulo: Cortez, 2011.

ARAÚJO, Luiz Alberto David. *A proteção constitucional da própria imagem*: pessoa física, pessoa jurídica e produto. Belo Horizonte: Del Rey, 1996.

ARENDT, Hannah. *Eichmann em Jerusalém:* um relato sobre a banalidade do mal. São Paulo: Companhia das Letras, 1999.

ARGENTINA. Senado de la Nación. *Constituición de la Nación.* Disponível em: <http://www.senado.gov.ar/web/consnac/consnac.htm>. Acesso em: 11 set. 2013.

AROCHENA, José Fernando Lousada. *La prueba de la discriminación y del acoso sexual y moral en el proceso laboral.* Disponível em: <http://www.ccoo.es/comunes/temp/recursos/1/395219.pdf>. Acesso em: 13 ago. 2013.

ASCENSÃO, José de Oliveira. *Direito da Internet e da sociedade da informação:* estudos. Rio de Janeiro: Forense, 2002.

ASSOCIAÇÃO BRASILEIRA DE NORMAS TÉCNICAS. *ABNT NBR ISO/IEC 27001:2006.* Rio de Janeiro: ABNT, 2006.

ASSOCIAÇÃO NACIONAL DOS MAGISTRADOS DA JUSTIÇA DO TRABALHO. XIV Conamat. Teses aprovadas. Manaus-AM, maio 2008. In: CONSULTOR JURÍDICO. Disponível em: <http://www.conjur.com.br/2008-mai-31/anamatra_aprova_47_teses_justica_trabalho?pagina=2>. Acesso em: 12 set. 2013.

AUSTRÁLIA. *Office of the Australian Information Commissioner.* Disponível em: <http://www.oaic.gov.au/>. Acesso em: 11 set. 2013.

BARBOSA, Denis Borges. *Nota sobre a noção de segredo de empresa.* 2008. Disponível em: <http://www.denisbarbosa.addr.com/arquivos/200/propriedade/nota_segredo.pdf>. Acesso em: 16 out. 2013.

BARROS, Alice Monteiro de. *Proteção à intimidade do empregado.* 2. ed. São Paulo: LTR, 2009.

BARROSO, Luís Roberto. Neoconstitucionalismo e constitucionalização do direito (o triunfo tardio do Direito Constitucional no Brasil). *Rere: Revista Eletrônica sobre Reforma do Estado.* Salvador, n. 9, mar./maio 2007. Disponível em: <http://www.direitodoestado.com/revista/RERE-9-MAR%C7O-2007-LUIZ%20ROBERTO%20BARROSO.pdf>. Acesso em: 17 out. 2013.

BEAL, Adriana. *Gestão estratégica da informação:* como transformar a informação e a tecnologia da informação em fatores de crescimento e de alto desempenho nas organizações. São Paulo: Atlas, 2004.

BEBBER, Júlio César. Danos extrapatrimoniais (estético, biológico e existencial) — breves considerações. v. 73, n. 1, *Revista LTr.* São Paulo, jan. 2009.

BELMONTE, Alexandre Agra. O assédio moral nas relações de trabalho — uma tentativa de sistematização. v. 72, n. 11, *Revista LTr.* São Paulo, nov. 2008.

BERCHT, Magda. Computação afetiva: vínculos com a psicologia e aplicações na educação. In: CONSELHO REGIONAL DE PSICOLOGIA DE SÃO PAULO. *Psicologia & Informática:* produções do III Psicoinfo e II Jornada NPPI. São Paulo: CRP/SP, 2006.

Bíblia sagrada. 118. ed. São Paulo: Ave Maria, 1998.

BITTAR FILHO, Carlos Alberto. Do dano moral coletivo no atual contexto jurídico brasileiro. *Revista de Direito do Consumidor.* n. 12, São Paulo, out./dez. 1994.

BJORK, Gordon C. *A empresa privada e o interesse público:* os fundamentos de uma economia capitalista. Rio de Janeiro: Zahar, 1971.

BOBBIO, Norberto. *A era dos direitos.* Rio de Janeiro: Elsevier, 2004.

BOGGIANO, Antonio. *Curso de Derecho Internacional Privado:* derecho de las relaciones privadas internacionales. 2. ed. Buenos Aires: Abeledo-Pierrot, 2000.

BONAVIDES, Paulo. *Curso de Direito Constitucional.* 15. ed. São Paulo: Malheiros, 2004.

BRANCO, Paulo Gustavo Gonet. Aspectos de teoria geral dos direitos fundamentais. In: MENDES, Gilmar F.; COELHO, Inocêncio M. e BRANCO, Paulo Gustavo Gonet. *Hermenêutica constitucional e direitos fundamentais.* Brasília: Brasília Jurídica, 2000.

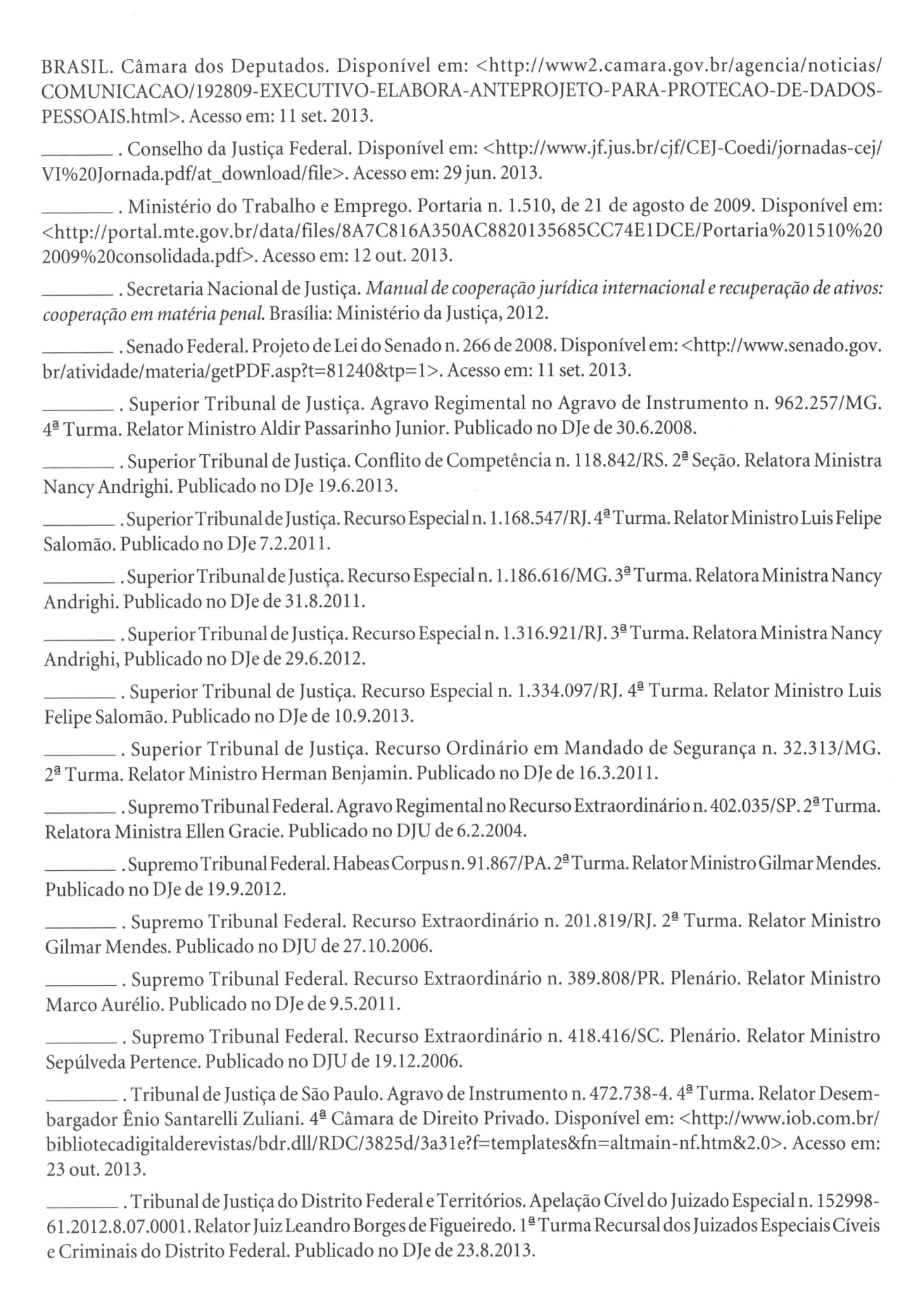

BRASIL. Câmara dos Deputados. Disponível em: <http://www2.camara.gov.br/agencia/noticias/COMUNICACAO/192809-EXECUTIVO-ELABORA-ANTEPROJETO-PARA-PROTECAO-DE-DADOS-PESSOAIS.html>. Acesso em: 11 set. 2013.

_____ . Conselho da Justiça Federal. Disponível em: <http://www.jf.jus.br/cjf/CEJ-Coedi/jornadas-cej/VI%20Jornada.pdf/at_download/file>. Acesso em: 29 jun. 2013.

_____ . Ministério do Trabalho e Emprego. Portaria n. 1.510, de 21 de agosto de 2009. Disponível em: <http://portal.mte.gov.br/data/files/8A7C816A350AC8820135685CC74E1DCE/Portaria%201510%202009%20consolidada.pdf>. Acesso em: 12 out. 2013.

_____ . Secretaria Nacional de Justiça. *Manual de cooperação jurídica internacional e recuperação de ativos: cooperação em matéria penal*. Brasília: Ministério da Justiça, 2012.

_____ . Senado Federal. Projeto de Lei do Senado n. 266 de 2008. Disponível em: <http://www.senado.gov.br/atividade/materia/getPDF.asp?t=81240&tp=1>. Acesso em: 11 set. 2013.

_____ . Superior Tribunal de Justiça. Agravo Regimental no Agravo de Instrumento n. 962.257/MG. 4ª Turma. Relator Ministro Aldir Passarinho Junior. Publicado no DJe de 30.6.2008.

_____ . Superior Tribunal de Justiça. Conflito de Competência n. 118.842/RS. 2ª Seção. Relatora Ministra Nancy Andrighi. Publicado no DJe 19.6.2013.

_____ . Superior Tribunal de Justiça. Recurso Especial n. 1.168.547/RJ. 4ª Turma. Relator Ministro Luis Felipe Salomão. Publicado no DJe 7.2.2011.

_____ . Superior Tribunal de Justiça. Recurso Especial n. 1.186.616/MG. 3ª Turma. Relatora Ministra Nancy Andrighi. Publicado no DJe de 31.8.2011.

_____ . Superior Tribunal de Justiça. Recurso Especial n. 1.316.921/RJ. 3ª Turma. Relatora Ministra Nancy Andrighi, Publicado no DJe de 29.6.2012.

_____ . Superior Tribunal de Justiça. Recurso Especial n. 1.334.097/RJ. 4ª Turma. Relator Ministro Luis Felipe Salomão. Publicado no DJe de 10.9.2013.

_____ . Superior Tribunal de Justiça. Recurso Ordinário em Mandado de Segurança n. 32.313/MG. 2ª Turma. Relator Ministro Herman Benjamin. Publicado no DJe de 16.3.2011.

_____ . Supremo Tribunal Federal. Agravo Regimental no Recurso Extraordinário n. 402.035/SP. 2ª Turma. Relatora Ministra Ellen Gracie. Publicado no DJU de 6.2.2004.

_____ . Supremo Tribunal Federal. Habeas Corpus n. 91.867/PA. 2ª Turma. Relator Ministro Gilmar Mendes. Publicado no DJe de 19.9.2012.

_____ . Supremo Tribunal Federal. Recurso Extraordinário n. 201.819/RJ. 2ª Turma. Relator Ministro Gilmar Mendes. Publicado no DJU de 27.10.2006.

_____ . Supremo Tribunal Federal. Recurso Extraordinário n. 389.808/PR. Plenário. Relator Ministro Marco Aurélio. Publicado no DJe de 9.5.2011.

_____ . Supremo Tribunal Federal. Recurso Extraordinário n. 418.416/SC. Plenário. Relator Ministro Sepúlveda Pertence. Publicado no DJU de 19.12.2006.

_____ . Tribunal de Justiça de São Paulo. Agravo de Instrumento n. 472.738-4. 4ª Turma. Relator Desembargador Ênio Santarelli Zuliani. 4ª Câmara de Direito Privado. Disponível em: <http://www.iob.com.br/bibliotecadigitalderevistas/bdr.dll/RDC/3825d/3a31e?f=templates&fn=altmain-nf.htm&2.0>. Acesso em: 23 out. 2013.

_____ . Tribunal de Justiça do Distrito Federal e Territórios. Apelação Cível do Juizado Especial n. 152998-61.2012.8.07.0001. Relator Juiz Leandro Borges de Figueiredo. 1ª Turma Recursal dos Juizados Especiais Cíveis e Criminais do Distrito Federal. Publicado no DJe de 23.8.2013.

_____. Tribunal de Justiça do Distrito Federal e Territórios. Apelação Cível do Juizado Especial n. 199259-84.2012.8.07.0001. Relator Juiz Antônio Fernandes da Luz. 2ª Turma Recursal dos Juizados Especiais Cíveis e Criminais do Distrito Federal. Publicado no DJe de 16.8.2013.

_____. Tribunal Regional do Trabalho da 2ª Região. Recurso Ordinário n. 216800-69.2009.5.02.0052. 12ª Turma. Relatora Desembargadora Iara Ramires da Silva de Castro. Publicado no DOESP de 14.10.2011.

_____. Tribunal Regional do Trabalho da 10ª Região. Recurso Ordinário n. 338-11.2012.5.10.0014. 3ª Turma. Relator Desembargador José Leone Cordeiro Leite. Publicado no DEJT de 10.5.2013.

_____. Tribunal Regional do Trabalho da 10ª Região. Recurso Ordinário n. 556/2009-851-10-00. 1ª Turma. Relator Juiz Convocado Paulo Henrique Blair. Publicado no DEJT de 13.8.2010.

_____. Tribunal Regional do Trabalho da 15ª Região. Recurso Ordinário n. 626/2000-043-15-83. 4ª Câmara. Relator Desembargador Luís Carlos Cândido Martins Sotero da Silva. Publicado no DOESP de 17.10.2008.

_____. Tribunal Superior do Trabalho. Agravo de Instrumento em Recurso de Revista n. 19/2005-041-14-40.2. 3ª Turma. Relator Desembargador Convocado Ricardo Alencar Machado. Publicado no DJU de 9.3.2007.

_____. Tribunal Superior do Trabalho. Agravo em Agravo de Instrumento em Recurso de Revista n. 1.145-59.2010.5.09.0004. 7ª Turma. Relator Ministro Cláudio Mascarenhas Brandão. Publicado no DEJT de 11.10.2013.

_____. Tribunal Superior do Trabalho. Agravo de Instrumento em Recurso de Revista n. 3.039-82.2010.5.09.0000. 2ª Turma. Relatora Desembargadora Convocada Maria das Graças Laranjeira. Publicado no DEJT de 26.3.2013.

_____. Tribunal Superior do Trabalho. Agravo de Instrumento em Recurso de Revista n. 10.600-97.2009.5.05.0132. 3ª Turma. Relator Ministro Mauricio Godinho Delgado. Publicado no DEJT de 30.8.2013.

_____. Tribunal Superior do Trabalho. Agravo de Instrumento em Recurso de Revista n. 164.040-86.2003.5.01.0051. 1ª Turma. Relator Ministro Luiz Philippe Vieira de Mello Filho. Publicado no DEJT de 24.10.2008.

_____. Tribunal Superior do Trabalho. Agravo de Instrumento em Recurso de Revista n. 9.891.940-02.2004.5.09.0014. 1ª Turma. Relator Ministro Luiz Philippe Vieira de Melo Filho. Publicado no DEJT de 9.4.2010.

_____. Tribunal Superior do Trabalho. Embargos em Recurso de Revista n. 9.892.100-27.2004.5.09.0014. Subseção 1 da Seção Especializada em de Dissídios Individuais. Relator Ministro Augusto César de Carvalho. Publicado no DEJT de 19.11.2010.

_____. Tribunal Superior do Trabalho. Recurso de Revista n. 613/2000-013-10-00. 1ª Turma. Relator Ministro João Oreste Dalazen. Publicado no DJU 10.6.2005.

_____. Tribunal Superior do Trabalho. Recurso de Revista n. 727-76.2011.5.10.24.0002. 1ª Turma. Relator Ministro Hugo Carlos Scheuermann. Publicado no DEJT de 38.6.2013.

_____. Tribunal Superior do Trabalho. Recurso de Revista n. 1.498-41.2010.5.09.0670. 3ª Turma. Relator Ministro Alberto Luiz Bresciani de Fontan Pereira. Publicado no DEJT de 14.6.2013.

_____. Tribunal Superior do Trabalho. Recurso de Revista n. 2.123-66.2010.5.09.0091. 8ª Turma. Relatora Ministra Dora Maria da Costa. Publicado no DEJT de 27.9.2012.

_____. Tribunal Superior do Trabalho. Recurso de Revista n. 3.993-30.2010.5.12.0038. 6ª Turma. Relator Ministro Aloysio Corrêa da Veiga. Publicado no DEJT de 20.9.2012.

_____. Tribunal Superior do Trabalho. Recurso de Revista n. 28.140-17.2004.5.03.0092. Relator Ministro Mauricio Godinho Delgado. Publicado no DEJT de 7.5.2010.

_____. Tribunal Superior do Trabalho. Recurso de Revista n. 29.900-73.2007.5.03.0131. 3ª Turma. Relator Ministro Alberto Luiz Bresciani de Fontan Pereira. Publicado no DEJT de 13.11.2009.

_____. Tribunal Superior do Trabalho. Recurso de Revista n. 37.540-43.2007.5.03.0062. 6ª Turma. Relator Ministro Aloysio Corrêa da Veiga. Publicado no DEJT de 5.12.2008.

_____. Tribunal Superior do Trabalho. Recurso de Revista n. 38.100.27.2003.5.20.0005. 2ª Turma. Relator Ministro Renato de Lacerda Paiva. Publicado no DEJT 24.2.2012.

_____. Tribunal Superior do Trabalho. Recurso de Revista n. 60.800-64.2005.5.17.0181. 7ª Turma. Relatora Ministra Delaíde Miranda Arantes. Publicado no DEJT de 19.12.2012.

_____. Tribunal Superior do Trabalho. Recurso de Revista n. 111.500-10.1999.5.17.0131. 2ª Turma. Relator Ministro José Roberto Freire Pimenta. Publicado no DEJT de 25.3.2011.

_____. Tribunal Superior do Trabalho. Recurso de Revista n. 113.900-77.2009.5.03.0020. 5ª Turma. Relator Ministro João Batista Brito Pereira. Publicado no DEJT de 3.8.2012.

_____. Tribunal Superior do Trabalho. Recurso de Revista n. 123.800-10.2007.5.06.0008. 7ª Turma. Relator Ministro Pedro Paulo Manus. Publicado no DEJT de 3.2.2012.

_____. Tribunal Superior do Trabalho. Recurso de Revista n. 3.047.100.50.2009.5.09.0084. 6ª Turma. Relator Ministro Aloysio Corrêa da Veiga. Publicado no DEJT 9.3.2012.

_____. Tribunal Superior do Trabalho. Recurso de Revista n. 9.891.800-65.2004.5.09.0014. 5ª Turma. Relator Ministro Emmanoel Pereira. Publicado no DEJT 18.6.2010.

CACHAPUZ, Maria Cláudia. *Intimidade e vida privada no novo Código Civil brasileiro:* uma leitura orientada no Discurso Jurídico. Porto Alegre: Sérgio Antonio Fabris, 2007.

CAHALI, Yossef Said. *Dano Moral.* 2. ed. São Paulo: Revista dos Tribunais, 2000.

CALVET, Otavio Amaral. *Direito ao Lazer nas Relações de Trabalho.* São Paulo: LTr, 2006.

CAMBI, Eduardo. *Neoconstitucionalismo e Neoprocessualismo:* direitos fundamentais, políticas públicas e protagonismo judiciário. São Paulo: Revista dos Tribunais, 2009.

CANADÁ. *Office of the Privacy Commissioner of Canada.* Disponível em: <http://www.priv.gc.ca/>. Acesso em: 11 set. 2013.

CANOTILHO, José Joaquim Gomes. *Direito Constitucional.* 6. ed. Coimbra: Almedina, 1993.

CALVET, Otavio Amaral. *Direito ao Lazer nas Relações de Trabalho.* São Paulo: LTr, 2006.

CASTRO, Catarina Sarmento e. *Direito à autodeterminação informativa e os novos desafios gerados pelo direito à liberdade e à segurança no pós 11 de setembro.* Coimbra, p. 11. Disponível em: <http://www.estig.ipbeja.pt/~ac_direito/CatarinaCastro.pdf>. Acesso em: 3 out. 2013.

CASTRO, Leonardo Bellini de. *A eficácia horizontal dos direitos fundamentais.* Disponível em: <http://www.midia.apmp.com.br/arquivos/pdf/artigos/2011_eficacia_horizontal.pdf>. Acesso em: 15 out. 2013.

CAUPERS, João. *Os direitos fundamentais dos trabalhadores na Constituição.* Lisboa: Almedina, 1985.

CHAVELI DONET, Eduard. La protección de datos personales en Internet. *Azpilcueta: Cuadernos de Derecho.* Donostia, n. 20, 2008.

CHEHAB, Gustavo Carvalho. Competência territorial e acesso à justiça. v. 1, n. 10, *Revista da Amatra 5: vistos etc.* Salvador, 2009.

_____. O princípio da não discriminação e o ônus da prova. v. 76, n. 3, *Revista do TST.* Brasília: Lex Magister, jul./set. 2010.

CHILLING EFFECTS. Disponível em: <https://www.chillingeffects.org/notice.cgi?sID=1184766>. Acesso em: 23 out. 2013.

CHIPRE. *Office of the Commissioner for Personal Data Protection.* Disponível em: <http://www.dataprotection.gov.cy/dataprotection/dataprotection.nsf/index_en/index_en?opendocument>. Acesso em: 11 set. 2013.

CIOCCHETTI, Corey A. The eavesdropping employer: a twenty-first century framework for employee monitoring. *American Business Law Journal*. Hartford-CT, v. 28, n. 2, 2011.

CITRON, Danielle Keats. Cyber civil rights. *Boston University Law Review*. v. 89, Boston, 2009.

COLNAGO, Lorena de Mello Rezende. Dano existencial decorrente de violações à jornada de trabalho. *Revista do Tribunal Regional do Trabalho da 18ª Região*. Goiânia, a. 12, 2012.

COMPARATO, Fábio Konder. *A afirmação histórica dos direitos humanos*. 4. ed. São Paulo: Saraiva, 2005.

CONESA, Fulgencio Madrid. *Derecho a la intimidad, informática y Estado de Derecho*. Valencia: Universidad de Valencia, 1984.

CONJUR. *Justiça confirma veto ao vídeo de Cicarelli na internet*. 28 set. 2006. Disponível em: <http://www.conjur.com.br/2006-set-28/justica_confirma_veto_video_cicarelli_internet>. Acesso em: 23 out. 2013.

CONSTANT, Benjamin. De la liberdad de los antiguos comparada con la de los modernos. *Escritos políticos*. Madrid: Centro de Estudios Constitucionales, 1989.

CORTE EUROPEIA DE JUSTIÇA. Processo n. C-131/12. Google Spain S.L. e Google Inc *versus* Agencia Española de Protección de Datos e Mario Costeja González. 13 maio 2014, n. 18-19. Relator M. Ilesic. Disponível em: <http://curia.europa.eu/juris/document/document.jsf;jsessionid=9ea7d0f130deef035543c386427ca49bc8074cba7492.e34KaxiLc3eQc40LaxqMbN4OaNqSe0?text=&docid=152065&pageIndex=0&doclang=PT&mode=req&dir=&occ=first&part=1&cid=56939>. Acesso em: 1º jun. 2014.

CORTE INTERAMERICANA DE DIREITOS HUMANOS. Informe n. 66/2006. Caso n. 12.001. Simone André Diniz vs. Brasil. 21 out. 2006. Disponível em: <http://www.iidh.ed.cr/comunidades/diversidades/docs/div_infinteresante/informe%20n%2066-06.htm>. Acesso em: 12 ago. 2013.

CROSS TAB. *Online reputation in a connected world*. Cross Tab, 2010. Disponível em: <http://www.job-hunt.org/guides/DPD_Online-Reputation-Research_overview.pdf>. Acesso em: 5 out. 2013.

DAINTITH, John. *A dictionary of psysics*. 6. ed. Oxford: Oxford University Press, 2009. Disponível em: <http://www.oxfordreference.com/view/10.1093/acref/9780199233991.001.0001/acref-9780199233991>. Acesso em: 22 out. 2013.

DARRELL, Keith B. *Issues in Internet law:* society, technology, and the law. 6. ed. Boca Raton-FL: Amber Book Company, 2011.

DEBATIN, Jannette Bernhard; HORN, M. Ann-Kathrin; HUGHES, Brittany. Facebook and online privacy: attitudes, behaviors, and unintended consequences. *Journal of Computer-Mediated Communication*. International Communication Association, n. 15, 2009.

DE CUPIS, Adriano. *Os direitos da personalidade*. Lisboa: Livraria Morais, 1961.

DEJOURS, Christophe. *A banalização da injustiça social*. 7. ed. Rio de Janeiro: FGV, 2006.

DE LA CUEVA, Pablo Lucas Murillo. *El derecho a la autodeterminación informativa*. Madrid: Tecnos, 1990.

_____. El derecho a la autodeterminación informativa y la protección de los datos personales. *Azpilcueta: Cuadernos de Derecho*. Donostia, n. 20, 2008.

_____. *Informatica y proteccion de datos personales*. Madrid: Centro de Estudios Constitucionales, 1993.

DELGADO, Mauricio Godinho. *Curso de Direito do Trabalho*. 2. ed. São Paulo: LTr, 2003.

DÍAZ, Elvira López. *El derecho al honor y el derecho a la intimidad:* jurisprudencia y doctrina. Madrid: Dykinson, 1996.

DÍAZ, Viviana Laura. *El ciber-acoso laboral, y no solo*. Disponível em: <http://www.adapt.it/boletinespanol/fadocs/NL_3_4.pdf>. Acesso em: 19 out. 2013.

DIDIER JR., Fredie; BRAGA, Paula Sarno e OLIVEIRA, Rafael. *Curso de Direito Processual Civil*. v. 2. Salvador: Juspodivm, 2007.

DINIZ, Ana Paola Santos Machado. Banco de Dados e intimidade informática no trabalho. v. I, n. 8, *Revista da Amatra V — vistos etc.* Salvador, 2008.

DINIZ, Maria Helena. *Dicionário Jurídico.* v. III, São Paulo: Saraiva, 1998.

DONEDA, Danilo. A proteção dos dados pessoais como um direito fundamental. *Espaço Jurídico.* v. 2, n. 2, Joaçaba, jul./dez. 2011.

_____ . *Da privacidade à proteção de dados pessoais.* Rio de Janeiro: Renovar, 2006.

DOTTI, René Ariel. A liberdade e o direito à intimidade. *Revista de Informação Legislativa.* Brasília, a. 17, n. 66, abr./jun. 1980.

DWORKIN, Ronald. *O Império do direito.* 2. ed. São Paulo: Martins Fontes, 2007.

ESPANHA. Gobierno de España. *Constituición Española.* Disponível em <http://www.lamoncloa.gob.es/NR/rdonlyres/79FF2885-8DFA-4348-8450-04610A9267F0/0/constitucion_ES.pdf>. Acesso em: 11 set. 2013.

_____ . Ley Orgánica n. 15, de 13 de diciembre de 1999. Disponível em: <http://www.agpd.es/portalwebAGPD/canaldocumentacion/legislacion/estatal/common/pdfs/LOPD_consolidada.pdf>. Acesso em: 13 out. 2013.

ESTADOS UNIDOS. Federal Trade Commision. *The Fair Credit Reporting Act.* Disponível em: <http://www.ftc.gov/os/statutes/fcradoc.pdf>. Acesso em: 29 jun. 2013.

ESTAVILLO, Juan José Ríos. *Derecho e informática en México*: informática jurídica y derecho de la información. México: Universidad Nacional Autónoma de México, 1997.

FELICIANO, Guilherme Guimarães. Distribuição dinâmica do ônus da prova no Processo do Trabalho. *Revista do Tribunal Regional do Trabalho da 15ª Região.* n. 32, Campinas: 2008.

FERREIRA, Aurélio Buarque de Holanda. *Mini Aurélio:* o dicionário da língua portuguesa. Curitiba: Positivo, 2010.

FIORILLO, Celso Antonio P. e CONTE, Christiany P. *Crimes no meio ambiente digital.* São Paulo: Saraiva, 2013.

FOROUZAN, Behrouz A. *Comunicação de dados e rede de computadores.* 3. ed. Porto Alegre: Bookman, 2006.

FOUCAULT, Michel. *Vigiar e punir.* 40. ed. Petrópolis: Vozes, 2012.

FRANÇA. Commission Nationale de l'Informatique et des Libertés. Disponível em: <http://www.cnil.fr/index.php?id=45>. Acesso em: 12 out. 2013.

FRANCO, Tânia. Alienação do trabalho: despertencimento social e desrenraizamento em relação à natureza. *Caderno CRH.* v. 24, n. 1, Salvador, 2011.

FROOMKIN, A. Michael. Death of privacy? *Stanford Law Review*, vol. 52, n. 5, maio 2000.

FROTA, Hidemberg Alves da. A proteção da vida privada, da intimidade e do segredo no Direito brasileiro e comparado. *Revista Jurídica Unijus.* v. 9, n. 11, Uberaba, nov. 2006.

_____ . Noções fundamentais sobre o dano existencial. *Revista do Tribunal Regional do Trabalho da 13ª Região.* v. 17, n. 1, João Pessoa, 2010.

GAMARRA, Adriana Raquel M. La protección de datos personales como núcleo del derecho fundamental a la autodeterminación informativa: una mirada desde el derecho español y europeo. In: PARAGUAI. Corte Suprema de Justicia. *Protección de datos personales.* Assunção: CSJ, 2010.

GONÇALVES, Emílio. *O poder regulamentar do empregador:* o regulamento do pessoal na empresa. 2. ed. São Paulo: LTr, 1997.

GONÇALVES, Lilian. O fim social do trabalho. *Revista do Tribunal Regional do Trabalho da 2ª Região.* n. 5, São Paulo, 2010.

GOÑI SEIN, José Luis. Las ofensas al honor y la repercusión de las proferidas fuera de la empresa. *Relaciones Laborales.* n. 8, Madrid, 1986.

GONZALEZ, Matilde M. Zavala de. *Derecho a la intimidad*. Buenos Aires: Abeledo-Perrot, 1982.

GOOGLE. Disponível em: <https://www.google.com.br/#psj=1&q=crack+windows+8.1>. Acesso em: 23 out. 2013.

GOUVÊA, Sandra. *O direito na era digital:* crimes praticados por meio da informática. Rio de Janeiro: Mauad, 1997.

GRADINGER, Petra; STROHMEIER, Dagmar e SPIEL, Christiane. Definition and Measurement of Cyberbullying. *Cyberpsychology: Journal of Psychosocial Research on Cyberspace*. v. 4, n. 2, 2010. Disponível em: <http://www.cyberpsychology.eu/view.php?cisloclanku=2010112301&article=1>. Acesso em: 19 out. 2013.

GRINOVER, Ada Pellegrini. Princípio da proporcionalidade. Coisa julgada e justa indenização. In: GRINOVER, Ada Pellegrini. *O processo:* estudos e pareceres. S. Paulo: DJR, 2006.

GROTTE, Bertel. L'Internet et le droit international privé: un mariage boiteux? A propos des affair Yahoo! et Gutnick. *Revue Ubiquité: Droit de technologies de l'information*. n. 16, Bruxelas, set. 2003.

GUEDES, Márcia Novaes. *Terror psicológico no trabalho*. 3. ed. São Paulo: LTr, 2008.

GUERRA, Sidney. *O direito à privacidade na Internet:* uma discussão da esfera privada no mundo globalizado. Rio de Janeiro: América Jurídica, 2004.

HABERMAS, Junger. *Direito e democracia:* entre facticidade e validade. v. 2, Rio de Janeiro: Tempo Brasileiro, 1997.

HERBERT, William A.; TUMINARO, Amelia K. The impact of emerging technologies in the workplace: who's watching the man (who's watching me)? *Hofstra labor & employment law journal*. Hempstead-NY, v. 25, n. 2, 2008.

HESSE, Konrad. *A força normativa da Constituição*. Porto Alegre: Sérgio Antônio Fabris, 1991.

HIRIGOYEN, Marie-France. *Assédio moral:* a violência perversa do cotidiano. 2. ed. Rio de Janeiro: Bertrand Brasil, 2001.

HOWARD, Christine E. Invasion of privacy liability in the electronic workplace: a lawyer's perspective. *Hofstra labor & employment law journal*. Hempstead-NY, v. 25, n. 2, 2008.

INFORMATION SHIELD. International Privacy Laws. Disponível em: <http://www.informationshield.com/intprivacylaws.html>. Acesso em: 11 set. 2013.

INTERCENTER. Empresas consultam redes sociais antes de contratar. 17 fev. 2011. Disponível em: <http://www.intercenter.com.br/*blog*.php?d=7>. Acesso em: 6 out. 2013.

ISTO É DINHEIRO. Empresas miram redes sociais na hora de encontrar talentos. 15 set. 2010. Disponível em: <http://www.istoedinheiro.com.br/noticias/34362_EMPRESAS+MIRAM+REDES+SOCIAIS+NA+HORA+DE+ENCONTRAR+TALENTOS>. Acesso em: 6 out. 2013.

JÄÄSKINEN, Niilo. Conclusões do Advogado-Geral. Processo n. C-131/12. Google Spain S.L. e Google Inc *versus* Agencia Española de Protección de Datos e Mario Costeja González. 25 jun. 2013, n. 18-19. Disponível em: <http://www.conjur.com.br/dl/parecer-google-direito-esquecimento.pdf>. Acesso em: 20 out. 2013.

JOÃO PAULO II, PP. *Laborem exercens*. 7. ed. São Paulo: Loyola, 1996.

KAPITANSKY, Rene Chabar. Assédio moral no ambiente de trabalho: repercussões ao trabalhador, à empresa e à sociedade. *Revista do Tribunal Regional do Trabalho da 18ª Região*. Goiânia, a. 11, 2011.

KIRKPATRICK, David. *The facebook effect-the inside story of the company that is connecting the world*. New York: Simon & Schuster, 2010.

KOOPS, Bert-Jaap. Forggeting footprints, shunning shadows, a critical analysis of the "right to be forgotten" in big data practice. *Scribted*, v. 8, n. 3, dez. 2011. Disponível em: <http://script-ed.org/wp-content/uploads/2011.12.koops.pdf>. Acesso em: 11 ago. 2013.

KUROSE, James F. e ROSS, Keith W. *Redes de computadores e a Internet:* uma abordagem top-down. 3. ed. São Paulo: Pearson Addison Wesley, 2006.

LANE, Frederick S. *The naked employee:* how technology is compromising workplace privacy. New York: Amacon, 2003.

LATTANZI, Roberto. Protezione dei dati personali e diritti di proprietà intellettuale: alla ricerca di un difficile equilibrio. *Rivista di scienze giuridiche.* Milano: a. 52, n. 1-2, jan./ago. 2005.

LEÃO XIII, PP. *Rerum novarum.* Roma, 15 maio 1891. Disponível em: <http://www.vatican.va/holy_father/leo_xiii/encyclicals/documents/hf_l-xiii_enc_15051891_rerum-novarum_po.html>. Acesso em: 1º out. 2013.

LEMOS, André. *Cibercultura:* tecnologias e vida social na cultura contemporânea. 5. ed. Porto Alegre: Sulina, 2010.

_____. Cidade-ciborgue: a cidade na cibercultura. *Galáxia.* v. 4, n. 8, São Paulo, out. 2004.

LEONARDI, Marcel. *Tutela e privacidade na Internet.* São Paulo: Saraiva, 2012.

LEWICKI, Bruno. *A privacidade da pessoa humana no ambiente de trabalho.* Rio de Janeiro: Renovar, 2003.

LIMBERGER, Têmis. *O direito à intimidade na era da informática:* a necessidade de proteção de dados pessoais. Porto Alegre: Livraria do Advogado, 2007.

_____. "Spam" e a invasão da intimidade. Disponível em: <http://www.mp.rs.gov.br/atuacaomp/not_artigos/id14949.htm?impressao=1>. Acesso em: 18 jun. 2013.

LIVE MINT. There's no delete button on the Internet: Eric Schimidt. Bombaim, 27 abr. 2013. Disponível em: <http://www.livemint.com/Industry/b27xImfIQppfZ5Zb8aneGN/Theres-no-delete-button-on-the-Internet-which-is-scary-Go.html>. Acesso em: 6 out. 2013.

MACAU. Lei n. 5/2008. Lei de Protecção de Dados Pessoais. Disponível em: <http://bo.io.gov.mo/bo/i/2005/34/lei08.asp?printer=1>. Acesso em: 7 out. 2013.

MAGANO, Octavio Bueno. *Do poder diretivo na empresa.* São Paulo: Saraiva, 1982.

MAIA, Jorge Eduardo de Sousa. Os interesses difusos e a ação civil pública no âmbito das relações laborais. a. 72, n. 8, *Revista LTr.* São Paulo, ago. 1997.

MAIA, Luciano Soares. A privacidade e os princípios de proteção do indivíduo perante os bancos de dados pessoais. In: CONSELHO NACIONAL DE PESQUISA E PÓS GRADUAÇÃO EM DIREITO. *Anais do XVI Congresso Nacional do Conpedi.* Florianópolis: Fundação Boiteux, 2008.

MANCINI, Jorge Rodríguez. *Derechos fundamentales y relaciones laborales.* 2. ed. Buenos Aires: Astrea Editorial, 2007.

MARANHÃO, Délio. Contrato de trabalho. In: SÜSSEKIND, Arnaldo *et al. Instituições de Direito do Trabalho.* 17. ed. v. 1, São Paulo: LTr, 1997.

MARCELLA JR., ALBERT J. e MENENDEZ, Doug. *Cyber forensics:* a field manual for collecting, examining, and preserving evidence of computer crimes. 2. ed. New York: Auerbach Publications, 2008.

MARÇULA, Marcelo e BENINI FILHO, Pio Armando. *Informática:* conceitos e aplicações. 3. ed. São Paulo: Érica, 2008.

MARINONI, Luiz Guilherme. *Tutela inibitória:* individual e coletiva. 5. ed. São Paulo: Revista dos Tribunais, 2012.

MARQUES, Garcia e MARTINS, Lourenço. *Direito da Informática.* Coimbra: Almedina, 2000.

MARRA E ROSA, Gabriel Artur e SANTOS, Benedito Rodrigues dos. *Facebook e as nossas identidades virtuais.* Brasília: Theasaurus, 2013.

MARZAL, Gloria. *Base de datos personales:* requisitos para su uso, comentário a la Lortad y normativa complementaria. Bilbao: Deusto, 1996.

MATONI, L. Fariñas. *El derecho a la intimidad.* Madrid: Trivium, 1983.

MATTA, José Eduardo N. *Habeas Data.* Rio de Janeiro: Lúmen Juris, 2005.

MEDEIROS NETO, Xisto Tiago. *Dano moral coletivo.* 2. ed. São Paulo: LTr, 2007.

MELO, Raimundo Simão. *Ação Civil Pública na Justiça do Trabalho.* São Paulo: LTr, 2002.

MENDES, Gilmar F. *Direitos Fundamentais e Controle de Constitucionalidade.* 3. ed. São Paulo: Saraiva, 2006.

_____ ; COELHO, Inocêncio M. e BRANCO, Paulo Gustavo Gonet. *Curso de Direito Constitucional.* 2. ed. São Paulo: Saraiva, 2008.

MIQUEL. Cristian Maturana. Responsabilidad de los proveedores de acceso y de contenido en Internet. *Revista Chilena de Derecho Informático.* v. 1, Santiago, 2002.

MIRALLES, Ramón. Cloud computing y protección de datos. *IDP — Revista D'Internet, Dret y Política.* n. 11, Barcelona, 2010.

MOREIRA, Teresa Alexandra Coelho. *Da esfera privada do trabalhador e o controlo do empregador.* Coimbra: Coimbra, 2004.

MOUSINHO, Ileana Neiva. Saúde do trabalhador: direito fundamental e sua eficácia horizontal em face das empresas. Consequências práticas. *Revista do Ministério Público do Trabalho.* a. XX, n. 40, Brasília, set. 2010.

MÜLLER, Friedrich. *Métodos de trabalho do direito constitucional.* 3. ed. Rio de Janeiro: Renovar, 2005.

NUNES, Pedro dos Reis. *Dicionário de Tecnologia Jurídica.* 12. ed. Rio de Janeiro: Freitas Bastos, 1990.

OLWEUS, Dan. *Recognizing the Many Faces of Bullying.* 2007. Disponível em: <http://fea.njpsa.org/documents/bullying/01_recog_many_faces.pdf>.

ORGANIZAÇÃO INTERNACIONAL DO TRABALHO. *Protección de los datos personales de los trabajadores:* repertorio de recomendaciones prácticas de la OIT. Genebra: Oficina Internacional del Trabajo, 1997.

_____ . *La hora de la igualdad en el trabajo.* Genebra: Oficina Internacional do Trabalho, 2003.

ORWELL, George. *1984.* São Paulo: Companhia das Letras, 2009.

PAESANI, Liliana Minardi. *Direito e Internet:* liberdade de informação, privacidade e responsabilidade civil. 3. ed. São Paulo: Atlas, 2006.

PARAGUAI. Corte Suprema de Justicia. *Protección de datos personales.* Assunção: CSJ, 2010.

PAROSKI, Mauro Vasni. *Dano moral e sua reparação no Direito do Trabalho.* Curitiba: Juruá, 2006.

PASQUALI, Antonio. Um breve glossário descritivo sobre comunicação e informação. In: MELO, J. Marques de; SATHLER, L. *Direitos à Comunicação na Sociedade da Informação.* São Bernardo do Campo: Umesp, 2005.

PEDUZZI, Maria Cristina I. Assédio moral. *Revista do TST.* v. 73, n. 2, Brasília, abr./jun. 2007.

PEREIRA, Caio Mário da Silva. *Instituições de Direito Civil.* 18. ed. v. 1, Rio de Janeiro: Forense, 1997.

PÉREZ LUÑO, Antonio E. *Cibernética, informática y derecho.* Bolonia, Espanha: Real Colegio de España, 1976.

_____ . Internet y derechos humanos. *Derecho y conocimiento.* Huelva, v. 2, 2002.

_____ . *Los derechos fundamentales.* 10. ed. Madrid: Tecnos, 2011.

PONTES DE MIRANDA, J. *Comentários ao Código de Processo Civil.* 3. ed. Rio de Janeiro: Forense, 2000, t. II.

PORTAL ETIMOLOGIAS.DECHILE. Disponível em: <http://etimologias.dechile.net/?dato>. Acesso em: 4 out. 2013.

PORTAL EXAME. *Justiça condena Catho por furtar dados e empresa faz acordo.* São Paulo, 19 jul. 2013. Disponível em: <http://exame.abril.com.br/negocios/noticias/justica-condena-catho-por-furtar-dados-e-empresa-faz-acordo>. Acesso em: 5 out. 2013.

PORTAL G1. *Saiba como tirar proveito das redes sociais para conseguir emprego*. São Paulo, 18 set. 2009. Disponível em: <http://g1.globo.com/Noticias/Concursos_Empregos/0,,MRP1308868-9654,00.html>. Acesso em: 6 out. 2013.

PORTUGAL. Assembleia da República. *Constituição da República Portuguesa*. Disponível em: <http://www.parlamento.pt/Legislacao/Paginas/ConstituicaoRepublicaPortuguesa.aspx>. Acesso em: 10 set. 2013.

_____ . *Lei n. 67 de 26 de outubro de 1998*. Disponível em: <http://www.cnpd.pt/bin/legis/nacional/lei_6798.htm>. Acesso em: 13 out. 2013.

PROOFPOINT. *Outbound email and data loss prevention in today's enterprise, 2010*. Sunnyvale: Proofpoint, 2010. Disponível em: <http://www.gmarks.org/outbound_email_and_data_loss_prevention_in_todays_enterprise_2010.pdf>. Acesso em: 6 out. 2013.

PROSSER, William L. Privacy. *California Law Review*, v. 48, n. 3, august/1960.

QUINTERO, Héctor Ramón P. Nociones Generales acerca de la cibernética y la iuscibernética. *Revista Chilena de Derecho Informático*. n. 1, Santiago, 2002.

RECUERO, Raquel. *Redes sociais na Internet*. Porto Alegre: Sulina, 2009.

REINO UNIDO. *Information Commissioner's Office*. Disponível em: <http://www.ico.gov.uk/>. Acesso em: 11 set. 2013.

REYES, Luz María Velázquez. Sexting, sexcasting, sextorsión, gromming y cyberbullyng: el lado oscuro de las TICs. *XI Congreso Nacional de Investigación Educativa*. México: Unam, nov. 2011. Disponível em: <http://www.comie.org.mx/congreso/memoriaelectronica/v11/docs/area_17/0121.pdf>. Acesso em: 20 out. 2013.

RIBEIRO, Lélia Guimarães Carvalho. *A monitoração audiovisual e eletrônica no ambiente de trabalho e o seu valor probante:* um estudo sobre o limite do poder de controle do empregador na atividade laboral e o respeito à dignidade e intimidade do trabalhador. São Paulo: LTr, 2008.

RODRIGUES, Catarina. *Blogs e a fragmentação do espaço público*. Covilhã: Universidade da Beira Interior, 2006.

RODRIGUEZ, Américo Plá. *Princípios de Direito do Trabalho*. 3. ed. São Paulo: 2004.

ROJAS, Ricardo Manuel. *Los derechos fundamentales y el orden jurídico y institucional de Cuba*. Buenos Aires: Fundación Cadal: Konrad Adenauer Stiftung, 2005.

ROJAS, Sebastián Zárate. La problemática entre el derecho al ovido y la libertad de prensa. *Nueva Época*, n. 13, mar./maio 2013. Disponível em: <http://www.derecom.com/numeros/pdf/zarate.pdf>. Acesso em: 11 ago. 2013.

ROMITA, Arion Sayão. *Direitos fundamentais nas relações de trabalho*. 3. ed. São Paulo: LTr, 2009.

ROSEN, Jeffrey. *The unwanted gaze*: the destruction of privacy in America. New York: Random House, 2000.

ROSEN, Larry. *IDisorder:* understanding our obsession with technology and overcoming its hold on us. New York: Palgrave Macmillan, 2012.

RUBENFELD, Jed. The end of privacy. *Stanford Law Review*. v. 61, n. 10, Stanford, out./ 2008.

RULLI JÚNIOR, Antonio e RULLI NETO, Antonio. Direito ao esquecimento e o superinformacionismo: apontamentos no Direito brasileiro dentro do contexto da sociedade da informação. *Revista do Instituto de Direito Brasileiro*. a. 1, n. 1, Lisboa: jan. 2012.

RUSTAD, Michael L. *Internet Law in a nutshell*. St. Paul-MN: West-Thomson Reuters, 2009.

SANTANA, Ricardo. *El poder disciplinario del empleador en la empresa privada*. Montevideo: FCU, 2001.

SANTO AGOSTINHO. *Confissões:* do magistro. 2. ed. São Paulo: Abril Cultural, 1980.

SARLET, Ingo W. *A eficácia dos direitos fundamentais*. 6. ed. Porto Alegre: Livraria do Advogado, 2006.

SARMENTO, Daniel. *Direitos Fundamentais e Relações Privadas*. 2. ed. Rio de Janeiro: Lumen Juris, 2010.

SCHÄFER, Jairo Gilberto. *Direitos fundamentais:* proteção e direitos. Porto Alegre: Livraria do Advogado, 2001.

SILVA, Virgílio Afonso da. *A constitucionalidade do direito:* os direitos fundamentais nas relações entre particulares. São Paulo: Malheiros, 2008.

SIMÃO FILHO, Adalberto. O direito da empresa à vida privada e seus reflexos no novo direito falimentar. *Revista da Emesc.* v. 12, n. 18, Florianópolis, 2005.

SIMÓN, Sandra Lia. *A proteção constitucional da intimidade e da vida privada do empregado.* São Paulo: LTr, 2000.

SOARES, Flaviana Rampazzo. *Responsabilidade civil por dano existencial.* Porto Alegre: Livraria do Advogado, 2009.

SOLIVA, Marina P. *Ciberacoso:* un tema de reflexión. Disponível em: <www.acosomoral.org/pdf/ciberacoso.PDF>. Acesso em: 11 out. 2013.

SOUTO MAIOR, Jorge Luiz. Do Direito à desconexão do trabalho. *Revista do Tribunal Regional do Trabalho da 15ª Região* n. 23, Campinas, 2008. Disponível em: <http://www.trt15.jus.br/escola_da_magistratura/Rev23Art17.pdf>. Acesso em: 13 out. 2013.

SPADONI, Joaquim Felipe. *Ação Inibitória:* a ação preventiva no art. 461 do CPC. São Paulo: Revista dos Tribunais, 2002.

TANENBAUM, Andrew S. *Computers networks.* 4. ed. Upper Saddle River-NJ: Prentice Hall, 2003.

TERWANGNE, Cécile de. Privacidad en Internet y al derecho a ser olvidado/derecho al olvido. *IDP — Revista D'Internet, Dret y Política.* n. 13, Barcelona, 2012.

TIUJO, Edson M. Da privacidade das pessoas jurídicas. *Revista Jurídica Cesumar.* v. 5, n. 1, Maringa, 2005.

TORIBIO, Omar Toledo. El facebook y el derecho laboral (límites de la libertad de expresión en la relación laboral). *El peruano.* Jurídica. , a. 6, Lima, 19 mar. 2009.

UBILLOS, Juan María Bilbao. *La eficacia de los derechos fundamentales frente a particulares:* análisis de la Jurisprudencia del Tribunal Constitucional. Madrid: Boletín Oficial del Estado/Centro de Estudios Políticos y Constitucionales, 1997.

UERPMANN-WITTZACK, Robert. Principles of Internet law. *German Law Journal.* Lexington-VA, v. 11, n. 11, p. 1247.

UNIÃO EUROPEIA. Carta dos Direitos Fundamentais da União Europeia. 7 dez. 2000. *Jornal Oficial das Comunidades Europeias.* Edição em português. n. C 364, 18 dez. 2000.

_____ . Convenção Europeia sobre Cibercrime, de 23 de novembro de 2001. Disponível em: <http://www.coe.int/t/dghl/cooperation/economiccrime/cybercrime/Documents/Convention%20and%20protocol/ETS_185_Portugese.pdf>. Acesso em: 23 out. 2013.

_____ . Directiva n. 95/46/CE do Parlamento Europeu e do Conselho. 24 out. 1995. *Jornal Oficial das Comunidades Europeias.* Edição em português. Luxembourg: Serviço de Publicações da União Europeia, n. 1 (281), 23 nov. 1995.

_____ . Diretiva n. 2000/31/CE. Disponível em: <http://eur-lex.europa.eu/LexUriServ/LexUriServ.do?uri=OJ:L:2000:178:0001:0001:PT:PDF>. Acesso em: 9 nov. 2011.

_____ . Directiva n. 2002/58/CE, de 12 de junho de 2012. Disponível em: <http://eur-lex.europa.eu/LexUriServ/LexUriServ.do?uri=CELEX:32002L0058:PT:HTML>. Acesso em: 2 nov. 2013.

_____ . Agencia Europea de Seguridad de las Redes y de la Información. *Computación en nube:* Beneficios, riesgos y recomendaciones para la seguridad de la información. Heraklion: 2009.

_____ . Agencia Europea de Seguridad de las Redes y de la Información. *Cyber-bullying and online grooming:* helping to protect against the risks: a scenario on data mining / profiling of data available on the Internet. Heraklion: 2011.

VALDÉS, Julio Téllez. *Derecho informático*. 2. ed. México: McGraw-Hill, 1996.

VALE, André Rufino do. *Eficácia dos direitos fundamentais nas relações privadas*. Porto Alegre: Sérgio Antonio Fabris, 2004.

VÁLIO, Marcelo Roberto B. *Os direitos de personalidade nas relações de emprego*. São Paulo: LTr, 2006.

VASCONCELOS, Elaine Machado. A discriminação nas relações de trabalho: a possibilidade de inversão do ônus da prova como meio eficaz de atingimento dos princípios constitucionais. *Revista do TST*. v. 71, n. 2, Brasília, maio/ago. 2005.

VIEIRA, Tatiana Malta. *O direito à privacidade na sociedade da informação*: efetividade desse direito fundamental diante dos avanços da tecnologia da informação. Porto Alegre: Sérgio Antonio Fabris, 2007.

WALLACE, Patricia. *The psychology of the Internet*. Cambridge: Cambridge University Press, 1999.

WARREN, Samuel D. e BRANDEIS, Louis D. The Right of Privacy. *Harvard Law Review*. v. IV, n. 5, Harvard: 15 dec. 1890.

YOUTUBE. Cicarelle _____. Disponível em: <https://www.youtube.com/watch?v=mIwSXPrg___>. Acesso em: 23 out. 2013. Foram suprimidos parte do título e do endereço, em respeito à privacidade e à decisão judicial proferida.